Todo ejército debe conocer las  Lo mismo se aplica a la iglesia para los que están en la línea d de elite de Dios.

Las estrategias que figuran en este libro fueron escritas por una de los generales actuales de Dios quien está comprometida a conducir a los santos a la victoria.

—Apóstol John Eckhardt

Cindy Trimm tiene un discernimiento espiritual que es invariablemente único y profundo. Los principios del reino expuestos en este libro proporcionan las herramientas de poder necesarias para cambiar las regiones dominadas por sistemas tiránicos, diabólicos y demoníacos. Las metodologías sistemáticas explicadas aquí tendrán un impacto indeleble y desarrollarán el dominio generacional del pueblo de Dios hacia un entorno del reino. Después de leer *Las reglas de combate*, estoy convencido de que cualquier persona y ministerio involucrado en transformar a las naciones para el futuro necesita este recurso como un factor catalizador para el cambio y el desarrollo. Los sistemas y dimensiones descritas allí se grabarán en las mentes de todo lector, en cualquier sitio. Este libro es de lectura obligatoria.

—Arzobispo Tudor Bismarck
—Jabula – New Life Ministries

En un mundo en el que el enemigo quiere distraer y engañar a tantas personas como pueda, incluso al que fue escogido, este libro es sumamente oportuno. Cuando se trata de la guerra espiritual, me queda claro que en esta parte del siglo XXI, Cindy Trimm es una de las generales de Dios. Ella ha hecho una investigación exhaustiva sobre este tema que ha impactado las vidas de muchas personas en todo el mundo. Este libro es una recopilación de tres libros y es una herramienta poderosa para las personas que se preparan para la guerra espiritual así como también para quienes ya participan en ella. Cindy Trimm comparte una riqueza de información, instrucción y principios en este libro que, si se los aplica, lo equiparán para la victoria sobre el enemigo en cualquier área de su vida. Por cierto, este libro es un manual de capacitación para el creyente y un libro de lectura obligatoria para los que desean caminar en victoria.

—Arzobispo Neil C. Ellis, Cmg, DD, JP
Pastor principal y profesor, Mt. Tabor Full Gospel Baptist Church

Ha tenido un gran discernimiento al permitirle al reino obrar en usted. Un recurso excelente para su biblioteca personal y del ministerio.

—Apóstol Ron Carpenter
Redemption World Outreach Center

Cindy Trimm documenta las Escrituras de una manera magistral y expone las estrategias y tácticas con las que nos atacan las fuerzas del mal. Los principios expuestos en este libro causarán victorias que cambien la vida en Cristo.

—Pastor Marion Meares
Evangel Catedral

Cindy Trimm, una profeta, una pastora, una autora y una humanitaria, ayudó a darle forma a la vida de muchos poderosos líderes de Dios, incluyéndome a mí mismo, por medio de enseñanzas intuitivas y proféticas sobre la oración. Este libro es un arma como una espada de doble filo para ayudarlo a idear una estrategia que derribará poderosamente toda fortaleza de su vida. ¡Lo recomiendo! ¡Léalo y gane!

—Judy Jacobs
His Song Ministries
Salmista internacional, autora, maestra y líder de adoración

Alguna vez me dijeron que los maestros más grandes son los que fueron los mejores alumnos. Cindy Trimm debió haber sido esa alumna excepcional que absorbía cada gramo de sabiduría, conocimiento y comprensión que estuviera disponible. Oírla enseñar y leer su libro proporciona transmisión de información, claridad y poder para cualquiera que esté listo para vivir en una victoria total sobre los poderes satánicos y pasar al próximo nivel y dimensión en sus vidas.

—Micah Stampley
Trovador y salmista

Las aplicaciones prácticas y espirituales abundan en este libro de Cindy Trimm. Si comprendemos los momentos críticos que estamos viviendo (y lo hacemos), debemos comprender que el poder y la autoridad divina están disponibles y son necesarios para la victoria en cada aspecto de la vida. Cindy Trimm presenta maniobras estratégicas, lógicas y efectivas para la guerra en los cielos. ¡Este es un libro fundamental para una época como esta!

—Dra. Teresa Aristón
Fundadora y editora, *Gospel Today Magazine*

Las reglas de combate es una visión revolucionaria, que cambia la vida, respecto de la guerra espiritual. El manual exhaustivo de Cindy Trimm expone tácticas y estrategias contra el adversario al tiempo que ilumina verdades y principios poco enseñados sobre las fortalezas y sus orígenes. Como editora, leí muchos libros escritos sobre la guerra espiritual. Sin embargo, encuentro que este libro es una herramienta poderosa para destronar al enemigo. Cualquier creyente puede aplicar estas oraciones y declaraciones para garantizar la victoria espiritual y el éxito en cualquier área de la vida.

—Theresa Tavernier
Fundadora y editora, *Saved Magazine*

CINDY TRIMM

CASA CREACIÓN
A STRANG COMPANY

La mayoría de los productos de Casa Creación están disponibles a un precio con descuento en cantidades de mayoreo para promociones de ventas, ofertas especiales, levantar fondos y atender necesidades educativas. Para más información, escriba a Casa Creación, 600 Rinehart Road, Lake Mary, Florida, 32746; o llame al teléfono (407) 333-7117 en Estados Unidos.

Las reglas de combate por Cindy Trimm
Publicado por Casa Creación
Una compañía de Strang Communications
600 Rinehart Road
Lake Mary, Florida 32746
www.casacreacion.com

A menos que se indique lo contrario, todos los textos bíblicos han sido tomados de la versión Reina-Valera, de la *Santa Biblia*, revisión 1960. Usado con permiso.

Pulicado originalmente en E.U.A. bajo el título:
The Rules of Engagement
Copyright © 2008 by Cindy Trimm
Published by Charisma House, A Strang Company,
Lake Mary FL 32746

Traducido y editado por Gisela Sawin
Diseño de portada por: Jerry Pomales

Library of Congress Control Number: 2008934602
ISBN: 978-1-59979-416-7

Impreso en los Estados Unidos de América

10 11 12 13 * 7 6 5 4 3

Este libro está dedicado a la profeta Juanita Bynum.
Diste al mundo: **No more sheets, Mi herencia espiritual,**
Secretos del corazón, Woman on the Frontline
y Threshing Floor Revival.
Me has dado una oportunidad que cambió mi destino.
Muchas gracias.

AGRADECIMIENTOS

A MI DIOS Y Salvador, Jesucristo. Gracias por confiarme la tarea de dar a conocer este tesoro literario, y por darme al Arzobispo Goodwin C. y la señora Ruby Smith, mis mentores espirituales y pastores durante treinta y dos años. Sembraron y alimentaron el «éxito».

Estoy por siempre agradecida por haber sido bendecida con una familia que me brinda amor y apoyo, y que continúa siendo mi fuerza y mi inspiración. La alabanza está continuamente en mis labios para mi personal, socios y voluntarios del ministerio: Jewel Edwards, Holley Richardson, Tekia Smith, Virgina Matthis, Calvin Anderson, Perisean Hall, Dawn Alli, Peggy Clemens, A. Monica Jackson, Opal Jasper, Robin Green, Jimmie Green, Eugenia Roberts, Dra. Rita Claxton, Annette Ortega, Regina Crider, Wendy Williams, Janice Ruff, Claudette Hinds, Claudette McAlpin, Elke Pettiford, Sharon Harris, Marcus y Yamia Green, Melva Hodge, Debbie Lesley, Dulwis Hughes, los líderes y miembros del *Emabassy Center of Empowerement*, en la ciudad de David, el personal de KU Bermuda, las alumnas y alumnos de KU.

Finalmente, nunca puede existir un gran libro sin un editor aún más grande. Gracias a Stephen Strang, Barbara Dycus, Lucy Kurz, Woodley Auguste, Jevon Bolden, Dinah Wallace, Margarita Henry, Nicole Caldwell, Jerry Pomales, LeAnn Moorhead, Susan Simcox, Laurene Burgwin, Patricia Blount y toda la familia de Strang Communications. A todos los que me respaldan y compañeros del ministerio de todo el mundo, gracias por creer en mí.

ÍNDICE

PRÓLOGO

¡GUERRA! EL SEÑOR dice en Mateo 24:6-7: «Ustedes oirán de guerras y de rumores de guerras, pero procuren no alarmarse. Es necesario que eso suceda, pero no será todavía el fin. Se levantará nación contra nación, y reino contra reino. Habrá hambres y terremotos por todas partes» (NVI). Si vamos a seguir oyendo acerca de guerras y rumores de guerra, debemos comprender las reglas de combate para las guerras que nos rodean.

Cuando oímos la palabra guerra, tenemos pensamientos de destrucción, angustia, pena, pérdida, conflicto y muerte. Sin embargo, el Señor dice con claridad: «Pero procuren no alarmarse». ¡Nuestro hombre interior no estará inestable si conocemos las reglas del combate!

Aún puedo recordar el día en que me desperté temprano y fui desde el dormitorio hasta el sillón. Mientras me arrodillaba y comenzaba a meditar en el Señor, pasó algo interesante: apareció un pizarrón ante mí. Las visiones son muy interesantes. No puedo decir que he tenido muchas, pero las pocas que Dios me ha dado gracia de ver han sido espectaculares.

Comencé a ver palabras que aparecían escritas en este pizarrón. La mano de Dios parecía escribir ante mí, tal como escribía en la época de Daniel. Observé las siguientes palabras: Antisemitismo, militante Islam, conflicto de pacto, mujeres surgiendo para Mis propósitos, ilegalidad, transferencia de riqueza, derrocar tronos de iniquidad y prepararse para la guerra. «Prepararse para la guerra» parecía ser la piedra angular iluminada de la visión.

Dije: «Señor, ¿qué me muestras?». «Esta es la futura guerra de la iglesia», dijo. Me puse de pie y comencé a escribir lo que Él me había mostrado y ahora este es un libro de historia clásico de la última década y temporada de guerra. Al inicio del nuevo milenio, hubo poca comprensión sobre la guerra y acerca de cómo maniobrarla en el futuro. Luego pasó lo del 11 de septiembre de 2002. Entonces, la guerra se convirtió en una realidad en el mundo que nos rodeaba. Creo que el Señor mismo nos colocó en un rumbo sobrenaturalmente acelerado y comenzó a desarrollar reglas de combate para esta temporada de enfrentamiento e interacción en las guerras que nos rodean.

La guerra es como el juego de ajedrez. Son como varias piezas del ajedrez, cada uno de nosotros juega un papel clave en la estrategia del fin de los tiempos o en el plan futuro para la plenitud en el reino de la tierra. Al igual que en el ajedrez, la única forma en que pueden vencernos es si no pensamos con antelación y no nos anticipamos a los movimientos del enemigo. Cuando nos convertimos en cristianos, nacemos en un campo de batalla. Nuestra opción no es si queremos ingresar en un conflicto; puesto que la guerra ya ha sido declarada contra nosotros. Nuestra única opción es si queremos ser pisoteados por el enemigo o aprender a luchar y ganar.

Para ser eficaz en las reglas de combate, se deben conocer las promesas de Dios. Pedro dijo que Dios nos ha entregado Sus preciosas y grandísimas promesas y que a través de ellas podemos volvernos partícipes de Su naturaleza divina (2 Pedro 1:4). Dios nos ha dado promesas que se relacionan con cada área de la vida. Él nos prometió una abundante provisión, sanidad y muchas otras bendiciones.

Cindy Trimm desarrolló un manual que responde preguntas y forma un conocimiento que nos prepara para la guerra. ¡Debemos saber por qué estamos en guerra! ¡Debemos conocer quién es nuestro enemigo y cómo opera contra la iglesia! ¡Debemos saber quiénes somos y cómo Dios se está preparando para esta guerra futura! Debemos tener nuestra estrategia para la victoria. En *Las reglas de combate*, Cindy Trimm lo conduce a un profundo conocimiento de POR QUÉ y CÓMO ganar las guerras que lo rodean. Por lo tanto, nunca tema a los rumores de guerra.

Pregúntele a cualquier soldado qué es lo más relevante cuando se está en el campo de batalla y probablemente obtenga una respuesta doble: Contra quién está luchando, y de qué lado está usted. Es crucial conocer con quién está alineado. ¿Quién lo reclutó? ¿Quién lo capacitó para la guerra? ¿A las tácticas de quién adhiere y a las órdenes de quién seguirá hasta la muerte? *Las reglas de combate* responde a estas preguntas.

Como cristianos, somos guerreros que hemos sido convocados y reclutados por el santo Dios de este universo. Somos guerreros de la cruz. En el ardor de la batalla, debemos recordar estas verdades sobre el Dios que nos reclutó. Él es el Dios que está por encima de todos los dioses. Su Hijo pagó el precio para nuestra victoria final. El mando de

Satanás ya fue destruido por el poder de la cruz. Jesús ya conquistó la muerte, el infierno y el sepulcro. No debemos temer a la muerte sino sólo resistir su aguijón. El Espíritu de Dios sigue reinando supremo en la tierra para consolarnos en medio de los momentos difíciles. Él es la única fuerza que frena el mal y está aquí para darnos estrategias a fin de vencer toda estratagema que el enemigo ha ideado contra nuestras vidas. La tierra le pertenece a Dios, y él tiene un plan relacionado con la plenitud del tiempo. Nosotros, Sus hijos, podríamos ser vencidos, pero esto nunca sucederá. Él es amor y el perfecto amor en nosotros destruirá todo temor al futuro.

Con todo lo que sucede en la tierra, nunca debemos olvidar que Él es Dios. Sabemos que Él siempre está al mando. Ahora, si esto es así, ¿por qué hay tanta confusión alrededor de nosotros? ¿Por qué hay naciones que están en conflicto por siempre y pueblos librando guerras entre sí? ¿Por qué continúa intensificándose el caos en todo el mundo? Si Él es Dios y ya ha ganado la victoria, ¿cuál es exactamente nuestro papel en medio de la guerra con la nos enfrentamos a diario?

Lo cierto es que estamos totalmente inmersos en un conflicto de pacto, lo que significa que estamos guerreando para ver las bendiciones de un Dios santo, supremo, difundidas en el mundo terrenal. Salmo 24:1 declara que «de Jehová es la tierra y su plenitud; el mundo, y los que en él habitan». Dios tiene un plan de plenitud para la tierra. Su deseo es la integridad. Sin embargo, la guerra entre Dios y el mal se está extendiendo, lo que determinará cómo se manifestará Su plenitud en la tierra en nuestras generaciones y en las venideras. *Las reglas de combate*, destinado a ser un clásico para las próximas generaciones, lo ayudará a andar diariamente como un guerrero victorioso que comprende los límites del enfrentamiento y de cómo vencer.

Ya sabemos que el liderazgo de Satanás fue vencido para siempre. Sin embargo, ¿cómo hacemos cumplir que el enemigo permanezca vencido y recordar que su cabeza está sometido bajo la autoridad de Cristo en nosotros? Si ganamos la guerra en esta generación, la próxima generación recibirá bendiciones. El enemigo sigue creyendo que tiene derecho de cerrar los portales del cielo para que nosotros, como hijos de Dios, estemos confinados en una tierra decadente donde la muerte intenta dejar su sombra. ¡No es así! Dios ha hecho que toda la sabiduría estuviera disponible para Sus hijos. Podemos acceder hoy a ella. Podemos ascender a sitios celestiales y obtener lo que sea necesario para liberar en la tierra. Como hijos comprados por la sangre y redimidos de un Dios santo, podemos empuñar la espada del Espíritu en la tierra y declarar: «¡En la tierra como en el cielo!». Aunque el enemigo ha intentado evitar que las bendiciones de Dios se manifiesten en la tierra, podemos preparar un camino para que estas verdades se revelen.

Este es un momento crucial para los creyentes. Tenemos la oportunidad de ser tan «astutos como serpientes» (Mateo 10:16) así como los hijos de Isacar. Ellos eran los hombres de la reconocida tribu de Israel que se desempeñaban como consejeros del rey David. Las Escrituras registran que este grupo era «entendido en los tiempos» (2 Crónicas 12:32). Del mismo modo, debemos discernir los tiempos, aprovechando completamente de la sabiduría que Dios nos ofrece. Cuando lo hagamos, estaremos preparados para las guerras que aparezcan en nuestro tiempo. ¡Te agradecemos, Cindy Trimm, por un manual que nos ayuda en todas las guerras que nos esperan! ¡Gracias a Dios por *Las reglas de combate*!

—Dr. Chuck D. Pierce
Presidente, *Glory of Zion Internacional Ministries, Inc.*

INTRODUCCIÓN

ENTRENAMIENTO BÁSICO

S ALMO 144:1–15 REGISTRA la oración de un hábil guerrero llamado David. Desde sus días como pastor y en el transcurso de su desempeño como rey de la nación de Israel, Dios lo facultó en el arte, la ciencia y la tecnología de la oración estratégica y la guerra espiritual.

Su habilidad y su experiencia fueron obtenidas mientras Dios, en su soberanía, lo ubicó en medio de una variedad de batallas que incluían encuentros con osos y leones, el enfrentamiento con Goliat y la batalla que libró con su hijo Absalón, cuya insurrección desafiante casi le cuesta el reinado a David. En este salmo, David nos hace saber que fue Jehová-Gibor, el poderoso Hombre de guerra, quien le enseñó estrategias y tácticas guerreras y proveyó el poder divino para el éxito. Él eleva su voz en alabanza para honrar a su General. Él declara: «Bendito sea Jehová, mi roca, quien adiestra mis manos para la batalla, y mis dedos para la guerra; misericordia mía y mi castillo, fortaleza mía y mi libertador, escudo mío, en quien he confiado; el que sujeta a mi pueblo debajo de mí» (Salmo 144:1–2).

De las experiencias de vida de David, aprendí que la única forma en que uno puede convertirse en un avezado guerrero es ser entrenado y ubicado en medio de una batalla. Es sólo cuando usted está situado en el horno de las aflicciones, y cuando todo el infierno parece rodearlo, puede ser verdaderamente entrenado en el arte de la oración estratégica y la guerra espiritual. La práctica no nos hace perfectos. Lo perfecto nos hace perfectos. Nunca alcanzará el nivel de entrenamiento que necesita para convertirse en un guerrero de oración efectivo al participar en «juegos de guerra». Debe enfrentar al verdadero enemigo en el verdadero campo de batalla. Simplemente por leer la Biblia o asistir a talleres y conferencias nunca se convertirá en un guerrero eficaz. Proverbios implica que el conocimiento sin experiencia ni sabiduría es una insensatez. (Ver Proverbios 14:18; 16:22.)

1

La intención de este libro es la de ayudarlo a pelear eficazmente la guerra en los cielos para que haya nuevas esferas de poder y jurisdicción, de modo de que se promueva y establezca el Reino de Dios en nuevos esferas, regiones y dominios terrestres, y para pasar de una postura de defensa en el reino del espíritu a una ofensiva. (Ver Daniel 9:1–12:3; Efesios 6:11–18; Apocalipsis 12:4, 7–9.)

Descubrí que si bien he estado orando fervientemente y basándome en las Escrituras del pasado, muchas de mis oraciones fueron saboteadas o contraatacadas por el enemigo. Mientras oraba y le preguntaba a Dios por qué, Él me demostró que oraba fervientemente pero no efectivamente porque estaba orando inadecuadamente. Oraba desde una perspectiva y una postura inocente. Satanás fue capaz de obtener una buena posición porque, con ignorancia, yo oraba oraciones «terrenales». Él me dijo que tenía que luchar mis batallas y librar la guerra donde realmente corresponde: en los cielos. Él también me recordó que yo estaba sentada en lugares celestiales con Cristo Jesús, por encima de todos los principados y poderes (ver Efesios 2:20–22; 3:6). Luego me di cuenta de que ellos no estaban por encima de mí, oprimiendo y controlando mi destino con sus actividades diabólicas. ¡Yo estaba por encima de ellos! Armada y peligrosa con esta revelación, pude reforzar mis oraciones con gran autoridad y confianza al saber que cualquier cosa que deseara, cuando orara, recibiría resultados favorables. (Ver Marcos 11:23–24.)

Mientras profundiza en este manual cuidadosamente preparado para la guerra espiritual, hay algunas herramientas que necesitará en todo momento. Ningún soldado puede confiar en las raciones, armas o experiencia de otra persona. Ha llegado el momento para que usted se arme a sí mismo. Usted está bien ubicado en su entrenamiento. Dicho sea de paso, la guerra se está librando incluso ahora mismo.

A continuación hay varias instrucciones a las que deberá aferrarse al participar en la guerra espiritual.

1. Asegúrese de tener las herramientas correctas.

Vamos a abarcar muchos temas en este libro. Puede que le lleguen otros libros que le den todas las Escrituras y las oraciones escritas para que usted las recite a fin de abordar determinados asuntos y males espirituales. Puesto que la intención de este libro es la instruir y entrenar, no haré aquí lo mismo. Prepárese para recibir algo de *capacitación en el trabajo*. Quiero que se familiarice con su propio campo de batalla, que identifique sus propios puntos fuertes y débiles, y que conozca a fondo a su Comandante en Jefe: Jehová-Gibor. Por ende, necesitará una copia personal de la Palabra de Dios, la espada. También encontrará que en momentos de revelación requerirá un diario de oraciones o incluso un dispositivo de grabación para documentar rápidamente la palabra *rhema* que Dios pueda darle respecto de un tema o una persona determinados. (Ver Apocalipsis 1:19.) Además de esos asuntos, puede que haga un buen uso de un cuaderno, un lápiz y un resaltador. ¡Las cosas están por ponerse buenas!

2. Participe en la preparación adecuada.

Primera de corintios 14:4, 14 y Judas 20 nos ordenan orar en el Espíritu porque nos edificará y nos llenará del Espíritu Santo (nos dará poder para orar con mayor efectividad). Ese tiempo en el Espíritu también puede lograrse cantando mientras se dedica a la adoración, alabanza y agradecimiento. Vuelva a calibrar su atmósfera espiritual al escuchar alguna alabanza o una ungida música instrumental. Esto lo ayudará a romper barreras y barricadas espirituales y a avanzar más allá del velo al lugar secreto (Salmo 91). La siguiente oración con frecuencia me ayuda a ingresar al lugar secreto en mis momentos de adoración. Tal vez usted también quiera orarla.

> *Padre celestial, en el nombre de Jesús yo entro a tus puertas con acción de gracias y a tus atrios con alabanza. Bendigo tu nombre. Tú eres grande y digno de ser alabado. Te alabaré y adoraré. (Continúe alabando a Dios, y agradeciéndole por su salud, fortaleza, etc.) Te agradezco Padre porque me has rodeado con un manto de justicia, a causa de la sangre de Cristo Jesús. Porque en él vivimos, y nos movemos, y somos (Salmo 100:4; Isaías 61:10; Hechos 17:28).*

3. Sáquese de encima sus impedimentos.

De acuerdo con Hebreos 12:1, se necesitan unas pocas acciones más para prepararse para la guerra espiritual. Debe estar seguro de confesar sus pecados (Salmo 24:3–4; Proverbios 28:13), examinarse y determinar si debe arrepentirse de algo o liberar (perdonar) a alguien, y depositar sus preocupaciones y cargas en el Señor (1 Pedro 5:7). Recuerde, usted no libra batallas espirituales con su propia fuerza, las libra con la fuerza del Señor.

4. Mantenga la perspectiva, la postura y la posición adecuadas.

Cuando usted observa a un soldado, de inmediato advierte su postura y su posición. La cabeza en alto, sus ojos alertas y conciente de sus alrededores, y siempre en posición. Esta es una salvaguarda en tiempos de guerra, si hubiera ocurrido alguna vez. Es obligatorio que un soldado conozca su posición y dónde debería estar en todo momento.

Por lo tanto, mientras luche para el ejército del Señor, debe mantener la perspectiva correcta. De acuerdo con Apocalipsis 4:1, es necesario mantener una visión celestial, panorámica, que vaya mucho más allá de los principados y los poderes (Efesios 6:11). Al adoptar su postura, debe mantenerse ofensivo (Efesios 6:11), mantenerse coherente (v.13) y estar de pie, armado y peligroso (2 Corintios 10:4–5). Su posición está ubicada en los lugares celestiales en Cristo Jesús (Efesios 2:6). Recuerde que así cómo Él está en el mundo, lo estamos nosotros (2 Corintios 10:7; Romanos 6:4–5). Para mantener esta posición, su comunicación debe ser directa y estar siempre conectada. Ore oraciones del «salón del trono» (Hebreos 4:14–16; 8:1–5; 10:19–23) para mantenerse alineado con sus cuarteles. Las oraciones del salón del trono son las que se oran desde el mundo de la fe.

Orar desde la posición correcta con la perspectiva adecuada y con la confianza de que sus oraciones y peticiones son oídas, le darán la seguridad de que las respuestas están en camino (1 Juan 5:14–15). No está orando desde una posición de defensa, oponiéndose a un ataque lanzado hacia usted desde el reino del espíritu que está de pie en el mundo. Usted está orando desde su postura celestial en Cristo Jesús, quien ha sido exaltado por encima de todos los principados y poderes y que es la cabeza de la iglesia, de la cual usted es parte del cuerpo. Usted está orando desde una postura ofensiva, en lugares celestiales, habiendo recibido poder sobre todo el poder del enemigo (Efesios 1:20–23, 2:6; Filipenses 2:5–11; Lucas 10:19).

5. Asegúrese de estar adecuadamente vestidos.

Vístase del Señor Jesucristo, y no haga provisiones para la carne: Lascivia, envidia, rivalidad, resentimiento, fornicación, odio y demás (Romanos 13:14; Gálatas 5:19–20). Asegúrese de que está plenamente acorazado con la armadura de Dios, de acuerdo con Efesios 6:13–17.

6. Use su autoridad con efectividad.

La sangre de Jesucristo le da el derecho de ingresar a los lugares más sagrados y a pedirle a Dios la liberación que usted o alguien más pueden necesitar (Hebreos 10:19-23). Puede ingresar con valentía, sabiendo que está limpio y que sus pedidos serán respondidos. Puesto que está luchando del lado de Dios, tiene derecho a reclamar el nombre y la autoridad de Su Hijo. Cuando pronuncia el nombre de Jesús, todo debe someterse (Filipenses 2:9-11). Usted también llega armado con la autoridad de la Palabra: La espada del Espíritu (Efesios 6:16-18).

Recuerde, Dios ha colocado a Satanás y a su legión bajo sus pies, así que no espere de brazos cruzados a que algo suceda. Párese, póngase de pie, no haga ningún pacto, no demuestre ninguna misericordia y tome la victoria en nombre de Jesús (Deuteronomio 7:1-2; Lucas 10:19; Efesios 6:11-18).

7. Use sus armas con eficacia

La espada del Espíritu es la Palabra de Dios, la sangre de Jesucristo, la unción y el fuego del Espíritu Santo. Marchar, caminar, golpear con los pies, bailar, aplaudir, hacer silencio, orar en el Espíritu, los diezmos, las ofrendas y gritar son todas armas poderosas a las que puede acceder desde su arsenal espiritual. Vamos a hablar en mayor detalle acerca de estas armas en el capítulo 8: Prepararse para la batalla: ¿Cuáles son sus armas?

EL MOMENTO ES AHORA

La Biblia declara con claridad que el propósito por el cual Cristo nació fue para destruir las obras de Satanás. Sabemos que Cristo completó Su misión en la cruz. Las Escrituras dicen claramente que la descripción de la obra de Cristo era la antítesis exacta de la del enemigo. Según Juan 10:10, Cristo vino a traer vida, mientras que Satanás vino a «hurtar y matar y destruir» (Juan 10:10). Satanás es implacable en sus intentos por socavar los planes y los propósitos de Dios. Es hábil en disfrazarse para no ser detectado. Como creyentes, no debemos temer, sino que nos damos cuenta de que estamos facultados para tener la capacidad de identificar las obras del enemigo. Dios nos ha dado su poder para hollar serpientes, escorpiones y por sobre toda la fuerza del enemigo, de modo que de acuerdo con Lucas 10:19: «y nada os dañará».

Ha llegado el momento en el que Dios ha agitado los corazones de todos los creyentes para que se levanten y tomen sus merecidos lugares como representantes oficiales en el reino de la tierra. Nuestro papel es el de activar la autoridad que Dios nos ha dado. Como creyente, usted ya no debe conformarse con estar de pie a los costados del

camino o con aceptar nada del enemigo. Hay una verdadera guerra
que está produciendo. No hay zonas desmilitarizadas en esta lucha.
Gracias a Dios se nos ha otorgado la seguridad de que, en esta guerra,
estamos librando la buena batalla de la fe. El resultado ya ha sido
dado, y nuestra victoria ha sido bajada a la ecuación. Ha llegado el
momento de vencer al diablo en su propio juego.

Nunca vi un tiempo como éste, dónde hay un gran deseo por ver
almas salvadas y a la iglesia llena de la gloria de Dios. Dios está dando
a luz Sus planes en todas las naciones y en todos los pueblos. El reino
del cielo prevalece mientras se aproxima rápidamente el fin de la era.
Nos estamos preparando para el enfrentamiento final: Cuando los
santos de Dios le den el golpe final al enemigo y liberen los reinos de
este mundo para Él. No sólo venceremos al hombre fuerte, sino que
también le quitaremos todo poder para evitar el siguiente mover de
Dios en nuestras vidas, iglesias, ministerios, comunidades y naciones.

Las reglas de combate no es de ninguna manera un comentario
exhaustivo. En cambio, fue escrito con la intención de que se lo
utilice con un libro útil de referencia, fácil de usar y de leer. Fue
diseñado para darle victoria en todas sus batallas y para capacitarlo
espiritualmente a ingresar y saquear el reino de las tinieblas a la vez
que promueve y puebla el reino del cielo. Este libro llevará su vida a
nuevas alturas en Dios, a nuevas dimensiones en el conocimiento y
a nuevos reinos de autoridad mientras usted está capacitado espiritualmente para:

1. Evaluar situaciones y circunstancias con precisión,
   basándose en leyes y principios espirituales
2. Reconocer e identificar la presencia y las actividades de
   los principados y de sus espíritus subordinados
3. Cortar con las causas principales de las influencias
   satánicas y las actividades demoníacas
4. Obtener y mantener autoridad espiritual sobre regiones y
   territorios
5. Obtener y volver a tomar el control sobre su vida y sus
   relaciones, ministerios y negocios

Al prestarle una firme atención a este manual, será capacitado con
la verdad y se lo equipará con poderosas armas de guerra. Espere el
hecho de que el Espíritu de verdad no sólo lo está liberando, sino que

usted también está liberando en nombre de Jesús, todo y a todos los que están relacionados con usted.

Utilice estas poderosas y prácticas herramientas, y este discernimiento, diseñados para que triunfe en todas sus batallas, y permita que la tierra resuene en concierto con las huestes celestiales, diciendo: «Los reinos del mundo han venido a ser de nuestro Señor y de su Cristo; y él reinará por los siglos de los siglos» (Apocalipsis 11:15).

PARTE I

LAS REGLAS DE COMBATE

UNO

USTED—REDEFINIDO

El verdadero dominio comienza con saber quién es usted

E. M. BOUNDS dijo una vez: «El gran plan de Dios para la redención de la humanidad está tan atado a la oración para que alcance su prosperidad y éxito como cuando el decreto que crea el movimiento fue publicado por el Padre, llevando en su frente la condición obligatoria, universal y eterna: 'Pídeme, y te daré por herencia las naciones, y como posesión tuya los confines de la tierra'».[1]

Como creyente, usted tiene la clave para hacer avanzar el reino del cielo y destruir las obras del enemigo. Según Mateo 18:18: «De cierto os digo que todo lo que atéis en la tierra, será atado en el cielo; y todo lo que desatéis en la tierra, será desatado en el cielo». Este texto habla de los aspectos legales y técnicos del reino, relativos a su autoridad en la Tierra. Usted es el agente oficial de Dios aquí en la Tierra. Por lo tanto, cualquier cosa que permita, el cielo lo permite y cualquier cosa que usted no permita, no lo permitirá el cielo. En la Parte 3, «Atar al Hombre fuerte», hablaremos con mayor profundidad acerca de cómo funcionar internamente las reglas del reino para producir victoria en la tierra.

Pero ahora, quiero que comprenda el poder que hay detrás de dos armas de guerra importantes: La oración y la Palabra de Dios. La combinación de ambas proporciona el golpe que garantiza que el enemigo ha salido de su vida, su familia, su ministerio, su comunidad y su país cada vez. La Biblia nos brinda ejemplo tras ejemplo de cuán cierto es esto. Vamos a analizar un ejemplo de cómo la oración cambia toda la filiación de una nación, y otro, de cómo la Palabra silencia al enemigo.

LA ORACIÓN EFECTIVA PRODUCE RESULTADOS
SOBRENATURALES

Uno de nuestros ejemplos de esto es Elías. 1 Reyes 17:1 registra: «Entonces Elías tisbita, *que era* de los moradores de Galaad, dijo a Acab: Vive Jehová Dios de Israel, en cuya presencia estoy, que no habrá lluvia ni rocío en estos años, sino por mi palabra» (énfasis agregado). Elías tenía toda la autoridad del cielo tras de él cuando pronunció este juicio sobre el reino de Acab, puesto que habían deshonrado a Dios y se habían entregado a adorar a ídolos. Podría parecer que, caprichosamente, Elías decidió retener la lluvia, pero no fue así. Si observa atentamente Santiago 5:17, verá el secreto de su poder: «Elías era hombre sujeto a pasiones semejantes a las nuestras, y *oró fervientemente para que no lloviese...*» (Énfasis agregado). La oración ferviente de este hombre justo produjo resultados sobrenaturales. (Ver Santiago 5:16.)

Elías conocía el poder de la oración, y durante sus tratos con Acab, mantuvo una clara comunicación con el Dios de los cielos. Su lugar estaba bien establecido en Dios, tenía el derecho de hablar contra cosas que no estaban en línea con lo que Dios ordenaba. Sabía que cuando pronunciaba su juicio sobre cosas que no le complacían a Dios, Dios pronunciaría el mismo juicio.

Lo que debemos aprender del ejemplo de Elías es que puesto que Dios nos creó a su imagen y semejanza, coronándonos con su gloria y estableciéndonos como sus representantes terrenales, tenemos autoridad en la tierra para decretar los juicios de Dios (Génesis 1:28; Salmo 115:15–16). Puede que Adán y Eva hayan caído en el pecado, pero hemos sido restaurados a los lugares altos en Dios a través del sacrificio de Jesucristo. Lo que se perdió se ha vuelto a ganar y se nos ha sido devuelto por nuestro General y poderoso Hombre de guerra. Depende de nosotros que hagamos cumplir esa autoridad (Salmo 8:4-6; 115:16; Lucas 10:19; Efesios 2:2). Nuestra autoridad y dominio pueden activarse de la misma manera que en Elías: A través de una oración ferviente, y enfática.

Observando el estado del mundo, he llegado a la conclusión de que éste no necesita más iglesias, más renacimientos, más coros, más salmistas ni más trovadores. Lo que la iglesia necesita es más hombres y mujeres de oración. La oración es una tecnología divina que, cuando se la implementa, le da permiso a Dios para intervenir en los asuntos de la humanidad. De existir algún momento en que el mundo podría utilizar algo de intervención divina, seguramente es ahora.

Leí un cuento titulado «Spurgeon's Boiler Room» [La sala de calderas de Spurgeon]. Contaba acerca de cinco estudiantes secundarios que estaban paseando un domingo en Londres y fueron a oír predicar al afamado C. H. Spurgeon. Mientras esperaban que se abrieran las puertas, los saludó un hombre que les preguntó si les gustaría ver la planta de calefacción de la iglesia. Era verano, así que no estaban interesados en ver un lugar caliente en ningún edificio. El cuento continúa:

> No querían ofender al extraño, así que consintieron. Los jóvenes fueron llevados abajo por una escalera, se abrió silenciosamente una puerta y su guía susurró: «Esta es nuestra planta de calefacción». Sorprendidos, los alumnos vieron a 700 personas postradas orando, buscando una bendición en el servicio que estaba por comenzar en el auditorio de arriba. Cerrando suavemente la puerta, luego el caballero se presentó. No era otro que Charles Spurgeon.[2]

En toda dispensación y generación, Dios ha tenido a un hombre o a una mujer que participaron con Él en la redención de la humanidad. Lo hicieron a través de la oración. Abraham, Moisés, Ana, David, Salomón, Pablo, San Francisco de Asís, Martín Lutero, el Hermano Lorenzo, John Wesley, John Wesley, David Livingston, Oswald Chambers, E. M. Bounds, D. L. Moody, Watchman Nee, Corrie ten Boom, David Yonggi Cho, y la lista continúa. Estas personas y muchas otras se asociaron a Dios para cambiar la condición del mundo. Charles G. Finney dijo: «La oración efectiva es una oración que logra lo que busca. Es una oración que conmueve a Dios, afectando su fin».[3] Con este fin, creo que en esta dispensación, todas las iglesias deben contar con una «sala de calderas», con un «Spurgeon» moderno como guía.

La Palabra silencia al enemigo

Esto es lo que le sucedió a Jesús en el desierto. La voz del enemigo Le habló en tres ocasiones. Usted tiene que comprender que la conversación no fue verbal, como lo describe el siguiente texto:

Entonces Jesús fue llevado por el Espíritu al desierto, para
ser tentado por el diablo. Y después de haber ayunado
cuarenta días y cuarenta noches, tuvo hambre. Y vino a
él el tentador, y le dijo: Si eres Hijo de Dios, di que estas
piedras se conviertan en pan. El respondió y dijo: Escrito
está: No sólo de pan vivirá el hombre, sino de toda palabra
que sale de la boca de Dios. Entonces el diablo le llevó a
la santa ciudad, y le puso sobre el pináculo del templo, y
le dijo: Si eres Hijo de Dios, échate abajo; porque escrito
está: A sus ángeles mandará acerca de ti, y, en sus manos
te sostendrán, Para que no tropieces con tu pie en piedra.
Jesús le dijo: Escrito está también: No tentarás al Señor tu
Dios. Otra vez le llevó el diablo a un monte muy alto, y le
mostró todos los reinos del mundo y la gloria de ellos, y le
dijo: Todo esto te daré, si postrado me adorares. Entonces
Jesús le dijo: Vete, Satanás, porque escrito está: Al Señor
tu Dios adorarás, y a él sólo servirás. El diablo entonces le
dejó; y he aquí vinieron ángeles y le servían.

—Mateo 4:1–11

Advierta que Jesús luchó con la Palabra del Señor y llevó sus pensamientos bajo esa autoridad. Usted debe hacer lo mismo. El diablo
estaba detrás de la autoridad y dominio de Jesús en el reino terrenal.
Él está detrás de los suyos. No los entregue. Debe luchar contra cada
pensamiento que no se alinee con la Palabra de Dios y pelear con la
Palabra de Dios. Deje de lado los pensamientos y llévelos bajo la autoridad de la Palabra y bajo el señorío de Cristo.

Cuando el enemigo convirtió a este mundo en un caos, de acuerdo
al primer capítulo de Génesis, Dios usó palabras (el espíritu de su
boca) para que el mundo volviera a estar en orden y alineación de
acuerdo con su diseño y plan original. Puesto que hemos sido crea-
dos a la imagen y semejanza de Dios, nosotros también tenemos el
mismo poder (Génesis 1:26). Es el poder de la palabra hablada la
que le da vida o muerte y la que libera bendiciones o maldiciones
(Proverbios 18:21). Debe efectivamente usar palabras ungidas para
destruir las obras del enemigo en su vida, su hogar, su ministerio, su
comunidad, y, finalmente, el mundo. Reemplace todas las palabras
ociosas, ineficaces, por palabras ungidas. 2 Tesalonicenses 2:8 dice
que Satanás será consumido con el espíritu de la boca de Dios

(palabras) y destruido por el resplandor de Su venida (la unción). Se destruirán los yugos, se aliviarán las cargas, su vida y la vida de aquellos a quienes ama se revolucionarán, su ministerio se revitalizará y el enemigo se horrorizará cuando usted combine sus dos armas más potentes, —la Palabra y la oración— y comience a orar lo que denomino «Oraciones de palabras» ungidas. Estas son oraciones que combinan versículos claves de las Escrituras y las oraciones que la revelación del Espíritu Santo lo conducen a orar.

Por sobre todo, permanezca vigilante en sus oraciones y en la mediación de la Palabra. Puesto que usted está armado con estas armas, puede descansar con la seguridad de que si bien el enemigo intentará atacarlo, usted podrá ir a cada batalla con el conocimiento de 2 Corintios 2:14: «Mas a Dios gracias, el cual nos lleva siempre en triunfo en Cristo Jesús, y por medio de nosotros manifiesta en todo lugar el olor de su conocimiento». De hecho: «Ninguna arma forjada contra ti prosperará» (Isaías 54:17).

Mientras comienza a recibir revelación por medio de este libro, oro porque así como Adán fue llevado al Huerto del Edén, un lugar lleno de riquezas, Dios también lo haga ingresar a un lugar de abundancia. Salmo 66:12 dice: «Hiciste cabalgar hombres sobre nuestra cabeza; pasamos por el fuego y por el agua, y nos sacaste a abundancia». Yo decreto y declaro que Dios traerá una victoria total en las áreas en las que el enemigo ha armado una fortaleza. Quizá su mente se vuelva como el Huerto del Edén antes de la Caída: Un lugar de paz y serenidad, saturado con la presencia de Dios.

Si ha sufrido alguna pérdida, también decreto y declaro que sea liberada sobre usted la unción de Job para la restauración. Las cosas que robó, destruyó o socavó el enemigo sean restauradas el doble para usted. Qué maravilloso aliento ha sido para mí el siguiente versículo, y oro para que lo aliente a usted:

> Y quitó Jehová la aflicción de Job, cuando él hubo orado por sus amigos; y aumentó al doble todas las cosas que habían sido de Job. Y vinieron a él todos sus hermanos y todas sus hermanas, y todos los que antes le habían conocido, y comieron con él pan en su casa, y se condolieron de él, y le consolaron de todo aquel mal que Jehová había traído sobre él; y cada uno de ellos le dio una pieza de dinero y un anillo de oro. Y bendijo Jehová el postrer

estado de Job más que el primero; porque tuvo catorce mil ovejas, seis mil camellos, mil yuntas de bueyes y mil asnas, y tuvo siete hijos y tres hijas.

—Job 42:10–13

DOS

SUS CUARTELES MILITARES Y EL COMANDANTE EN JEFE

La verdadera victoria comienza por saber de quién es usted

EL SOLDADO TIENE el ejército. El marine tiene el Cuerpo de Marines. El marinero tiene a la marina. El piloto tiene a la fuerza aérea. Y búsqueda y rescate tiene a la guardia costera. Por supuesto, esto dicho en los términos más generales. Estos grupos militares realizan muchas más tareas que las que sugieren sus nombres. Sin embargo, cada una de ellas debe reportarse al cuerpo principal del Departamento de Defensa de Estados Unidos, que luego se reporta al comandante en jefe, el Presidente.

Cuando comenzamos a analizar la organización terrenal de la milicia estadounidense, podemos empezar a ver algunas similitudes en el reino espiritual. Como dice 1 Corintios 15:46: «No vino primero lo espiritual sino lo natural, y después lo espiritual» (NVI). En lo espiritual, vemos que la iglesia está dispuesta y dividida en el ministerio quíntuple: Los apóstoles, los profetas, los evangelistas, los pastores y los maestros (Efesios 4:11). Idealmente, cada rama del ministerio tiene una cabeza, alguien ante quienes otras personas con los mismos dones pueden ser responsables. Mientras que todos nosotros reinamos en sitios celestiales con Dios, y que ya no necesitamos un intermediario para llegar a Dios, aún podemos ver que a los que tienen la autoridad se les da una medida de responsabilidad mayor y deben reportarse a nuestro comandante en jefe: Jehová-Gibor, el poderoso Hombre de guerra.

Todas las iglesias no están tan claramente definidas, pero es importante reconocer que debemos someternos al liderazgo y la autoridad espiritual dentro de la iglesia. Cualquier operación militar eficaz funciona bien cuando cada oficial está alineado, conoce su posición y se somete al mando de su jefe. Debemos comprender que no estamos librando esta guerra en forma individual. Las acciones que emprendemos, la manera en que cumplimos una orden de Dios y cómo nos mantenemos en comunicación con los cuarteles, pueden afectar y afectará a los que nos rodean. Podemos dar excusas respecto de que nuestros líderes no siguen a Dios y elegir no seguirlos a ellos, pero ¿qué estamos haciendo dentro de nuestro reino de autoridad para cuidarlos? Esto sucede con los verdaderos soldados, se cuidan entre sí, a veces hasta la muerte. Conocer su lugar y seguir las órdenes divinas es crucial para cada uno de nosotros que luchamos efectivamente en el espíritu.

LA IGLESIA ES EL DEPARTAMENTO DE DEFENSA
CELESTIAL DE LA TIERRA

La iglesia es el organismo oficial del cielo en la tierra, encargada de llevar a cabo las políticas «exteriores» de su gobierno celestial a través de la oración y otras metodologías y estrategias. Como tal, funciona como si fuera un cuerpo legislativo. La iglesia ha sido divinamente instituida con el objeto de mantener al reino terrenal libre de los avances agresivos del reino de las tinieblas. Como Sus oficiales gubernamentales, nosotros representamos (re-presentamos) al Rey y a su reino. Por lo tanto, cuando oramos, estamos orando para que el cielo invada la Tierra para nuestro bien.

La oración lo mantiene conectado con sus cuarteles. La oración lo pone en marcha, especialmente cuando obedece 1 Tesalonicenses 5:17: «Orad sin cesar». La oración pone a trabajar a Dios porque Él declara en Isaías 45:11: «Preguntadme de las cosas por venir; mandadme acerca de mis hijos, y acerca de la obra de mis manos» y en Salmo 2:8: «Pídeme, y te daré por herencia las naciones, y como posesión tuya los confines de la tierra». La oración también pone a trabajar a las huestes angélicas de acuerdo con Génesis 18:1–19:29, guerreando para nuestro bien, protegiéndonos de lo que no se ve y ministrándonos en nuestras horas de necesidad.

Como dije anteriormente, Dios le ha dado a la iglesia los cinco dones de ministerio. Desde la sabiduría y el discernimiento otorgados a los que tienen esos dones, las políticas, los principios y los mandatos del reino se comunican a toda la milicia espiritual. Como embajadores y funcionarios militares del reino del cielo, nos llegan los mandatos para:

1. Influir al mundo y efectuar un cambio en las vidas de los que están inmersos en el reino de las tinieblas.

2. Impactar los principales sistemas del mundo —social, político, financiero, educativo, familiar, artes y entretenimiento, medios de comunicación masiva y demás— a través de una acción convincente, de efecto, en el espíritu, lo que ocasionará una fuerte respuesta que conduzca al gobierno del reino. Así como Hechos 16:16-26 cuenta la historia de cómo Pablo interrumpió el sistema económico de una ciudad al expulsar a un espíritu de adivinación, nosotros también iremos a lugares oscuros y causaremos «muchos problemas», enseñándoles las costumbres del reino del cielo que son contrarias a las leyes del reino de las tinieblas.

3. Infiltrar el territorio enemigo, saturándolo con la luz de Dios. Nuestra presencia debe ser invasiva. La luz invade la oscuridad, no dejando lugares para sombras oscuras. Hechos 8:1-24 nos cuenta cómo Felipe entró a la ciudad de Samaria y vio correr a los demonios fuera de las personas poseídas, dando grandes voces. Estaban aterrorizados por la autoridad que imponía Felipe. Él liberó a la gente de enfermedades que los debilitaban y los sanó de sus aflicciones. ÉL hablaba en el nombre de Jesús y del reino de Dios, y muchos en esta oscura ciudad se acercaron a la luz y fueron bautizados.

4. Implementar y establecer las conductas, las características y las directivas del reino. Debemos poner en práctica las políticas de Dios en el reino de la tierra. Atar y desatar es una forma de implementar las costumbres del reino en la tierra. Los siguientes versículos demuestran cómo puede implementarse el reino y su efecto sobre la gente de la tierra:

Así que, los que recibieron su palabra fueron bautizados; y se *añadieron* aquel día como tres mil personas. Y perseveraban en la doctrina de los apóstoles, en la comunión unos con otros, en el partimiento del pan y en las oraciones. Y sobrevino temor a toda persona; y muchas maravillas y señales eran hechas por los apóstoles. Todos los que habían creído estaban juntos, y tenían en común todas las cosas; y vendían sus propiedades y sus bienes, y lo repartían a todos según la necesidad de *cada uno*. Y perseverando unánimes cada día en el templo, y partiendo el pan en las casas, comían juntos con alegría y sencillez de corazón, alabando a Dios, y teniendo favor con todo el pueblo. Y el Señor añadía cada día a la iglesia los que habían de ser salvos. —Hechos 2:41–47 (Énfasis agregado).

Porque un niño nos es nacido, hijo nos es dado, y el principado sobre su hombro; y se llamará su nombre Admirable, Consejero, Dios Fuerte, Padre Eterno, Príncipe de Paz. Lo dilatado de *su* imperio y la paz *no tendrán límite*, sobre el trono de David y sobre su reino, disponiéndolo y confirmándolo en juicio y en justicia desde ahora y para siempre. El celo de Jehová de los ejércitos hará esto. —Isaías 9:6–7 (Énfasis agregado).

Para que el Dios de nuestro Señor Jesucristo, el Padre de gloria, os dé espíritu de sabiduría y de revelación en el conocimiento de él, alumbrando los ojos de vuestro entendimiento, para que sepáis cuál es la esperanza a que él os ha llamado, y cuáles las riquezas de la gloria de su herencia en los santos, y cuál la supereminente grandeza de su poder para con nosotros los que creemos, según la operación del poder de su fuerza, la cual operó en Cristo, resucitándole de los muertos y *sentándole* a su diestra en los *lugares* celestiales, ... la cual es su cuerpo, la plenitud de Aquel que todo lo llena en todo. —Efesios 1:17–20, 23 (Énfasis agregado).

LA IGLESIA ES LA EMBAJADA OFICIAL DEL REINO DEL CIELO

En lo natural, una embajada es un edificio que contiene las oficinas de un embajador y del cuerpo de representantes diplomáticos, un lugar en el que los embajadores se reúnen, un centro diplomático desde dónde se comunican las políticas y los mandatos, un lugar para que den parte de su misión sus embajadores y un lugar en el que los embajadores reciben inmunidad diplomática.

Al considerar a la iglesia como nuestro cuartel, podemos ver cómo, de muchas maneras, sirve los mismos propósitos para el ejército de Dios que una embajada para sus embajadores. Nosotros actuamos como representantes divinos en la tierra.

> Así que, somos embajadores en nombre de Cristo, como si Dios rogase por medio de nosotros; os rogamos en nombre de Cristo: Reconciliaos con Dios.
>
> —2 Corintios 5:20

> Por el cual soy embajador en cadenas; que con denuedo hable de él, como debo hablar.
>
> —Efesios 6:20

> ¡Que envía mensajeros por el mar, y en naves de junco sobre las aguas! Andad, mensajeros veloces, a la nación de elevada estatura y tez brillante, al pueblo temible desde su principio y después, gente fuerte y conquistadora, cuya tierra es surcada por ríos.
>
> —Isaías 18:2

Puesto que esto es cierto, la iglesia es la embajada oficial del gobierno del cielo. Usamos el edificio de la iglesia como un lugar para que los líderes del quíntuple ministerio trabajen y ministren a las personas dentro de la iglesia así como también para ganar inconversos a Cristo. También la usamos como un lugar de encuentro central para congregarnos, para enterarnos de nuestras nuevas tareas y mandatos, para saber sobre la siguiente mover de Dios y para tratar asuntos administrativos y legislativos para el cuerpo de Cristo. El apóstol Pablo advirtió acerca de la gran importancia de que se reúna el cuerpo de Cristo. En Hebreos 10:25, dice que no debemos dejar «de congregarnos, como algunos tienen por costumbre, sino exhortándonos; y tanto más, cuanto veis que aquel día se acerca». Necesitamos la reunión del cuerpo de Cristo para poder apoyarnos unos a otros a fin de estar firmes en el calor de la batalla.

Al igual que la embajada, la iglesia también representa un lugar de refugio, un lugar de asilo espiritual y un santuario. Podemos acudir a la iglesia cuando estamos cansados de luchar y nos han derrotado. En el Antiguo Testamento, el altar del templo era un lugar donde los que temían por sus vidas podían ir y asirse de los cuernos del altar. Nadie podía alcanzarlos allí. (Ver 1 Reyes 1:49–51.)

LA IGLESIA ES LA ENEMIGA DEL DIABLO

Todo lo que el diablo es y hace es contrario a las leyes de Dios. Él es rebelde, y puesto que continuamente busca hacer daño a la creación de Dios, es su enemigo. Nosotros somos los hijos de Dios y deseamos vivir para Él. Creemos que los principios de Dios se harán cargo del mundo y lo llevará a un final victorioso. En ese solo hecho, la iglesia es el archienemigo de Satanás, y a nosotros se nos ha dado el poder de someterlo (Génesis 1:28; Lucas 10:19).

Tenemos una conexión con Dios que nos hace más poderosos que cualquier cosa que pueda hacer el enemigo para impedir los movimientos de Dios en la tierra. Él trata de mantenernos en las tinieblas respecto de cuán poderosos somos y de cuán estratégica es nuestra conexión con Dios en relación a sus planes. Él hace todo lo que puede para mantenernos ciegos acerca de quiénes somos porque nos teme, tanto individual como colectivamente. Él nos hace creer que tiene más poder del que realmente tiene.

Debemos saber y comprender que el enemigo busca usurpar la autoridad de Dios e infiltrar este mundo con una estrategia política de temor, engaño y tentación. Su política está arraigada en actitudes malvadas y en acciones pecaminosas. Busca prevalecer, pero no puede ni lo hará. La Biblia dice en Mateo 16:18 que las puertas del infierno no prevalecerán contra la iglesia. Estamos construidos en la roca, que es Jesucristo, y puesto que Dios construyó la iglesia, tendremos éxito en todo lo que hagamos. El enemigo no puede detenernos. Somos fuertes contrincantes. Tenemos poder por sobre todo el poder del enemigo, pero no podemos entregárselo a no ser que él nos venza.

JEHOVÁ-GIBOR—SU COMANDANTE EN JEFE

Ahora que comprendemos la estructura de nuestros cuarteles espirituales, dediquemos algo de tiempo a hablar sobre el líder del departamento de defensa del cielo. Nuestro comandante en jefe es el Señor Jesucristo, y Él es un líder informado. Conoce al enemigo, a su arsenal y el terreno. Él no es uno de esos líderes no intervensionistas que sólo quieren oír buenos informes. Él lo ve y lo conoce todo.

Nuestro Comandante especialmente conoce a Sus tropas. Él nos creó. Por ende, cuando Él instruye y establece Sus decretos en la tierra, lo hace a sabiendas de cómo nos influirá. Dios sabe cuánto de la batalla podemos soportar y siempre provee una vía segura de escape para nosotros. 1 Corintios 10:13 dice: «No os ha sobrevenido ninguna tentación que no sea humana; pero fiel es Dios, que no os dejará ser tentados más de lo que podéis resistir, sino que dará también juntamente con la tentación la salida, para que podáis soportar». Nuestro líder es misericordioso y compasivo con nosotros.

Como Comandante todopoderoso y omnipotente, nos alienta a poner sobre él todas nuestras cargas. Esto difiere mucho del estereotipo que vemos en algunas películas donde el viejo sargento ladra órdenes a los nuevos reclutas. Pero Dios dice que Él nos cargará y nos fortalecerá en nuestras debilidades.

> Venid a mí todos los que estáis trabajados y cargados, y yo os haré descansar. Llevad mi yugo sobre vosotros, y aprended de mí, que soy manso y humilde de corazón; y hallaréis descanso para vuestras almas; porque mi yugo es fácil, y ligera mi carga.
>
> —Mateo 11:28–30

> Y me ha dicho: Bástate mi gracia; porque mi poder se perfecciona en la debilidad. Por tanto, de buena gana me gloriaré más bien en mis debilidades, para que repose sobre mí el poder de Cristo. Por lo cual, por amor a Cristo me gozo en las debilidades, en afrentas, en necesidades, en persecuciones, en angustias; porque cuando soy débil, entonces soy fuerte.
>
> —2 Corintios 12:9–10

También contamos con un líder que sabe por qué situación estamos atravesando. Se convirtió en Hombre para poder subir de rango, como cada uno de nosotros lo hemos hecho, y nos redimió. Él es capaz de identificar cuándo debemos ejercer presión sobre Él y soportar la prueba o cuándo necesitamos un dulce respiro proporcionado por Su gracia y misericordia que se renueva cada mañana. Él no nos

propone tareas duras, pero porque tiene familiaridad con nosotros
por completo (Salmo 139), Él sabe exactamente qué necesitamos para
crecer y ser un guerrero más fuerte. Hebreos 4:15–16 dice: «Porque no
tenemos un sumo sacerdote que no pueda compadecerse de nuestras
debilidades, sino uno que fue tentado en todo según nuestra semejanza, pero sin pecado. Acerquémonos, pues, confiadamente al trono
de la gracia, para alcanzar misericordia y hallar gracia para el oportuno socorro».

Sus ejercicios de entrenamiento no siempre son sencillos de lograr,
pero siempre son efectivos y estratégicos a fin de alcanzar los planes
que Él tiene para nuestras vidas. Él nos da las herramientas, las
armas, las estrategias y las tácticas para vencer en la guerra espiritual.

> Bendito sea Jehová, mi roca, quien adiestra mis manos
> para la batalla, y mis dedos para la guerra; misericordia
> mía y mi castillo, fortaleza mía y mi libertador, escudo
> mío, en quien he confiado; el que sujeta a mi pueblo debajo
> de mí.
>
> —Salmo 144:1–2

Recapitulando: Se está librando una verdadera batalla. Es una
guerra entre el reino de la luz y el reino de las tinieblas. A la iglesia se
la ha designado como una parte del sistema de defensa del cielo. Todo
creyente es situado automáticamente en su departamento de defensa
militar, y no existen zonas no militarizadas. Nuestro Comandante
en Jefe nos instruyó en Efesios 6:10-18 a «fortaleceos en el Señor, y
en el poder de su fuerza. Vestíos de toda la armadura de Dios, para
que podáis estar firmes contra las asechanzas del diablo. Porque no
tenemos lucha contra sangre y carne, sino contra principados, contra
potestades, contra los gobernadores de las tinieblas de este siglo,
contra huestes espirituales de maldad en las regiones celestes. Por
tanto, tomad toda la armadura de Dios, para que podáis resistir en el
día malo, y habiendo acabado todo, estar firmes. Estad, pues, firmes,
ceñidos vuestros lomos con la verdad, y vestidos con la coraza de
justicia, y calzados los pies con el apresto del evangelio de la paz.
Sobre todo, tomad el escudo de la fe, con que podáis apagar todos los
dardos de fuego del maligno. Y tomad el yelmo de la salvación, y la
espada del Espíritu, que es la palabra de Dios; orando en todo tiempo

con toda oración y súplica en el Espíritu, y velando en ello con toda perseverancia y súplica por todos los santos».

Con toda esta armadura relacionada con nosotros, la iglesia está lista para su misión de defender el reino de la luz, protegiéndolo de toda invasión extraña al tiempo que mantiene una atmósfera que es internamente libre de las revueltas y la insurrección. También debe infiltrarse y penetrar activamente (no aislarse ni alejarse de) los sistemas del mundo con el mensaje del Rey y Su reino, haciendo las obras que Él nos envió, saqueando el reino de las tinieblas para poblar el reino de la luz, y liberando prisioneros de guerra del gobierno tiránico de Satanás que cegó sus mentes.

En el próximo capítulo, iremos a obtener nuestros galones y nos activaremos en la guerra.

TRES

ACTIVADO PARA LA GUERRA

Obtener sus galones

E N ESTE CAPÍTULO, he recopilado una lista de requerimientos que servirán de fuerza de activación anunciando su presencia y estatus de servicio activo en el espíritu. Las declaraciones que se expresan en este capítulo lo hacen en forma de una oración, similar al juramento de un oficial. Cada una de ellos está basado en la Biblia. He colocado la referencia de las Escrituras sobre la cual se construye cada sección.

Use esta oración a diario, y ore en voz alta. Memorícela. Emplee las referencias bíblicas en sus devociones cotidianas. Estúdielas. Lo facultarán a luchar la buena batalla de la fe. Observe cómo las circunstancias y las situaciones cambian para mejor. Recuerde que sólo cuando está ubicado en medio de una batalla o una situación imposible, y que cuando no hay nadie ni nada que pueda salvarlo o liberarlo, salvo Dios, nace un verdadero guerrero. En lugar de darse por vencido, entregarse o caer presa de las estrategias del enemigo, considere sus tiempos de lucha, pruebas y tentación como oportunidades divinas para ser entrenado en el arte de la oración estratégica y la guerra espiritual. Sienta la seguridad de que esos momentos son terrenos auténticos de entrenamiento que Dios ha seleccionado para llevarlo al pleno dominio. Como sucedió con David, puede que sean las mismas bases que Dios usa para entrenarlo para el evento final: La maximización de su potencial y el cumplimiento de propósito.

La Biblia dice en Job 22:27–28 que usted hará «oraciones a él, y él lo oirá». La palabra hacer significa «componer, construir o diseñar». Cada una de las siguientes declaraciones han sido compuestas, construidas y diseñadas basándose en las Escrituras. Al final de cada declaración figuran referencias bíblicas y al final del libro hay un glosario para un mayor discernimiento y comprensión. Mientras ora, hágalo con la seguridad de que «las puertas del Hades no prevalecerán» (Mateo 16:18).

Oraciones de activación para la guerra espiritual

Como legislador oficial y agente que hace cumplir la ley de Dios:

Vengo en el nombre de Jesús resucitado, de quien soy y a quien sirvo, « para que en el hombre de Jesús se doble toda rodilla de los que están en los cielos, y en la tierra, y debajo de la tierra; y toda lengua confiese que Jesucristo es el Señor, para gloria de Dios Padre» (Filipenses 2:10–11; ver también Salmo 82).

Afecto y hago cumplir los planes y propósitos originales de Dios sobre y en contra de los planes y propósitos de Satanás (Daniel 6).

Decreto y declaro que en esta batalla ningún arma intrínseca (interna) o extrínseca (externa), ya sea emocional, financiera, social, física, psicológica, interpersonal, espiritual u organizacional, prosperará en mi contra (1 Samuel 17:47; Isaías 54:17; Jeremías 51:20; Juan 14:30; 2 Corintios 7:5; Efesios 4:27).

Me visto con la armadura de la luz y del Señor (Romanos 13:12; Efesios 6:13–17):

- La verdad que cubra mis lomos (Salmo 51:6)
- La coraza de justicia para que cubra mi corazón y la cavidad de mi pecho (Salmo 5:12; 2 Corintios 6:7)
- El evangelio de la paz para que cubra mis pies (Isaías 52:7)
- El escudo de la fe para cubrir mi cuerpo defensiva y ofensivamente (Hebreos 10:38; 11:1, 6)
- El yelmo de la salvación para cubrir mi cabeza

(Isaías 59:17; 1 Tesalonicenses 5:8)

- La espada del Espíritu, que es la Palabra de Dios (Efesios 6:17; Apocalipsis 1:16)
- El Señor Jesucristo (Romanos 13:14)
- Un manto de justicia (Isaías 61:10)
- La gloria de Dios es mi retaguardia (Isaías 58:8).

Decreto y declaro que las armas de mi guerra no son carnales sino poderosas en Dios (1 Samuel 17:45; Romanos 13:12; 2 Corintios 10:3–6; Efesios 6:13–18).

Destruyo fortalezas y destruyo imaginaciones vanas y toda cosa alta que se eleva contra el conocimiento de Jesucristo. Mis pensamientos están ahora sujetos al señoreo de Cristo (Isa. 14:13–14; Ezek. 28:2; 2 Cor. 10:5).

Declaro que la unción de Dios destruye todo yugo en mi vida y que mi alma, mi espíritu y mi cuerpo ahora funcionan en orden de acuerdo con los sistemas divinos del protocolo (1 Corintios 9:27; 14:40).

Decreto y declaro que soy sano y lleno por el Espíritu; que la enfermedad está lejos de mí (Isaías 53:5).

Establezco parámetros, límites y fronteras divinos y legislo y establezco las leyes del reino del cielo para que gobierne todas las actividades allí comprendidas (1 Crónicas 4:10; Salmo 147:14; Isaías 60:18).

Rechazo (desestimo y veto) toda sanción diabólica, actividad trastornada, directiva, mandato u orden que se oponga a la voluntad del Señor respecto de mi vida, mi ministerio y mi familia (Mateo 18:18).

Anulo decisiones y gobiernos diabólicos contra mi ministerio, mi vida y la vida de los miembros de mi familia, mis amigos y socios (Isaías 38:1–5; 39:6–8; Mateo 16:19).

Tomo control sobre las rutas aéreas, galaxias, sistemas, esferas, estratosferas, hemisferios, atmósferas, reinos, regiones y dominios (Jeremías 1:10; Mateo 16:19; 18:18; 1 Corintios 6:2–3; Efesios 2:6; Apocalipsis 5:10; 11:12).

Despojo a los espíritus principales y sujetos a Miguel, a otros arcángeles y a la hueste angélica para que maneje cualquier enfrentamiento satánico, disputas, luchas y resistencias satánicas respecto de este mandato (2 Reyes 7:5–7; 2 Crónicas 32:21; Daniel 3:24–25; 6:22; 10:13; Salmo 91:11; 103:20; Hebreos 1:14).

Declaro exitoso todo emprendimiento divino y angélico, apoyos, refuerzos y asistencia. De acuerdo con tu Palabra en Salmo 103:20, los ángeles ahora «poderosos en fortaleza» para reunir y proteger mi persona, propiedad y posesiones (2 Reyes 6:17; Daniel 3:15–30; Hechos 12:1–10).

Jehová-Gibor, lucha contra los que luchan en mi contra; pelea contra los que pelean en mi contra. Aférrate al escudo y a la armadura, ¡y ponte de pie para ayudarme! Quita también la lanza y la jabalina y ciérrales el camino a los que me persiguen y me ejecutan. Vístete con tus ropas de guerra. Reúne tus recursos, tus armas y municiones de tu arsenal divino. Haz brillar tus flechas, reúne tus escudos, y deja que la venganza sea tu meta final mientras vences a las carrozas, los caballos y a los jinetes. Deja que el terror golpee los corazones de mis enemigos y haga que sus corazones decaigan.

Decreto y declaro que por ti corro por entre las tropas y salto los muros. tú eres mi Dios: El Dios que me rodea con fortaleza y hace que me camino sea perfecto. Eres tú el que hace que mis pies sean como de cierva, dándome estabilidad para que sea capaz de pisar firmemente y avanzar sobre las alturas peligrosas de las pruebas y las tribulaciones. Tú me colocas en una posición segura sobre los lugares altos. Tú les enseñas a mis manos a guerrear y a mis dedos a luchar, otorgándome la fortaleza sobrenatural y las capacidades para que mis brazos quiebren un arco de acero. Me has equipado con el escudo de tu salvación, y tu mano derecha me establece como victorioso en esta batalla. Vence al enemigo. Dame su cuello. Hazme perseguirlos y abatirlos hasta que estén heridos y consumidos, cayendo a mis pies, para nunca volver a levantarse. Establece mi nombre en los cielos. Deja que quienes oigan de mí se sometan a mí y me obedezcan.

Anuncio que eres tú el que me ha bendecido. Eres tú el que me faculta. No es a través de mi poder, sino del poder del Espíritu del Señor. Porque cuando venga el enemigo como un torrente, tu Espíritu se elevará como un estandarte contra él. (Éxodo 15:3; Deuteronomio 32:41–42; Salmo 7:13; 18:29–50; 35:1–8; 144:5–7; Isaías 42:13–14; 59:16–19; Hageo 2:22).

Prohíbo y rechazo otras actividades de oposición de cualquier personalidad satánica con tareas diabólicas respecto de mi vida, ministerio y familia, y declaro guerra contra ellos (Nehemías 4:14).

Repruebo y prohíbo toda intercepción o resistencia demoníaca (Daniel 10:1–13).

Resisto contención, intenciones, provocaciones y negociaciones satánicas respecto de mi vida y mi alma, y superpongo el propósito profético y el destino divino por sobre y contra todas las actividades y fuerzas de oposición que sean contrarias a la voluntad de Dios en Cristo Jesús respecto de mi vida (1 Samuel 1:1–8; 1 Reyes 22:1–23; 1 Crónicas 21:1–2; Job 1:7–12; 3:25; Judas 9).

Condeno el acoso satánico y reprendo las concentraciones satánicas (2 Samuel 11:1–2). Detengo y prohíbo toda supervisión satánica (1 Samuel 18; Mateo 26:4; Marcos 11:18; Lucas 6:11; Hechos 16:16–19).

Disipo falsas cargas y remuevo los sentimientos de pesadez, opresión y depresión. Se las doy al Señor que me sostiene. No me moveré (Salmo 12:5; 54:2; 55:22; Isaías 10:27; 61:3; Mateo 11:28–30; Juan 14:1).

Decreto y declaro que por la unción, todos los pactos, contratos, cadenas, grilletes, esclavitudes, proclividades y cautiverios que sean contrarios, que se opongan o que obstaculicen el cumplimiento del plan y propósito originales de Dios, sean quebrados. Soy libre de pactos, alianzas, ataduras del alma, espíritus de herencia y maldiciones generacionales/satánicas/demoníacas. Los quiebro por medio de la espada del Señor, la sangre y el Espíritu. Le hablo a mi ADN y declaro que soy libre de toda influencia traspasada de una generación a la otra, ya sea biológica, social, emocional, fisiológica, psicológica, espiritual o a través de cualquier otro canal desconocido para mí pero conocido para Dios. Rechazo todo espíritu que actúe como guardián o portero de mi alma y renuncio a toda alianza, asociación o pacto conciente o inconsciente. Me abro a la liberación divina. Padre, ¡el camino está abierto ahora! Perfecciona esas cosas que tienen que ver conmigo (Deuteronomio 5:9; 7:8–9; Eclesiastés 7:26; Isaías 61:1; Hechos 8:9–13; Gálatas 5:1; 1 Tesalonicenses 5:23–24; 2 Timoteo 2:25).

Decreto y declaro que un escudo de oración, la unción, los muros de fuego, las pantallas de humo y *vallado* de protección que me rodee y me oculte del azote del enemigo, de los espíritus familiares y de cualquier o toda personalidad demoníaca, dificultando o imposibilitándoles que ellos me rastreen o me persigan en el reino de lo espiritual. No habrá perforaciones ni penetraciones en esas barreras de protección (Éxodo 12:13; Job 1:7–10; Salmo 91; Zacarías 2:5).

Publico mi nombre en la atmósfera y declaro que los guerreros de oración, los intercesores y los guardianes proféticos me están elevando en el reino espiritual. Pronuncio que no se detendrán ni bajarán de sus torres de vigilancia hasta que su misión haya sido completada. Decreto y declaro que ellos mantendrán sus planes de intercesión bajo la dirección del Espíritu Santo y de Jesucristo, quien es mi jefe de intercesores (Jeremías 27:18; Ezequiel. 3:17; Lucas 18:7; Juan 16:13; Romanos 8:26–27, 34; Hebreos 7:25).

Decreto y declaro que el Espíritu del Señor está sobre mí: El espíritu de sabiduría, de inteligencia, el consejo divino, el poder sobrenatural, el conocimiento y el mayor temor de Jehová. Mientras avanzo, estoy divinamente capacitado y creciendo en destreza y conocimiento (Isaías 11:2–3; Efesios 1:17–18; Colosenses 1:9–11; 3:10).

Destruyo y aniquilo impresiones, ilusiones, proyecciones, percepciones, sugerencias, sospechas y engaños satánicos establecidos como un señuelo o una emboscada para mi alma y para aquellos designados para orar conmigo, para mí, en mi favor, y los que trabajan conmigo, aquellos que me son designados e interactúan conmigo a diario (1 Reyes 22:5–40; Hechos 13:50; 2 Tesalonicenses 2).

Resisto energéticamente las tretas del diablo y prohíbo el secuestro de pensamientos divinos, inspiración, revelación, discernimiento, sabiduría, conocimientos y comprensión que emanan del trono de mi Padre celestial, especialmente aquellos que inician, estimulan, sostienen y refuerzan mi autoridad de reino en el mundo terrenal y en los cielos, y que facilita el propósito redentor de Dios (Mateo 13:19; Efesios 6:11).

Pongo un alto a todas las medidas distractoras, perturbadoras y destructivas. Por este motivo se manifestó el Hijo de Dios (Juan 2:15–17; Hechos 16:16–19; 1 Juan 3:8).

Prevalezco contra inhibiciones, prohibiciones y toda limitación satánica. Decreto y declaro que todos los muros invisibles e invencibles se destruyan (Josué 6:1; Colosenses 1:16).

Ejecuto un juicio divino contra las actividades satánicas-demoníacas, y declaro una guerra en el espíritu de Elías y Jehú (1 Reyes 18; 2 Reyes 9:1–10:28).

Desapruebo, anulo, desarmo, cancelo y me opongo con fuerza contra toda operación, maniobra, manipulación, subversión, estrategia, táctica, complot, planes y tretas que están diseñadas para obstaculizar, prevenir, frustrar, negar o retrasar los planes y propósitos originales de Dios de manifestación rápida y veloz, particularmente en su tiempo y temporada correctos (Daniel 7:25).

Prohíbo la alteración y el cambio de todo tiempo o leyes referentes a mi vida y al ministerio o a la vida de mi familia. Me muevo sincronizadamente y sincopado con los movimientos coreográficos, sinfónicos y orquestados de Dios (Génesis 1:1–5; Daniel 6:1–15; 7:15–27).

Establezco que si se cambian leyes, estatutos, codificaciones, facturas, fueros y constituciones, lo hagan a mi favor para que yo pueda prosperar en el lugar de mi tarea y la tierra en la que vivo (Daniel 6:25–28).

Decreto y declaro que mis tiempos y temporadas están en las manos del Señor y no serán alteradas ni adaptadas por nada ni nadie. Funciono bajo la unción de los hijos de Isacar, y Dios me da la capacidad divina de discernir con precisión mis tiempos y mis temporadas (1 Crónicas 12:32; Salmo 31:15; Eclesiastés 3:1–8; Daniel 2:21–22).

Decreto y declaro que los ojos de mi espíritu funcionan con una visión total para la comprensión y la interpretación correcta de los movimientos divinos. Mis oídos están sintonizados con la frecuencia correcta del Espíritu, y tengo una transmisión clara (2 Reyes 6:17; Job 42:5; Salmo 119:18; Isaías 29:18; Jeremías 1:11–16; 2 Corintios 4:4; 7:2; Efesios 4:18; Apocalipsis 4:1).

Decreto que este día funcionó de acuerdo con los horarios y el calendario divino de Dios. Decreto que la agenda de

Dios es mi agenda. No me pertenezco; he sido comprado por un precio. Por lo tanto me someto únicamente a Él. Declaro que, como Jesús, «He aquí, vengo; en el rollo del libro está escrito de mí» (Salmo 40:7; ve también Salmo 139:16; 1 Corintios 7:23; Santiago 4:7).

Padre, destruye los planes de los alborotadores, de los que nos desprecian, de los que se mofan, de los que se burlan, de los perseguidores y de los difamadores. Expone a los representantes satánicos y otórgame estrategias divinas y tácticas para identificar, resistir y superar los argumentos y planes establecidos para mi muerte (Ester 9:25; Salmo 5:10; 7:14–16; 34:21; 35:1–8; 52:5; 83:13–17; 141:10; Proverbios 26:27; 28:10; Daniel 3, 6; Mateo 7:15–23; 2 Corintios 11:14–15):

- Saca Tu lanza y detenlos en su camino.
- Deja que se confundan y se ridiculicen.
- Deja que caigan por sus propios consejos.
- Deja que se den vuelta y entren en confusión.
- Deja que sean como grano esparcido por el viento.
- Deja que el ángel del Señor los persiga.
- Deja que su camino sea a través de lugares oscuros y resbaladizos, con el ángel del Señor persiguiéndolos y afligiéndolos.
- Deja que sean avergonzados y entren en deshonra los que buscan y requieren mi vida.
- Deja que vuelvan y se confundan los que planean mi mal.
- Deja que prontamente les llegue la destrucción.
- Deja que caigan en su propia destrucción.
- Deja que la destrucción les llegue sin darse cuenta.
- Deja que tambaleen y se caigan dentro de la

propia destrucción la cual han ideado para mí.

- Deja que estén heridos y sean destruidos con las mismas armas que han dispuesto para mí.
- Deja que sean atrapados en la misma red que prepararon para mí.
- Deja que caigan en el mismo abismo que han cavado para mí.
- Deja que sean colgados con la misma soga que construyeron para mí.
- Deja que se quemen en el mismo fuego que encendieron para mí.
- Deja que sean consumidos por las mismas bestias que prepararon para mí.
- Abátelos en el propio acto de su maldad.
- Deja que su daño sea devuelto a ellos el doble.
- Arráncalos del lugar donde moran.
- Desarráigalos de la tierra de los vivos.
- Deja que la maldad los mate y que la desolación sea su botín.

Hazlos como una rueda girando en la confusión.

- Conviértelos en rastrojos ante el viento.
- Hazlos como madera quemada por el fuego.
- Persíguelos con Tu tempestad.
- Causa temor y que el terror se apodere de sus corazones.
- Permite que estén confundidos y preocupados por siempre.

Empleo a las huestes del cielo para la guerra contra las huestes de las tinieblas (1 Samuel 17). Toma el mando, haz que se detengan, y coloca una moratoria sobre otros movimientos demoníacos y actividades satánicas que emanan de:

- El submundo y sus seis regiones (Isaías 14:9, 15; 38:18; Daniel 7:1–28; Apocalipsis 20:13–14)
- La muerte (Job 34:22; 1 Corintios 15:55)
- El infierno/Seol/Hades (Isaías 14:19)
- El sepulcro (Isaías 38:10; Ezequiel 31:15)
- El foso (Ezequiel 32:23)
- El abismo, la región más baja del pozo (Isaías 38:17; Salmo 30:3)
- Las regiones del mar (Job 41:1–31; Ezequiel 26:16)
- Los cielos (Efesios 2:6; 6:12; Apocalipsis 12:7)
- Los dominios terrestres, subterrestres y celestiales (Isaías 14:12–14; Jeremías 1:10; Lucas 11:16–26; Romanos 8:14–23; Filipenses 2:10)

Superpongo la palabra profética sobre todas las medidas, estrategias y tácticas abortivas del enemigo (1 Timoteo 1:18–20).

Anulo y destruyo, según Isaías 54:17, palabras malas, deseos malos, encantamientos, adivinaciones, hechizos, maldiciones, oraciones de brujería y toda palabra pronunciada contraria a los planes y propósitos originales de Dios.

Revoco la maldición asociada con esas pronunciaciones y decreto y declaro que no serán firmes, que no ocurrirán, que no se arraigarán y que sus tratos violentos son devueltos a ellos el doble.

Declaro que toda lengua mentirosa es mala y que solo prevalece la verdad. Coloca un garfio en sus nariz, freno a sus labios y ocúltame del azote de sus lenguas (Job 5:21; Salmo 5:6–10; Isaías 37:29).

Me opongo a las falsedades, la calumnia, la especulación, la acusación, la mala interpretación y la difamación. Padre, haz que los cielos se postren con un juicio divino; haz que haya un relámpago que los disperse; Envía tus saetas para destruirlos; envía Tu mano desde el cielo y quítamelos de encima. No perderé tierra ni territorio por medio de sus esfuerzos o iniciativas para socavarme (1 Reyes 21:1–16; Salmo 144:5–7).

Prohíbo que el acusador de los hermanos opere o influya sobre el alma o mente de cualquiera que tenga contacto conmigo (Apocalipsis 12:10).

Revierto el efecto de cualquier estigma y declaro que el favor divino, la gracia, el honor y los buenos deseos ahora reemplacen cualquier sentimiento, percepción y pensamiento negativos respecto de mí, mi familia y el trabajo/ministerio que he sido convocado a realizar.

Decreto y declaro que la nobleza y la grandeza son mi porción (Génesis 12:1–3; Salmo 5:12).

Padre, frustra las señales de los brujos y de los hechiceros que resisten la unción como Tú lo hiciste con Janes y Jambres en la época de Moisés. Confunde los presagios de los mentirosos, astrólogos, psíquicos, pronosticadores, brujos y afines. Haz que los adivinadores parezcan zonzos, y convierte su conocimiento oscuro en tontería (Isaías 44:25; 2 Timoteo 3:8).

Reprende y desarticula las alianzas satánicas y detenlos por medio del Espíritu. Permite que todo esfuerzo y empeño encubierto y clandestino fracase (2 Crónicas 20:35; Nehemías 4:7–8; Ester 3–9; Job 5:12–14; Salmo 35:4; 55:9; 70:2; 83:17; 129:5).

- Frustre los dispositivos que han creado para que sus manos no puedan realizar su objetivo.
- Llevalos en sus propias formas astutas y arteras.

- Deja que se encuentren con las tinieblas del día y que estén a tientas al mediodía como a la noche.
- Libera virus divinos para que invadan bases de datos satánicos y ordena que sean consumidos y destruidos.
- Permite que todas las comunicaciones y conexiones de redes diabólicas fracasen. Todo intento sólo rendirá incoherencia y desaciertos.
- Envíales un espíritu de confusión.
- Haz que se dividan sus lenguas.
- Anula y destruye el sabotaje, las subversiones y los contratiempos.
- Haz que fracase todo ataque de venganza.

Confirma las palabras de tu siervo entre nosotros, y concreta el consejo de tus mensajeros (Isaías 44:26).

Envía ataques divinos, angelicales, proféticos y maniobras contra la inteligencia diabólica (Josué 5:13–14; Salmo 103:20–22).

Detén a los que operan en el espíritu de Jezabel o Belial. Haz que no se resistan a la unción, que no usurpen la autoridad o que obtengan algún terreno en lo natural o en el mundo espiritual (1 Samuel 10:27; 1 Reyes 19:1–5; 21:1–16).

Prohíbo manifestaciones satánicas y digo que las medidas «abortivas» divinas y los «abortos naturales» se producen en vientres e incubadoras satánicas (2 Corintios 10:5).

Ahora, Padre, tú me has dado un gran trabajo para lograr. Yo lucho por la liberación de las finanzas y de todos los recursos que me pertenecen todo lo que ha sido preparado para mí antes de la fundación del mundo, que pertenece a mi vida (ministerio, llamado) y divinidad me llega ahora.

No me será negado. No aceptaré sustitutos. Llamo a los recursos del norte, sur, este y oeste. Decreto y declaro que todo recurso necesario para mí a fin de cumplir con los planes y propósitos originales de Dios, me llega ahora sin retardo (2 Pedro 1:3).

Decreto y declaro que la abundancia de los malos ya no está más apartada de mí, se libera ahora. Haz que los aquellos se aferran a la riqueza que me corresponde con justicia sean afligidos y atormentados sin alivio hasta que me lo entreguen. Yo ordeno a Satanás que lo «suelte», que lo entregue y que lo deje ir (Job 20:15–18; Salmo 66:12; Eclesiastés 2:26).

Jehová-Jiré, ¡desata lomos de reyes! En el nombre de Jesús, ordena que las dos puertas se abran. Ve ante mí y endereza los sitios retorcidos. Quebrará puertas de bronce y hará pedazos los cerrojos de hierro. Concédemelos de acuerdo a tus riquezas en gloria, tus misericordias dulces y favores inconmensurables, los tesoros escondidos, y las riquezas ocultas de lugares secretos (Isaías 45:1–3). Yo declaro que el fluir de unción de Ciro fluirá quitando todo obstáculo y contaminación en mi vida (Isaías 60:10–17; Filipenses 4:19).

Alcen sus cabezas, oh puertas (guardianes de las puertas) y elévense siempre ustedes, puertas eternas (guardianas de las puertas), para que el Rey de la gloria, el Señor fuerte y valiente, el Señor de las huestes, pueda entrar (Salmo 24:7–10). Yo anuncio a mi conciencia de que no puedo negarle acceso. ¡Por ende, Nada ni nadie podrá negarme lo que con justicia me pertenece!

Decreto y declaro que la liberación de las fuerzas de los gentiles, el oro y la plata de mi Tarsis profético, y mi reina profética de Saba vendrán cargadas con toda posesión o recurso o legado de posesión preciosa apta para los hijos y las hijas del Rey de los reyes.

Yo decreto y declaro que mamaré la leche de los gentiles en el pecho de los reyes (Isaías 60:16). Yo seré ensanchado cuando la abundancia del mar sea vuelta a mí (Isaías 60:5). Los hijos de los extranjeros edificarán mis muros, y sus reyes te servirán (Job 27:16–17; Isaías 60).

Decreto y declaro que mi Dios me ha llevado a mi lugar de abundancia, y que moro en mi Gosén profético. Yo aumento en sustancia y prosperidad en la tierra en la que vivo y he sido enviado como un embajador de Dios. Como su representante oficial, todo derecho, privilegio, respeto y honor diplomáticos y aristocráticos me son extendidos. La gracia, la bondad y la misericordia son mis guardaespaldas.

Decreto y declaro que la sabiduría es mi consejera, que el Espíritu Santo es mi consultor y que Jesucristo es mi defensor. Dios, el Elyon, mi único juez ha declarado y yo por tanto establezco que mis tributos son la paz, y la justicia por mis opresores, mis muros la salvación y mis puertas la alabanza (Génesis 47:27; Isaías 60:17–18).

Decreto y declaro que mi tiempo establecido de gracia no será frustrado (Salmo 102:13).

Declaro sobre mi vida, mi ministerio, las vidas de todo miembro de mi familia, asociado y amigo las siguientes unciones para la riqueza y la prosperidad, para que Dios y únicamente el nombre de Dios sea glorificado:

- Unción de Jabes (1 Crónicas 4:10)
- Unción abrahámica (Génesis 12:1–3)
- Unción de Melquisedec (Genesis 14:18; Hebreos 5:6–10)
- Unción de José (Salmo 105:21)
- Unción jacobiana (Génesis 28:1; 30:43)
- Unción de Isaac (Génesis 26:1–14)
- Unción del Mesías (Lucas 8:1–3)
- Unción salomónica (1 Crónicas 29; 2 Crónicas 9)

- Unción séptuple edénica (Genesis 1:28, 30; 2:15)
- Unción de Uzias (2 Crónicas 26:5–15)
- Unción de Josué (Josué 6:1–3)

Estoy diariamente colmado de sus beneficios (Salmo 68:19).

Vengo contra del espíritu de privación. El Señor prospera el trabajo de mis manos. Por Él y a través de Él logro grandes proezas. Nuevamente reitero, no me será negado (Daniel 11:32).

Declaro éxito y progreso en el nombre de Jesús (2 Corintios 2:14).

Decreto y declaro que el reino de los cielos rige y reina (Apocalipsis 11:15).

Envío estas palabras como los vientos huracanados de Euroclidón en el mundo espiritual para demoler y destruir el campamento de los enemigos. Envío a los cuatro vientos del Espíritu y del cielo que soplen como vientos destructores y conquistadores (Jeremías 51:1; Hechos 27:14).

Decreto y declaro que esta oración y todas las oraciones futuras adopten las características de proyectiles divinos en el mundo espiritual y que den en el blanco (Salmo 57:4).

Decreto que las leyes que gobiernan esta oración toda estrategia y táctica espiritual estén unidas a la Palabra, la sangre y al Espíritu (1 Juan 5:7–8).

Decreto que todo espíritu liberado de su tarea diabólica se convierta en una parte del estrado de los pies de Jesús (Salmo 110:1).

Sello esta oración en el nombre de Jesús… ¡Amén!

PARTE II

SU ENEMIGO

CUATRO

EL CAMPO DE BATALLA *ES* SU MENTE

Donde todo se gana o se pierde

EL BIEN MÁS preciado en el mundo terrenal es la mente. No sólo Dios cuida nuestra mente, sino que el enemigo también está atento. Apocalipsis 18:11–16 dice que en los últimos días, la propiedad intelectual del alma será uno de los productos comprados y vendidos en el mercado y usado para impulsar economías completas:

> Los mercaderes de la tierra lloran y hacen lamentación sobre ella, porque ninguno compra más sus mercaderías; mercadería de oro, de plata, de piedras preciosas, de perlas, de lino fino, de púrpura, de seda, de escarlata, de toda madera olorosa, de todo objeto de marfil, de todo objeto de madera preciosa, de cobre, de hierro y de mármol; y canela, especias aromáticas, incienso, mirra, olíbano, vino, aceite, flor de harina, trigo, bestias, ovejas, caballos y carros, y esclavos, almas de hombres. Los frutos codiciados por tu alma se apartaron de ti, y todas las cosas exquisitas y espléndidas te han faltado, y nunca más las hallarás. Los mercaderes de estas cosas, que se han enriquecido a costa de ella, se pararán lejos por el temor de su tormento, llorando y lamentando, y diciendo: ¡Ay, ay, de la gran ciudad, que estaba vestida de lino fino, de púrpura y de escarlata, y estaba adornada de oro, de piedras preciosas y de perlas!

La historia del hijo pródigo de Lucas 15:11–32 es un relato convincente que demuestra cómo obra el enemigo contra nosotros a través de nuestros pensamientos. En esta historia, vemos cómo el dios de este mundo sedujo a un joven a derrochar su fundamento (tiempo, talento, dones, capacidad, herencia, unción, experiencia, etc.). Cuando la persona promedio piensa en la guerra, son evocadas imágenes de lugares golpeados por la guerra. Muy pocas veces una persona piensa que su mente es el campo de batalla. Hay un par de realidades que demuestra esta historia sobre la guerra espiritual.

1. La batalla no es con carne y sangre.

Advierta que en el versículo 12 el hijo exige su porción de la herencia que se debía dividir entre su hermano mayor y él luego de que muriera su padre, sin embargo el padre le entrega a su hijo lo que él pide. Más adelante vemos que rápidamente «desperdició sus bienes viviendo perdidamente» (v. 13). Si usted comprende qué significa ser un hijo de la abundancia y de los recursos, sabrá que este hijo hubiera sido criado en un entorno en el que la administración financiera era de gran importancia. El hecho de que exigiera su herencia antes de tiempo y que la despilfarrara neciamente nos dice que algo o *alguien* se apoderó de sus pensamientos, contándole mentiras acerca de lo que merecía y que no debía esperar para recibir lo que le correspondía. Los buenos padres generalmente les dicen a sus hijos que tengan paciencia, que no crezcan demasiado rápido y que usen su tiempo y sus recursos con sabiduría. El hijo se rebeló contra todo lo que su padre le habría enseñado hasta ese momento, y ese tipo de rebelión es un indicio de un espíritu demoníaco obrando. La guerra espiritual en su forma más pura es el consejo de la mente humana por parte de cualquier otro espíritu que no sea el Espíritu del Señor. Usted debe discernir cuál es el espíritu que está obrando abierta o encubiertamente.

Efesios 6:12 dice: «Porque no tenemos lucha contra sangre y carne, sino contra principados, contra potestades, contra los gobernadores de las tinieblas de este siglo, contra huestes espirituales de maldad en las regiones celestes». Es evidente que este hijo no está peleando con su padre y que nadie lo está empujando del nido antes de que llegue su momento. Hay una lucha espiritual interna que influyó sobre las acciones del hijo, y entregarse a esa lucha ocasionó que esa pelea fuera su desaparición.

Lo mismo se aplica a nosotros. Nuestra guerra no es contra los seres humanos, sino contra el diablo y sus demonios, que propagan doctrinas diabólicas, herejías, ideologías de Lucifer, filosofías satánicas y la imaginería diabólica. Nuestro enemigo, Satanás, intenta vencernos con estrategias y engaños a través de planes bien pensados, engaños y manipulaciones deliberadas. Cuando él le habla a nuestras mentes lo hace en un intento de desviarnos, de seguir un camino que nos desvíe del cumplimiento del propósito y el destino. Él nunca nos habla en segunda persona («ustedes»). Él emplea la primera persona («yo») para engañarnos y hacernos creer que los pensamientos que recorren nuestras mentes son pensamientos y no sugerencias, proyecciones, avisos o instancias que emanan de él. Él da inicio a su estrategia de guerra bombardeando nuestras mentes con un patrón inteligentemente pergeñado de pequeños pensamientos, sospechas, dudas, temores, preguntas, razonamientos y teorías persistentes. Él se mueve despacio y con cautela, deliberadamente y con paciencia. Él nunca dirá: «estás enfermo», «eres pobre», «deberías abandonar tu iglesia» o «nunca vas a lograrlo». Él dirá: *«yo* estoy enfermo», «voy a abandonar esta iglesia» o «yo nunca lo lograré», porque él realmente quiere que creamos que los pensamientos que coloca en nuestras mentes son nuestros.

Recuerdo regresar a casa después de la reunión de ministerio. Me senté en el borde de la cama, y de repente «yo» me sentí triste. Los pensamientos comenzaron a invadir mi mente, y mi diálogo interior era increíble e inusualmente negativo. Puesto que soy básicamente una persona positiva, al principio lo consideré cansancio. Sin embargo, los pensamientos venían con tanta fuerza que empecé a tomarlos como si fueran míos. Quería dejar el ministerio y olvidarme de todo y de todos. Luego el Espíritu Santo se despertó en mí y me ordenó luchar contra esos pensamientos. Adopté una postura de oración y guerra espiritual, y le ordené al espíritu que se fuera.

Luego de atar y desatar, y de liberar el espíritu que fue asignado para esa tarea, oí un ruido y sentí que una presencia abandonaba mi habitación a través de la ventana. Los pensamientos y las emociones que sentí como propias eran realmente espíritus de depresión, muerte (tratando de abortar mi ministerio, mi propósito y mi destino), y frustración. Así de engañosas son las armas del enemigo. Recuerde: Cuando vienen los espíritus, llegan para dar un consejo diabólico a su mente porque este nivel de guerra es espiritual, no carnal.

2. La mente es el mayor campo de batalla.

La lucha espiritual expuesta en la historia de este hijo perdido demuestra más aún el valor de nuestra mente. No es ninguna necesidad externa, física que hace que el hijo pida su dinero. Él está en guerra consigo mismo entre lo bueno que Dios tiene para su vida y lo malo que el enemigo estratégicamente ha planeado para él. La mente es el mayor campo de batalla. Dentro de ella, se decide el destino de la eternidad de un hombre, las almas se pierden o se ganan y los destinos se cumplen o se esfuman. Este es un principio sencillo que usted puede aplicar mientras aprende sobre cómo vencer al enemigo en su propio juego. Si realmente no sabe sobre qué orar, observe qué está haciendo el enemigo y haga lo contrario.

Podemos suponer que el padre confiaba en las promesas de Dios y que conocía la verdad de 2 Corintios 1:20: «Porque todas las promesas de Dios son en él Sí, y en él Amén, por medio de nosotros, para la gloria de Dios». La promesa a la que debía aferrarse era: «Instruye al niño en su camino, y aun cuando fuere viejo no se apartará de él» (Proverbios 22:6). Esto le permitió liberar a su hijo al mundo para que le enseñe y lo rescate Jehová-Adonai. Al final, no alcanzaron al hijo. La Biblia dice que «Y volviendo en sí» (Lucas 15:17). Finalmente, él recobró los sentidos. Su mente fue restaurada. Su alma fue redimida. El campo de batalla de su mente fue reclamado para el reino.

COLOCAR UN RECLAMO SOBRE EL CAMPO DE BATALLA DE LA MENTE

Lograr el tipo de victoria que se ganó en la historia anterior requiere disciplina. Para obtener esa disciplina, lo primero es saber qué pensamientos califican para estar legítimamente en su mente. Filipenses 4:8 dice: «Por lo demás, hermanos, todo lo que es verdadero, todo lo honesto, todo lo justo, todo lo puro, todo lo amable, todo lo que es de buen nombre; si hay virtud alguna, si algo digno de alabanza, en esto pensad». Si sus pensamientos no son verdaderos, sinceros, justos, puros, amorosos, coherentes o dignos de elogio, no permita que se arraiguen en su mente.

Lo segundo es eliminar los pensamientos que no deberían estar en su mente. Según 2 Corintios 10:4-5, nosotros tenemos el poder en Jesucristo para derribar las fortalezas que Satanás intenta erigir en nuestras mentes y derribando «argumentos y toda altivez que se levanta contra el conocimiento de Dios, y llevando cautivo todo pensamiento a la obediencia a Cristo». Desglosemos las estrategias divinas que Dios nos da en el texto anterior:

1. Usted debe destruir los pensamientos que no califican.

Esta acción denota una demolición completa, una limpieza y una aniquilación de algo. También denota la conquista de las fuerzas opositoras y de los partidarios hostiles. Francis Frangipane dijo: «La destrucción de las fortalezas comienza con el arrepentimiento. Cuando Jesús envió a sus discípulos, 'Y saliendo, predicaban que los hombres se arrepintiesen. Y echaban fuera muchos demonios... y los sanaban' (Marcos 6:12-13)».[1]

2. Debe erradicar las fortalezas (*ochuroma*)

Una fortaleza es un patrón y una idea que rige a los individuos, las naciones y las comunidades. Son mentalidades, patrones de pensamiento, y procesos que hacen que las personas actúen, reaccionen y respondan de una manera particular contraria a las maneras de Dios y de un estilo de vida del justo. Las fortalezas son pensamientos que usted racionaliza y justifica. Puede decir cosas como: «Toda mi familia es así», «No puedo evitarlo. Nací así», «así soy» o «todo el mundo actúa y piensa de este modo». Su racionalización y justificación de determinados pensamientos, conductas y actitudes conforman una fortaleza. Las fortalezas también pueden ser un afianzamiento cultural.

Usted tiene que entender que Dios quiere darle una mejor forma de vivir y operar en el reino terrenal. Toda liberación exitosa debe comenzar eliminando primero eso que defiende al enemigo. Hablando de la guerra espiritual, el apóstol Pablo usa la palabra *fortaleza* para definir los fuertes espirituales donde Satanás y sus legiones se ocultan y son protegidos. Estos fuertes existen en los patrones e ideas de pensamiento que gobiernan a las personas y a las organizaciones como así también a las comunidades y las naciones. No debemos permitir que el enemigo se oculte al igual que sus tácticas en esos fuertes. Todo el arsenal del enemigo debe ser eliminado y sustituido por el arsenal poderoso de la Palabra de Dios. « Porque la palabra de Dios es viva y eficaz, y más cortante que toda espada de dos filos; y penetra hasta partir el alma y el espíritu, las coyunturas y los tuétanos, y discierne los pensamientos y las intenciones del corazón» (Hebreos 4:12). Por medio del consumo deliberado de la Palabra de Dios, se pueden eliminar las fortalezas del enemigo y las cosas de Dios pueden ingresar y ocupar nuestra vida de pensamiento.

Estos son varios tipos de fortalezas de las que debemos ser concientes:

- Demoníacas-satánicas. Estos se tratarán en profundidad en el capítulo 6, «Armas de destrucción masiva» y en el capítulo 10, «Reconocimiento».
- Territoriales. Estos representan la jerarquía de seres oscuros que son estratégicamente designados por el mismo Satanás para influir y controlar naciones, comunidades y hasta familias. Determinadas fuerzas demoníacas se concentran en regiones diferentes con el fin de fortificar tipos de maldades en particular.[2]
- Ideológicas. Estos se refieren a la visión del mundo que tiene Satanás a través de filosofías que influyen la cultura y la sociedad. Estas fortalezas se describen en 2 Corintios 10:5: «Derribando argumentos y toda altivez que se levanta contra el conocimiento de Dios, y llevando cautivo todo pensamiento a la obediencia a Cristo».[3]
- Personales. Son cosas que Satanás construye para influir su vida personal: El pecado personal, sus pensamientos, sus sentimientos, sus actitudes y sus patrones de conducta.[4]
- Divinas. Estas son fortalezas construidas por Jehová-Gibor para proteger el reino y a sus guerreros. (Ver Salmo 18:2–3; Proverbios 18:10.)
- Militares. Estas son fortalezas que las erige el ejército de Dios (usted y yo) para protegerse del fuego del enemigo. (Ver 1 Samuel 23:14, 19.)

3. Debe eliminar las imaginaciones.

Parte de esta frase proviene de la palabra griega *kathaireo*, que significa «eliminar» o «apegarse». *Imaginaciones* deriva de la palabra griega para «imagen» (*ekon*); involucra a las dos ideas de representación y manifestación. Este término denota una herramienta usada para grabar o tallar algo que produce una imagen, que luego se utiliza para hacer una impresión de aquello que el instrumento grabó.

4. Debe hacer que sus pensamientos estén cautivos.

A fin de reconocer qué está mal en nosotros, debemos percibir la norma de lo correcto de Dios. Debemos aprender a mirar objetivamente todos los pensamientos o actitudes que no se parecen a la imagen y las enseñanzas de Jesús. Esos pensamientos deben ser capturados y las malas actitudes deben ser crucificadas para asegurar la victoria. Arrepiéntase de esos pensamientos, pidiéndole a Dios que lo perdone por su falta de fe. Luego detenga los pensamientos y reemplácelos por la confesión de su fe, la Palabra de Dios.

5. Debe renovar su mente.

Permita que se renueve su mente leyendo y estudiando la Palabra de Dios. «Cuando usted haga eso, está destruyendo una fortaleza de derrota que anteriormente lo oprimió y está comenzando a reemplazarlo con la fortaleza divina de la fe. Mientras continúa siendo renovado en el espíritu de su mente por la Palabra de Dios, comenzará a caminar con tremendo poder y paz. Ingresará en la fortaleza divina de la fe».[5]

En Juan 8:31–32 Jesús nos dice cómo debemos permanecer victoriosos sobre las mentiras de Satanás: «Si vosotros permaneciereis en mi palabra, seréis verdaderamente mis discípulos; y conoceréis la verdad, y la verdad os hará libres».

EL ARREPENTIMIENTO TRAE UN CAMBIO DE MENTALIDAD

La mente es el mayor campo de batalla porque nuestra mente ocupa un gran espacio en nuestra vida, y nuestros pensamientos fácilmente influyen nuestras acciones. Resulta difícil estimar cuánto de la filosofía, la ética, el conocimiento y la ciencia del mundo fluyen desde los poderes de las tinieblas. Pero en algo estamos seguros: Todos los argumentos y orgullosos obstáculos contra el conocimiento de Dios son las fortalezas del enemigo.

Es cierto que Satanás usa la mente para asegurarse nuestro consentimiento a fin de establecer fortalezas, y con cada incentivo el enemigo gana más terreno en nuestro campo de batalla. No podemos separar la tentación y el pensamiento; las tentaciones se nos ofrecen en forma de pensamientos. Puesto que nuestros pensamientos están tan expuestos al poder de las tinieblas, debemos aprender a cuidarlos. Este trabajo comienza el día que aceptamos a Jesús en nuestra vida y nos arrepentimos de todo el caos que habíamos permitido que reine sobre nosotros. La definición original de *arrepentimiento* es «un cambio de mente». Puesto que nuestras mentes estuvieron tan unidas al diablo, es vital que recibamos de parte de Dios primero un cambio de mente antes de que podamos recibir un nuevo corazón (Hechos 11:18).

Con este nuevo corazón debemos comprender que aún tenemos la opción de permitir a los espíritus malignos atacarnos, a no ser que voluntariamente le cedamos este terreno, no tiene derecho a cercenar nuestra libertad. Están bajo nuestra decisión a través de Cristo, oponernos a todo pensamiento de tentación, y por nuestra palabra será detenido.

En este próximo capítulo, se le dará una información altamente confidencial respecto de las obras internas del ejército de Satanás y del reino de las tinieblas. La Biblia dice que no somos ignorantes respecto de las estrategias del diablo; por lo tanto, no tenemos derecho a echarle la culpar a nuestra falta de conocimiento por nuestra derrota. Al comenzar a leer este capítulo, verá que como un soldado de Dios, no hay excusas para la derrota. Nuestro Comandante está más que adecuadamente entrenado y nos lleva a la victoria.

CINCO

CONOCER A SU ENEMIGO

Agencia de Inteligencia Espiritual (AIE)

N UEVOS ESTUDIANTES DE la Biblia e incluso veteranos con bases y estudios espirituales firmes, con frecuencia se preguntan acerca de esta figura llamada Satanás. ¿Es Satanás un ser real? ¿Es el infierno un lugar real? ¿Hay realmente un reino de las tinieblas? Al estudiar profundamente la Palabra de Dios, usted adquirirá un mayor entendimiento de Satanás y su reino, eliminando así la ignorancia, que es una de sus más grandes armas.

Hay dos reinos mencionados en la Biblia. Se ha trazado la línea en el campo de batalla entre el reino de las tinieblas y el reino de la luz. Todo individuo debe elegir uno u otro. Como creyentes, gracias a Dios hemos sido liberados de las autoridades que gobiernan en el reino de las tinieblas. Dios ordenó que incluso como Cristo es la cabeza de la iglesia y la iglesia es Su cuerpo, se nos asegurara la victoria sobre la fuerza demoníaca en nombre de Jesús (Ver 2 Corintios 2:14; Colosenses 1:13).

Si bien la Biblia aclara que hemos ganado la victoria sobre Satanás y su reino maligno a través de Cristo, se sigue librando una guerra por nuestra alma. Por lo tanto, debemos estar concientes acerca de quién es este enemigo y cómo opera. A lo largo del resto de este capítulo, voy a darle a conocer cosas importantes sobre el enemigo para que esté facultado en su vida personal a permanecer del lado de la victoria. Mantenga abierta su espada: la Biblia. ¡Nos moveremos rápidamente!

1. El reino de las tinieblas es un reino literal y espiritual.

Piense en el reino de las tinieblas como lo haría respecto de otra nación o país terrestre. Sin embargo, hay una diferencia; esa diferencia reside en su esencia. El reino de las tinieblas, si bien es literal, no es físico sino espiritual en su naturaleza (Ver Judas 6; Apocalipsis 18).

2. Fue instituido por Satanás y una hueste de ángeles caídos.

La Biblia cuenta cómo se creó este reino de las tinieblas. Habiendo seducido aproximadamente a un tercio de la hueste angélica, Satanás procedió a organizar una insurrección frustrada que subsiguientemente condujo a su expulsión del cielo. ¡Vaya evento! Jesús lo describe como un espectáculo en los cielos (Lucas 10:18; Apocalipsis 12:3–13).

3. Este reino satánico tiene un sistema cosmológico.

La palabra *cosmología* habla de la disposición dinámica del universo y del mundo. Dios creó el mundo en una forma ordenada. Satanás creó una imitación perversa del mismo. Al utilizar a personas tales como Caín y otros hombres rebeldes como títeres, construyó con éxito un mundo que en realidad no es más que sólo un gran espectáculo mágico con ilusiones, humo y espejos para engañar los ojos cegados del hombre. Si bien es de naturaleza ilusoria, Satanás triunfó al crear un sistema bien organizado de maldad (Génesis 4:9–24). En esta parte particular de las Escrituras, vemos la fundación terrestre del reino de las tinieblas tomando forma a través de la creación de ocho de los doce sistemas existentes que comprenden nuestro mundo:

1. Sistema social (cultura, entretenimiento, idioma, matrimonio o familia)
2. Entretenimiento
3. Ambiental
4. Económico
5. Gubernamental
6. Educacional
7. Tecnológico
8. Religioso (humanista, ateo y anti-Dios)

Estos sistemas, originariamente diseñados por Dios para proveer el ambiente óptimo para que la humanidad cumpla su propósito y maximice su potencial, y para que alcance su destino, ahora se convirtió en las fortalezas de las fuerzas demoníacas. Hoy día podemos ser testigos de los efectos de la presencia del enemigo en este mundo. Los gobiernos son corruptos, aproximadamente la mitad de los matrimonios terminan en divorcio, y las familias que antes fueron refugios seguros para los niños ahora están plagadas de mal trato y violencia doméstica, dejando deficiente a la institución educacional. Satanás erosionó y corroyó la base y la fibra de las sociedades y de las instituciones, creando el cimiento para que el pecado y la iniquidad se perpetúen intergeneracionalmente (Ver Génesis 6:1-7; Apocalipsis 18:9-10, 23-24.)

4. Dios nos ha dado autoridad y poder para exponer sus tácticas y vencer su ataque.

Satanás gobierna el reino de las tinieblas. Recuerde, él es el príncipe del poder del aire y no de la tierra. Al hombre se le ha dado dominio sobre el reino de la tierra (Génesis 1:28; Salmo 115:15-16). Las actividades del enemigo son ilegales porque a los espíritus sin cuerpo no se les ha dado autoridad para operar en la tierra. Por eso es que Satanás tuvo que adoptar el cuerpo de una serpiente a fin de obtener acceso legal. La posesión es su estrategia actual para controlar el reino de la tierra. Él conocía la ley de emprender toda iniciativa en el reino terrestre. La carne y la sangre son el protocolo espiritual para operar aquí, un protocolo al que incluso Dios se somete. Cuando Dios quiso redimir al mundo, vino en forma de carne a través de Jesucristo nuestro Señor, nuestro oficial Comandante, nuestro Hombre de guerra, General y poderoso, que nos ha dado autoridad sobre todo poder del enemigo. Depende de usted y de mí que hagamos cumplir esa autoridad (Salmo 8:4-6; 115:16; Lucas 10:19; Efesios 2:2).

5. Satanás se ha establecido a sí mismo como un dios en el reino terrenal.

Él es un impostor y un imitador (Isaías 14:12-14). Desde que Dios abortó su diabólico *coup d'état* (golpe de estado) en el tercer cielo, ahora Satanás intenta convertirse en un dios sobre los habitantes de la tierra. Usted debe actuar con resistencia (Santiago 4:7).

6. Satanás y sus legiones demoníacas tienen la capacidad de oprimir, poseer y aterrorizar a la humanidad.

Usted debe identificar a los espíritus, tomar autoridad sobre el enemigo, y detener sus actividades en el nombre de Jesús (Ver Isaías 14:15-21; Daniel 7:25-27; Marcos 3:27; Apocalipsis 12:7-13.) Aprenderá más sobre esto mientras prosiga en este libro.

7. Este reino de las tinieblas tiene una economía sofisticada.

Al igual que con cualquier otro reino terrestre, se comercia y se hacen negocios. Satanás ha creado todo un imperio del mal utilizando el bien más preciado: Las propiedades intelectuales y la propia alma de los hombres. Cuando se trata de la humanidad, muchas personas han reemplazado su amor de Dios por el amor al dinero. 1 Timoteo 6:10 declara: «Porque raíz de todos los males es el amor al dinero, el cual codiciando algunos, se extraviaron de la fe, y fueron traspasados de muchos dolores». A lo largo de la historia podemos descubrir muchas actividades pecaminosas, profanas e impías, y atrocidades a este excesivo padecimiento y fortaleza idólatra en las mentes de los hombres. Al igual que la viuda negra que atrae a su presa para que muera en su red, este sistema económico satánico atraerá a cualquiera y a toda alma que pueda a una red diseñada para la muerte y la destrucción (Ver Ezequiel 27:2–26; Apocalipsis 18:11–22.)

8. El reino de Satanás es un reino de oscuridad.

Cuando hablamos del reino de la oscuridad, hablamos de cualquier territorio o dominio donde hay ausencia de Dios, de revelación divina, de propósito y de destino. La ceguera espiritual es otra arma de destrucción masiva. En pocas palabras, esta es un arma efectiva porque, incluso si se presenta la verdad, los ciegos no pueden ver a no ser que haya una intervención divina a través de la salvación, la sanidad y la liberación. La Biblia nos da la razón de este nivel de ceguera espiritual en 2 Corintios 4:4: «En los cuales el dios de este siglo cegó el entendimiento de los incrédulos, para que no les resplandezca la luz del evangelio de la gloria de Cristo, el cual es la imagen de Dios». (Ver también Génesis 1:2–4; Deuteronomio 28:29; Job 12:25; Isaías 59:10.)

9. El reino de las tinieblas es accesible tanto a seres espirituales como a seres humanos que visitan o moran allí.

Los ángeles caídos viven allí. Este reino de las tinieblas no está alejado para nada de nosotros. Como seres humanos, podemos abandonar las leyes de Dios —leyes que nos traerían la paz que sobrepasa todo entendimiento— y vivir en el reino de las tinieblas. En Apocalipsis 18:1–4, la Biblia habla de Babilonia. Babilonia es para el reino de las tinieblas como Washington, DC es para Estados Unidos o Londres para Inglaterra. Piense en ello como si fuera la capital de su país.

10. Al igual que nuestra propia adoración al Señor nuestro Dios, el reino de las tinieblas también tiene una modalidad de adoración.

Así como su adoración lo lleva a la presencia de Dios, la adoración satánica lo llevará ante la presencia de Satanás. Recuerde, la adoración no es sólo una actividad en una iglesia o sinagoga; también es el estilo de vida que usted elige vivir a diario. La pregunta que le planteo hoy es: ¿Su vida le lleva gloria a Dios o a Satanás? (ver Daniel 3:1–15; Apocalipsis 17:1–6).

11. El reino de las tinieblas puede experimentarse tanto por los sentidos físicos como por los espirituales.

La experiencia del reino de las tinieblas puede ser física, y también espiritual. Estoy segura de que conoce a alguien que ha caído en la drogadicción, el alcoholismo o la desesperación. Estas son enfermedades físicas, pero también tienen el poder de hacer que la persona entre en una bancarrota espiritual bajo su influencia. Las Escrituras nos advierten que nos alejemos del reino de las tinieblas y de sus actividades, valores, principios y normas (Colosenses 2:20–21; 1 Juan 2:15–17).

El reino de las tinieblas: Un reino elaboradamente organizado

El reino de las tinieblas está bien equipado y muy preparado para pelear una batalla usando cualquier medio a su disposición. Recuerde, usted participa de una batalla con un sistema de protocolo y cadena de mando muy bien organizado. Lo siguiente es una descripción del reino de las tinieblas. Esta puede ser la primera vez que usted aprende sobre el reino elaboradamente organizado y la nación de las tinieblas. Pero como todo buen general, es para su beneficio estar bien conciente de las obras internas del enemigo.

1. Principados

La palabra *principado* proviene de la palabra griega *archomai*, que, traducida literalmente, significa «primero en rango y orden». Los principados derivan su poder directamente de Satanás y son las entidades de mayor rango en el ejército de Satanás. Influyen en los asuntos de la humanidad nacionalmente, impactando leyes y políticas. Son tan específicos que con frecuencia incluyen a líderes mundiales. Tomemos a Hitler, por ejemplo. Un examen cuidadoso de la vida de este hombre indudablemente apuntará hacia una influencia demoníaca final. (Ver Ezequiel 28:11–19; Hechos 8:6–25; Efesios 3:10.)

2. Potestad

A continuación en la cadena de mando encontramos las potestades. La palabra griega para potestad, *exousia*, habla de autoridad delegada. Estos son espíritus demoníacos a quienes les fue delegada su autoridad jurisdiccional de los principados. Afectan e infectan estructuras, sistemas y los cinco pilares de nuestra sociedad: El matrimonio, la familia, el gobierno, la educación y la iglesia. (Ver Ezequiel 28:1–10; Colosenses 2:15.)

3. Gobernadores de las tinieblas de este mundo

Kosmokrator y *skotos* son las palabras griegas usadas para esta categoría de espíritus. Estos espíritus son oficiales de alto rango que se han especializado en la jurisdicción sobre los doce sistemas cosmológicos del universo y que gobiernan en el reino de las tinieblas. Son responsables de cegar las mentes de las personas respecto de la verdad por facilitar el pecado, la maldad y la iniquidad dentro de las naciones de este mundo. También son responsables de mantener a la gente en un estado de oscuridad. (Cuando hablo de oscuridad, no estoy meramente hablando de la ausencia de luz, sino de la ausencia de Dios. Dios es luz e inspiración divina.) Afectan los pensamientos, los sentimientos y las percepciones de la humanidad a través de los medios de comunicación masiva, la música, las películas, la moda, el deporte, las filosofías y las ideologías religiosas. (Ver Colosenses 1:13; Apocalipsis 16:10; Judas 6, 13.)

4. Maldad espiritual en sitios elevados

La frase griega *pneumatikos poneria epouranios* habla de tipos de espíritus hallados en lugares elevados y altos que son responsables de todo lo que es pervertido, depravado, envilecido, advertido o corrupto. Se habla de este espíritu como obrando desde lugares elevados, altos y celestiales que hablan no sólo de zonas y dimensiones celestiales, sino también de la mente, que es un tipo de lugar celestial. Influye, seduce y falsamente inspira acciones, percepciones, motivaciones, fantasías, imaginaciones y apetitos a través del ataque abierto o encubierto y de la influencia de la mente, afectando dominios terrestres y celestiales. (Ver Jeremías 1:10; Lucas 11:16–

26; Romanos 8:14–23.) Según Daniel 10:10–13 estos espíritus, que operan en el segundo cielo, frustran y prohíben la manifestación y las respuestas a las oraciones de los creyentes. Las percepciones, los pensamientos, los paradigmas, las ideologías y el sistema de creencias son retorcidos y pervertidos para alojar la personalidad de estos espíritus malignos. (Ver Isaías 14:12–14; 2 Corintios 10:4–5; Efesios 2:6; 3:10.)

5. Diablos y demonios

Traducido literalmente de la palabra griega *daimonion*, *demonio* significa «distribuidor de fortunas». Un demonio o diablo es un espíritu sobrenatural que posee la naturaleza de Satanás y que tiene la capacidad de dar y distribuir fortunas (riqueza de los injustos), posee al hombre y controla mentalidades y actividades. A los demonios se los puede adorar, enferman a las personas, comunican y se involucran en una hueste de otras actividades diabólicas. (Ver Mateo 6:24; 8:16, 28; Apocalipsis 16:13–14.)

6. Espíritus de las regiones del infierno

Estos espíritus trabajan con elevadas operaciones de brujería (Isaías 14:9; Ezequiel. 32:17–32; Job 41). Como se mencionó anteriormente, el mundo de las tinieblas tiene seis regiones, y ninguna de ellas son sitios a los que usted quisiera visitar alguna vez:

- Muerte (1 Corintios 15:55; Job 34:22)
- Infierno, Seol, Hades (Isaías 14:19)
- La tumba (Isaías 38:10; Ezequiel 31:15)
- El sepulcro (Ezequiel 32:23)
- El abismo – la región más profunda del hoyo (Isaías 38:17; Salmo 30:3)
- Regiones del mar (Job 41:1–31; Ezequiel 26:16)

7. Aves del espíritu

¿Recuerda cuando Noé envió a la paloma que regresó con una rama de olivo, o cuando Dios usó un pájaro para enviarle comida a Elías el profeta? Satanás también tiene aves espirituales a su disposición, sólo que son impuras y odiosas. (Apocalipsis 18:2).

8. Caballos y jinetes del espíritu

Antes de que existieran los tanques, los aviones y los misiles Scud, los hombres usaban caballos y jinetes cuando iban a la guerra. Así como es en lo natural, es en lo espiritual. El campo de batalla espiritual está lleno de caballos y jinetes del espíritu. (Apocalipsis 9:15–19; Hageo 2:21–22.)

9. Espíritus familiares

Podemos encontrar espíritus familiares que trabajan para Satanás. Son como equipos de reconocimiento. Su trabajo es espiar y tomar informes para llevar al cuartel (Levítico 20:6). Los espíritus familiares son agentes demoníacos cuya principal tarea es familiarizarse lo más posible con una persona o con grupos de personas. En el Antiguo Testamento encontramos que los espíritus familiares se mencionan en varios lugares, incluyendo: Levítico 19:31; 20:6, 27; Deuteronomio 18:9–14; 2 Reyes 21:6; 23:24; 1 Crónicas 10:13–14; 2 Crónicas 33:6; Isaías 8:19. En el Nuevo Testamento, claramente vemos espíritus familiares obrando. Algunos pocos ejemplos pueden encontrarse en Mateo 9:32; 12:43–45; 15:22; 17:15–18; Marcos 5:1–20; 9:17–26; Hechos 16:16–18; 19:15–16.

Estos espíritus demoníacos propagan la voluntad de su amo, Satanás. Son responsables de la vigilancia satánica, del reconocimiento diabólico y de actividades de supervisión. Son espíritus con tareas que emanan de una operación satánica sumamente desarrollada y compleja diseñada para matar, robar y destruir. A fin de que usted comprenda sus funciones, papeles y carpetas de trabajo, las terminologías modernas de la computadora explicarán algunas de sus actividades. Reúnen información a través de la observación y crean un expediente integral sobre la persona a la que han sido designados. Esta información luego se remite a otro espíritu que registra para bajarla a bases de datos satánicas para referencia futura. Si Pablo hubiera nacido en este siglo, tal vez «el acta de decretos» al que se refiere en Colosenses 2:14 se leería «Base de datos».

Los espíritus familiares operan independientemente del espíritu humano. Sin embargo, también se sabe que poseen a seres humanos que se convierten en agentes. En 1 Samuel 28:7, Saúl buscó a una mujer que operaba por espíritus familiares. Le dijo a sus siervos: «Buscadme una mujer que tenga espíritu de adivinación, para que yo vaya a ella y por medio de ella pregunte. Y sus criados le respondieron: He aquí hay una mujer en Endor que tiene espíritu de adivinación».

En este texto, un espíritu familiar formó una alianza profana con la bruja de Endor, que cruza al mundo «oscuro» y ve actividades demoníacas. Un espíritu familiar que se da cuenta que la unción que reposaba sobre Saúl se había ido y que es conciente del estado desolador de su vida espiritual, se comunica con el espíritu familiar que ha sido designado para el profeta Samuel. Los dos deciden que su plan de clavar otra estaca en el ataúd profético de Saúl sería como hacerse pasar por Samuel que estaba muerto, lo que sería una tarea diabólica sencilla porque el espíritu designado a él sabría todo sobre él, desde su conducta, su decoro, su persona y sus características fisiológicas particulares.

El espíritu familiar de una persona se puede comunicar con el espíritu familiar de otra persona. Por eso, en el caso de malos tratos, la persona abusada puede estar en otra ciudad o estado y sentir la presencia del abusador, que puede registrar sus actividades y su paradero. Esto se debe a que forman fuertes líneas de comunicación entre ellos. Cuando se ha hecho un pacto, no sólo se realiza entre las personas, sino también entre los espíritus familiares asignados a ellas. Ellos forman lazos en el reino espiritual, que con frecuencia son difíciles de romper. Nunca debe establecer ningún tipo de asociación con nadie o con ninguna institución sin primero obtener una luz verde del Padre celestial.

Los espíritus familiares conocen tan bien a la persona a la que fueron asignados que incluso pueden imitarlos. Esta capacidad produce el elemento engañoso en las sesiones espiritistas. Las personas con frecuencia están convencidas de que el adivino está hablando y conversan con sus parientes o seres queridos muertos. Estos no son parientes fallecidos, sino espíritus malignos, que intentan mantenerlos cautivos en la oscuridad de sus actividades del mundo de oscuridad. La Biblia nos advierte contra establecer cualquier tipo de comunicación con espíritus familiares. Levítico 19:31 claramente nos dice no considerarlos: «No os volváis a los encantadores ni a los adivinos; no los consultéis, contaminándoos con ellos. Yo Jehová vuestro Dios». Creo que Saúl sabía de este mandamiento. Para estar no detectado como alguien que ignora una orden de Dios, Saúl intentó ocultar su verdadera identidad camuflándose. Al leer el relato de su experiencia del encuentro con la bruja de Endor, usted advertirá que el espíritu familiar conocía quién era a pesar de su disfraz. 1 Samuel 28:3–25 nos brinda más discernimiento respecto de las actividades de los espíritus familiares. Mientras lee este relato, por favor observe lo siguiente:

- Samuel está muerto.
- La bruja ve «dioses» que suben de la tierra (regiones del infierno). En realidad, son espíritus familiares (demoníacos) disfrazándose de Samuel.
- La respuesta de Samuel fue el temor. 2 Timoteo 1:7 dice que Dios no nos da el espíritu de temor.

Los espíritus familiares forman confederaciones, rastreando las actividades de los hombres y las mujeres de Dios, visitaciones divinas e iniciativas del reino a través de espíritus religiosos también. Hechos 16:16–21 registra otro caso donde leemos sobre una joven que era capaz de obrar con espíritus familiares. La intención era desacreditar el ministerio de Pablo engañando a la gente, haciéndoles creer que él estaba relacionado con ella.

Los espíritus familiares conocen sus «lugares candentes». Saben qué teclas pulsar. Conocen sus puntos débiles y sus puntos fuertes, lo que le gusta y lo que no, sus pasiones y sus quejas preferidas, qué lo motiva, qué lo molesta, qué lo distrae, sus deseos, sus ambiciones, ¡todo!

Los espíritus familiares tienen tres tareas diferentes:

1. Tareas geográficas (Marcos 5:1–10)
2. Tareas culturales (Números 33:50–55)
3. Tareas individuales (1 Samuel 28:3–9; 1 Crónicas 10:13)

Para lograr sus metas y propósitos, pueden utilizar:

1. Animales (por ejemplo, gatos negros, sapos)
2. Talismanes (todo objeto o trozo de tela que las brujas y los hechiceros y otros afines usan para transferir hechizos y maldiciones)
3. Personas cuyas vidas se caracterizan por alianzas demoníacas o satánicas

Los espíritus familiares actúan como informantes para una red más grande de demonios que funciona como un tipo de servicio de inteligencia satánica (ver Daniel 11:30.) Sus carpetas incluyen sus papeles como informantes y consejeros de Satanás y otros principados altamente especializados, poderes, o gobernadores de las tinieblas de este mundo. Puedo imaginarlos informando a consejos satánicos, trayendo a colación información que sería utilizada en el diseño de ataques y fortalezas, y creando armas de destrucción masiva diseñadas para matar y destruir personas, familias, ministerios, comunidades y naciones.

Los espíritus familiares observan protocolos muy estrictos. Si bien no están empleados para atacar, además de las tareas ya mencionadas, su descripción de trabajo incluiría también el análisis de barreras espirituales de protección construidas alrededor de los creyentes en un intento por identificar y localizar perforaciones. Job 1:7-11 y 3:25 registra ejemplos de esta actividad. El temor creó una perforación en la barrera de Job, permitiendo así que Satanás envíe a sus agentes para robar, matar y destruir.

Al cumplir sus roles como consejeros de Satanás, principados de alto rango y potestades, les ofrecen sugerencias respecto de cómo mantener mejor a un individuo en esclavitud. En este caso, se emplearían guardianes para permitir o prohibir el acceso a un individuo, a una familia, comunidad, nación, organización o ministerio. Cada ciudad, país, familia, persona y cualquier entidad viviente tiene puertas. Salmo 24:7-10 dice: «Alzad, oh puertas, vuestras cabezas, y alzaos vosotras, puertas eternas, y entrará el Rey de gloria. ¿Quién es este Rey de gloria? Jehová el fuerte y valiente, Jehová el poderoso en batalla. Alzad, oh puertas, vuestras cabezas, y alzaos vosotras, puertas eternas, y entrará el Rey de gloria. ¿Quién es este Rey de gloria? Jehová de los ejércitos, El es el Rey de la gloria. Selah».

Respecto a usted como ser humano, tiene tres compuertas y diecinueve puertas a su alma y cuerpo que proporcionan portales a través de los cuales ingresan los espíritus. Son los siguientes:

Portales a través de los cuales pueden ingresar los espíritus al alma o al cuerpo	
Compuertas	**Puertas**
Deseos de la carne	Olfativas (2)
Deseos de los ojos	Visuales (2)

Portales a través de los cuales pueden ingresar los espíritus al alma o al cuerpo	
Orgullo de vivir	Auditivas (2)
	Cinestéticas (1)
	Gustativas (2)
	Reproductivas/sexual (4)
	Eliminación (2)
	Movimiento (2)
	Acción y logros (2)

Haga que Dios el Padre, Dios el Hijo y Dios el Espíritu Santo sean su nueva compuerta y guardián.

10. Espíritus inmundos

Satanás también tiene espíritus inmundos, sí, los mismos espíritus que Jesús excluyó. Como sugiere la Palabra, este espíritu es responsable de la lascivia, la promiscuidad y las actividades inmorales. (Vea Marcos 1:27.)

11. Espíritus malignos

Satanás tiene bajo su mando a espíritus viciosos y maliciosos que son responsables de promover condiciones terribles y deshumanizadas. Obran en concierto con otros espíritus para ocasionar desgracias, percances y accidentes y para incitar actividades criminales. (Ver Lucas 7:21.)

12. Espíritus engañadores

Satanás tiene bajo su mando espíritus engañadores, que son responsables de atraerlo hacia un curso de acción necio o equivocado. Muchos son víctimas de este tipo de espíritu. (Ver 1 Timoteo 4:1.)

13. Arcángeles

Satanás fue un ser creado, junto con otros seres angélicos. También fue uno de los ángeles de mayor rango, junto con Miguel y Gabriel. Según Ezequiel 28:11–17 y otros pasajes de las Escrituras, Satanás tenía un reino en la Tierra. Cayó y condujo a una hueste de ángeles en rebelión contra Dios. Fue arrojado fuera del cielo, y se ha convertido en un gobernador de los sistemas de este mundo: El príncipe del poder del aire. Él es astuto, maligno e insidioso. Se opone a todo lo que sea de Dios y a todo lo bueno. (Ver Isaías 14:12–14.)

Los nombres de Satanás

La mayoría de nosotros sabe que Satanás tiene más de un nombre. Cuando Jesús comenzó a liberar a las personas y a destruir a los demonios, Él los llamó por su nombre (Marcos 5:9–15; Lucas 8:30). Por medio del victorioso ejemplo de Jesús, sería mejor que nosotros en nuestro campo de batalla estuviéramos preparados conociendo esos nombres:

1. Lucifer (Isaías 14:12–14)
2. Diablo y Satanás (Apocalipsis 12:9)
3. Beelzebú (Mateo 10:25; 12:24)
4. Adversario (1 Pedro 5:8–9)
5. Belial (2 Corintios 6:15)
6. Dragón (Apocalipsis 12:3–12; 13:1–4; 20:1–3)
7. Serpiente (2 Corintios 11:3; Apocalipsis 12:9)
8. El dios de este siglo (2 Corintios 4:4)
9. El príncipe de este mundo (Juan 12:31)
10. Príncipe de la potestad del aire (Efesios 2:1–3)
11. Acusador de los hermanos (Apocalipsis 12:10)
12. El enemigo (Mateo 13:39)
13. El tentador (Mateo 4:3)
14. El maligno (Mateo 13:19, 38)

La naturaleza de los espíritus satánicos

Las personas con frecuencia cometen el error de creer que Satanás es un ser de caricatura con cuernos rojos y un tridente. Satanás es mucho más que eso, y es poderoso. Aquí presento algunas características de Satanás y sus demonios:

1. No son humanos (Efesios 6:12).
2. Son malignos (Jueces 9:23).
3. Son inteligentes y sabios (1 Reyes 22:22–24).
4. Son poderosos (Marcos 5:1–18).
5. Son seres con personalidades (Hechos 19:15–16).
6. Hablan y se comunican (Marcos 5:6–7).

7. Sienten (Mateo 8:29).
8. Tienen conocimiento (Hechos 19:15).
9. Se congregan y tienen comunión (1 Corintios 10:20–21).
10. «Predican» doctrinas (1 Timoteo 4:1).
11. Tienen deseos (Mateo 8:28–31).
12. Tienen voluntad (Mateo 12:43–45).
13. Pueden obrar milagros (Apocalipsis 16:13–14).
14. Poseen una fuerza sobrenatural (Marcos 5:1–18).
15. Temen a Dios (Santiago 2:19).
16. Viajan (Marcos 5:7–12).
17. Personifican a las personas (1 Samuel 28:3–9).
18. Conocen su destino (Mateo 8:29).
19. Reconocen a los que tienen poder sobre ellos (Hechos 19:13–15).
20. Son responsables de toda maldad conocida por el hombre (Efesios 6:11).

El alcance de sus actividades y la evidencia de su presencia

El alcance de las actividades demoníacas es tan amplio como diverso. Entre ellas están:

1. La sordera y la mudez (Mateo 9:32–33)
2. La ceguera (Mateo 12:22)
3. La angustia (1 Samuel 1:7–8)
4. La vejación (Mateo 15:22)
5. La provocación (1 Crónicas 21:1)
6. El homicidio (Salmo 106:36–38)
7. El suicidio (Mateo 17:15)
8. La idolatría (1 Reyes 22:53)
9. Las convulsiones (Marcos 9:20)
10. Las lascivias (Juan 8:44)
11. La confusión y los conflictos (Santiago 3:15–16)
12. La falsa adoración (Deuteronomio 32:17)
13. El error, la herejía y la falsa doctrina (1 Timoteo 4:1–2)
14. La enfermedad (Mateo 4:23–24)
15. Los tormentos (Mateo 15:22)
16. El engaño (1 Juan 4:1–6)

17. La mentira (1 Reyes 22:21-24)
18. La maldad (Lucas 11:26)
19. El temor (2 Timoteo 1:7)
20. La mundanalidad (1 Juan 2:15-17)
21. La esclavitud (Romanos 8:15)
22. La discordia (Proverbios 6:16-19)
23. La violencia (Marcos 9:22)
24. La traición (Juan 13:2)
25. La opresión (Hechos 10:38)
26. La persecución (Apocalipsis 2:10)
27. Los celos (1 Samuel 19:1-11)
28. La falsa profecía (1 Samuel 18:8-10)
29. Robar (Juan 10:10)
30. Pelear/luchar (Efesios 6:10-18)

Ahora que tiene más conocimiento sobre la estructura y la organización del reino de las tinieblas, avancemos hasta ver qué tipo de armas usa el enemigo para estar al tanto de cómo planear eficazmente nuestra defensa y ofensa.

SEIS

ARMAS DE DESTRUCCIÓN MASIVA

Hiroshima del Espíritu

E L ENEMIGO CONSTRUYE y forja una gran variedad de armas. Algunas son más evidentes que otras, tales como el abuso y la aflicción. Otras no lo son tanto, como el espíritu de indiferencia y de frustración.

En varios lugares, la Biblia retrata a Satanás como un león en cuclillas esperando el momento más oportuno para saltar sobre su presa inocente. 1 Pedro 5:8 nos exhorta a «Sed sobrios, y velad; porque vuestro adversario el diablo, como león rugiente, anda alrededor buscando a quien devorar». Satanás no puede devorar a nadie. Él no puede devorarlo si usted está al tanto de sus tácticas y estrategias, porque las armas con las usted lucha son mucho más grandes que las de él de acuerdo con 2 Corintios 10:4–5. A partir de este pasaje solamente podemos llegar a la conclusión de que las armas que usa el enemigo contra nosotros son básicamente de naturaleza carnal: Las que involucran la mente, la voluntad y las emociones.

A fin de defendernos de Satanás y sus ataques engañosos, primero debemos comprender contra qué nos estamos defendiendo. Imagine, por ejemplo, que usted es un general con decenas de miles de soldados y armas a su mando. El campo de batalla es terriblemente oscuro, y en este momento, usted no cuenta con antiparras nocturnas y equipo afín. Usted sabe que ahí afuera en algún lugar hay otro general con sus batallones, pero no sabe cuántos soldados tiene en el campo de batalla. No sabe si sus soldados van a enfrentar tanques, cañones o misiles. No sabe si el terreno es montañoso o húmedo y pantanoso. ¿Puede planear una batalla efectivamente? ¡Por supuesto que no! Todo sería adivinanzas. Tanto usted como sus soldados estarían en desventaja y con un gran peligro de ser asesinados. Nuestro general, el Señor Jesucristo, no es un general sin información. Él conoce al enemigo, a su arsenal y el terreno. El campo de batalla es la mente, y las armas. . . bueno, está por descubrirlas.

LAS ARMAS DEL ENEMIGO CONTRA LOS HIJOS DE DIOS

Lo que sigue al final de este capítulo es una lista de armas específicas (internas), circunstanciales (externas) y esotéricas (oscuras, ocultas) que el enemigo posiblemente podría emplear en su ataque contra usted. Para una facilidad de referencia, se han alfabetizado las armas. Se presentan referencias bíblicas para proporcionar un mayor discernimiento de las Escrituras y revelación de cómo usa esas armas el enemigo. Lea cada sección atentamente y con oración.

ABANDONO

Abandono es cuando una persona retira su presencia y apoyo a otra persona y organización; reniega de su deber, responsabilidad y obligación; y traiciona un pacto o un compromiso. El enemigo seduce a la gente, en particular a los que juegan un papel clave en la vida del desarrollo y el progreso de otra persona u organización, incumpliendo compromisos y contratos y alejándose de relaciones y responsabilidades. Este acto de abdicación tiene el poder de ocasionar gran dolor emocional, dificultades financieras, desalineación espiritual, caos organizacional y confusión en el abandonado. El abandono puede ser físico, psicológico y emocional y puede darse en el trabajo o carrera, en un puesto político o militar, y en las relaciones familiares. Pablo experimentó abandono ministerial, pero Dios le proveyó tres individuos: Timoteo, Marcos y Lucas, para que lo alienten y lo renueven durante esta temporada de pruebas. (Ver 2 Timoteo 4:9–18.)

Los asuntos que surgen del abandono, tales como la incapacidad de confiar, la manipulación, la vergüenza, el temor al rechazo, la soledad, la sospecha, las adicciones, la codependencia, y un montón de otros conjuntos de mala adaptación de la conducta interfieren con la capacidad de la víctima de hacer prosperar relaciones futuras sanas y amorosas.

ABANDONO DE LA FE

El término *abandono de la fe* son palabras antiguas en español usadas para describir la acción regresiva de una persona que,

habiendo avanzado hacia una vida más enriquecida ética, moral y
espiritualmente, regresa a una vida menos que admirable de inmo-
ralidad, depravación espiritual e inmadurez espiritual y emocional.
Cuando el espíritu de abandono de la fe lo golpea, tiene el potencial
de moverlo de un nivel más elevado de operación en el espíritu a
un estado de existencia más bajo, inferior (ver Jeremías 3:6–14; 2
Tesalonicenses 2:1–3).

Aborto

Quiero presentar dos perspectivas respecto del aborto. Primero,
ofrezco la tradicional. De acuerdo con el *American Heritage Dictionary*, el aborto es la terminación inducida del embarazo y la expulsión
de un embrión o feto. Una vez que la mujer o la joven consiente pasa
por un aborto, se vuelve a la vez víctima y perpetradora. El aborto
no es meramente convertir a una persona en «no embarazada»,
sino que también hace tanto a la mujer como a los que apoyan para
realizar el aborto, en asesinos. Abre la puerta para que el espíritu de
muerte destruya otras áreas de su vida, creando ciclos de muerte que
permiten que el enemigo tenga acceso a sus vidas para robar, matar
y destruir no sólo la calidad de sus vidas, sino también sus negocios, relaciones y ministerios. También envía al espíritu de muerte
hasta las futuras generaciones. Las ramificaciones a largo plazo son
sorprendentes.

La segunda tiene que ver con el aborto espiritual. El espíritu de
aborto no solo afecta el vientre físico, sino también las veintiséis
matrices del espíritu. Estas armas son armadas meticulosamente para
destruir a una persona, a una organización o a cualquier otra entidad
como una oportunidad de maximizar el potencial del cumplimiento
del propósito. Otras actividades abortivas en las que está involucrado
el enemigo son el homicidio, los accidentes, las muertes prematuras, el sabotaje y actividades menos obvias tales como la pereza, los
chismes, el temor, la incredulidad y la calumnia. Cada una de estas
actividades abortivas afecta a una o más áreas de la vida de una
persona y tiene el poder de terminar cosas tales como ministerios,
oportunidades de negocios, relaciones, propósito y potencial.

El aborto espiritual mata las muchas bendiciones diferentes con las
que el cielo está embarazado por usted, sus sueños y visiones, planes
y propósito, deseos y aspiraciones. Los esclavos hebreos adultos
liberados nunca llegaron a la Tierra Prometida. Toda su prosperidad

y vida futura se abortó debido al temor y a la incredulidad. Hay un nivel tan alto de malos entendidos cuando se trata del aborto, que el enemigo creó una fortaleza en muchas sociedades a través de malos entendidos y mala educación de las masas.

Aborto espiritual natural

El aborto espiritual natural es espontáneo, se inicia diabólicamente con la pérdida espiritual de propósito y destino divinos. Esta arma se usó con efectividad contra la esposa de Lot. (Ver Génesis 19:15–26.)

Abuso

Al abuso se le define como el mal trato de algo o alguien, y puede manifestarse en diversas formas: físico (pegar, trompear; cachetear; pellizcar, sacudir, cuidado y sostén menos que el adecuado y administración impropia de drogas, tratamientos o medicación), psicológico (hacer repetidas veces que una persona se sienta infeliz, ansiosa, temerosa, humillada o desvalorizada), sexual (actos que involucran acoso físico o no físico, impide el consentimiento o el desequilibrio de poderes es demasiado grande para que su consentimiento se considere válido), financiero o material (el mal uso del dinero, los bienes, posesiones o seguros de una persona vulnerable, o bloquear el acceso a estos bienes materiales; negar los derechos de un adulto competente a quejarse, votar o buscar consejo legal independiente; y robarle el dinero, los bienes, las posesiones o los seguros a una persona vulnerable; o extorsión a través de amenazas y mala apropiación), institucional (la práctica de un régimen o cultura abusivos que destruye la dignidad y el respeto al cual toda persona tiene derecho y sucede cuando los deseos y necesidades de la persona se sacrifican para que funcione bien una institución, una organización o el hogar), social (exclusión intencional o no intencional de una actividad valorada, negar el acceso a eventos o grupos de la comunidad, o a amigos y familia), discriminatorios (actitudes opresivas y discriminatorias hacia la discapacidad de una persona, incluyendo discapacidad física o de aprendizaje, salud mental enferma o discapacidad sensorial; raza; edad, género, religión, antecedentes culturales; u orientación sexual).

ACCIDENTE

Cuando hablo de accidentes, no solo me estoy refiriendo a los que aparentemente son ocasionados por errores humanos sino también a los eventos inexplicables causados por fuerzas externas a la instigación humana. Creo que las fuerzas satánicas pueden instigar eventos catastróficos. Estos sucesos son emprendimientos abortivos diseñados para frustrar o impedir la voluntad de Dios en el reino de la tierra. En Hechos 27:9–44 uno de los discípulos de Jesús narró un evento que es un ejemplo de accidente satánicamente orquestado que estaba esperando pasar. Este pasaje muestra un intento bien planificado por el enemigo para sabotear la misión de Jesús en el país de Gadara, donde allí lo esperaba un individuo poseído por el demonio divinamente programado para liberarlo ese día. Si el enemigo hubiera tenido éxito en su empresa, se hubiera perdido una vida y lo demoníaco hubiera quedado bajo el control y la influencia de Satanás.

ACOSO

El acoso es una molestia o irritación exasperante y perturbadora que amenaza o socava la paz y la tranquilidad personal. Al utilizar esta arma, Satanás puede oprimir y convertir al creyente en una víctima. (Ver Nehemías 4:1–3.) El acoso puede venir en la forma de abuso verbal, mala conducta sexual, exigencias irreales, acechos o llamadas telefónicas constantes. Los tipos de acoso incluyen: Sexuales (comentarios o acciones sexuales no deseados, incluyendo manoseo, insultos sexuales, mirar, «cumplidos» no deseados que hacen que el blanco se sienta incómodo y rumores o insinuaciones sexuales), raciales (comentarios e injurias racistas basadas en el color de la piel, el lenguaje o el origen), verbales (insultar, enunciaciones degradantes, matoneo o intimidación), religioso (intolerancia de las creencias religiosas de alguien), discriminación contra los discapacitados (insultar a alguien sobre la base de una discapacidad física o mental real o supuesta), clasista (burlarse de, subestimar o degradar a alguien sobre la base de su condición socioeconómica) y de chivo expiatorio (responsabilizar a una persona o grupo por los problemas de una familia, organización o comunidad; aislando o rechazando a una persona o grupo de personas).

Actividades para buscar aprobación

Las personas que participan de actividades de búsqueda de aprobación son las que harían cualquier cosa para obtener afirmación y aceptación de los demás. Esos individuos carecen de poder personal, valoración propia, dignidad y un sentido de importancia. La búsqueda de aprobación está impulsada por el temor. El espíritu instigador le hará temer respuestas y retroalimentación negativas y volverse tan dependiente de la aprobación que trocará su tiempo, energía y preferencias personales sólo para obtener afirmación y aprobación. A veces, estas actividades parecerán nobles y altruistas. Si usted examina cuidadosamente las motivaciones que están detrás de la mayoría de las actividades, advertirá que generalmente están instigadas por la necesidad de ser visto, afirmado o aceptado. Las actividades pueden oscilar entre decir que sí cuando realmente quiere o debe decir que no (volverse un hombre «sí»), o una negación total del yo. Pero al decir que no, en lo profundo de su ser realmente explora lo que está sucediendo, está participando en actividades que invalidan su propósito e importancia como un individuo libre para tomar decisiones, independientemente de la opinión de otra persona.

Los artificios para buscar aprobación harán que usted se sienta un adicto en cuanto a la afirmación de los demás y que se enfoque únicamente en sus afirmaciones. Usted permite a los demás que hagan lo que quieran con usted, que digan cualquier cosa sobre usted, que lo traten de la manera que deseen, que caminen sobre usted y que lo traten como un felpudo como intercambio de un poco de halagos. Por supuesto, a usted le encanta cuando le dicen que es bueno, espiritual, santo y angelical. Su preferencia y opinión personal, su pensamiento crítico, propósito, visión y deseos son insignificantes cuando se yuxtaponen con otros. Para usted, la búsqueda de aprobación se torna en la definición perfecta de la degradación, la autotraición y el autoabuso, destruyendo la autenticidad y la integridad del yo.

Actividades de búsqueda de atención

En la vida se cruzará con gente que hará cualquier cosa para obtener el centro del escenario y para estar en el centro de la atención de todos. Generalmente estos individuos están hambrientos de atención, plagados con el espíritu de celos, o solo con inseguridad. Este

estado generado en su crianza generalmente es el resultado de no
haber recibido una atención adecuada en su único lenguaje del amor.

ACUSACIÓN

La acusación es el acto de atribuir culpa y errores. Esta es una de
las armas elegidas por el enemigo cuando se trata de perturbar la
paz personal, socavar el propósito y destruir la fe en Dios, especialmente si las acusaciones son inventadas. El acusador de los hermanos
no sólo lo acusará a usted personalmente, sino también, como un
jugador maestro de ajedrez, usa a otras personas como señuelos
para llevarlo al punto de oírlo declarar «jaque mate» y vencerlo por
completo. Cada vez que vea a personas acusándose unas a otras, o
si usted comienza a acusar y señalar, hágase la siguiente pregunta:
¿Está el acusador de los hermanos tras esto? Las acusaciones pueden
ir de un extremo al otro: las evidentes, tales como críticas e impugna-
ciones; y las sublimadas, tales como insinuaciones. (Ver Daniel 6:1–7;
Apocalipsis 12:10.)

ADICCIONES

Hay definiciones tanto populares como profesionales sobre la palabra
adicción. Cuando un inconverso define qué es una adicción, generalmente describirá a una persona que es adicta a algo que genera un
hábito malsano o una enfermedad social. Según el *American Heritage Dictionary*, una adicción es una necesidad compulsiva física o
psicológica de sustancias que forman hábito o experiencias. (Ver
Lucas 21:34; Romanos 6:16). Una adicción también se caracteriza
por una conducta en respuesta a una obsesión. Las adicciones pueden
convertirse en lo que se denomina psicológicamente trastornos obse-
sivos-compulsivos (OCD). Para facilitar la referencia, enumeré las
adicciones bajo dos encabezamientos:

1. Sustancias: alcohol, heroína, tabaco, solventes, cocaína,
   crack, hachís, cafeína, esteroides, tranquilizantes,
   alucinógenos, anfetaminas, éxtasis, analgésicos,
   barbitúricos
2. Sociales: exceso de ejercicios físico, sexo, perversiones
   sexuales, pornografía, trastornos de la alimentación
   (anorexia, bulimia, comer demasiado), tecnoadicciones

(juegos de computadora, cibersexo), trabajo, juego, opiomanía (compras compulsivas)

ADIVINACIÓN

La adivinación, una palabra usada intercambiablemente con la
brujería, está caracterizada por actividades ocultas, engaño, control
y temor. (Ver Éxodo 22:18; Deuteronomio 18:10; Jeremías 27:9.) Los
individuos usan agentes satánicos y diabólicos, tácticas y estrategias
con el objeto de predecir eventos y controlar a las personas, animales,
entornos, cosas y situaciones. Sus tácticas incluyen: Malas palabras,
malos deseos, encantamientos, hechizos, embrujos, maldiciones,
oraciones de brujería, palabras pronunciadas en contra de los planes
y el propósito de Dios, talismanes, astrología, cristales, pronosti-
car el futuro, falsa profecía, predicciones y doctrinas de los diablos.
(Para una visión más detallada del espíritu de adivinación, por favor,
consulte el capítulo 9).

ADULTERIO

El adulterio es una relación sexual voluntaria entre una persona
casada y una persona que no es su cónyuge. Es una forma de traición
que implica la ruptura de un pacto y es un arma muy elaborada de
destrucción masiva. Esta herramienta satánica se usa para corroer
las instituciones del matrimonio y la familia, y finalmente toca
la propia tela de una sociedad o nación justa y moral para que se
deshilache. El adúltero o la adúltera traiciona su voto matrimonial y
miente para encubrir su pecado. La naturaleza engañosa del adulterio es que los individuos involucrados creen que no se hiere a nadie
con sus actividades. Los sentimientos de traición, dolor, tristeza,
enojo y pena no se ocasionan sólo porque una de las partes se involucra en una relación sexual con otra persona, sino también porque la
exclusividad y el secreto de la relación causa sentimientos de traición
y dolor emocional. Saber que su pareja está compartiendo una conexión espiritual o emocional con otra persona puede ser sumamente
desconcertante.

Adversidad

Las adversidades son circunstancias y condiciones calamitosas que causan angustia, aflicción, pena, incomodidad física y daño psicológico. Estos eventos que alteran la vida y a veces amenazan la vida, pueden ser de naturaleza nacional, financiera, física, organizacional, ministerial, espiritual o psicológica. (Ver Proverbios 24:10; Colosenses 1:24.)

Aflicciones

Una aflicción es una condición patológica (desviación de la normalidad), de la mente, el cuerpo, el alma o el espíritu que produce sufrimiento, enfermedades o condiciones difíciles de tratar, curar o superar por intervenciones humanas. La cura final, por supuesto, es la intervención divina. La lista de aflicciones incluye: pruebas y tribulaciones, angustias del alma (depresión, rechazo, complejo de inferioridad, soledad), enfermedades físicas, dificultades emocionales, desgracias, vejación inducida satánicamente, provocación satánica-demoníaca, enfermedades incurables, adversidad, abandono, calamidades y catástrofes, angustia y emergencias médicas.

Alianzas profanas

Las alianzas profanas son asociaciones no devotas, cerradas, establecidas a través de influencias demoníacas para reforzar los planes y propósitos satánicos en su vida. (Ver Daniel 11:1–6.)

Almas no santificadas

Si bien muchos creyentes son salvos verdadera y sinceramente, sus almas permanecen sin haberse convertido. (Ver Lucas 22:31–32.) Las siguientes son áreas de nuestra vida que pueden tornarse no santificadas: Intereses, ambiciones, apetitos, deseos, ideologías, intenciones, motivos, pasiones, percepciones y filosofías.

Amalgamar

Amalgamar es un término popularmente usado en la bibliografía de terapia familiar cuando se habla de codependencia. Se hizo popular por la obra de Salvador Minuchin.[2] El amalgamiento se refiere a una forma extrema de proximidad e intensidad en las interacciones familiares que inevitablemente corroen y debilitan los límites que definen la autonomía individual hasta que se produce un tipo de fusión. Esta fusión genera una cultura de familia disfuncional que perjudica emocionalmente a los miembros de la familia hasta un punto en el que no tienen un sentido claro del yo, haciendo que los miembros funcionen de una manera individualista, diferenciada. Generalizando, esta condición conduce a una persona a ser influenciada psicológicamente, controlada por, mutuamente confiando en, o necesitando a otra persona para satisfacer sus propias necesidades o para completarlas como una persona. Según Melody Beattie en su libro *Codependent No More*, (No más codependiente), el amalgamiento «hace que las personas se vuelvan emocional y psicológicamente consumidas en una relación disfuncional en la que permiten que los pensamientos, opiniones, emociones y conducta de otra persona los controle».[3] (Ver 1 Reyes 11:1-5.)

AMARGURA

La amargura, el fruto de la falta de perdón, ocasiona un asentado resentimiento, odio y mala voluntad. Esta emoción mordaz es el resultado de angustia, desilusión o dolor severo. Muchos psicoterapeutas y líderes espirituales creen que la amargura es el motivo principal de la artritis y de muchas otras enfermedades emocionales, espirituales, psicológicas y fisiológicas. La amargura es un arma que, una vez que se ha usado efectivamente en su contra, afectará todas las facetas de su vida. Erosiona relaciones, mancilla la percepción, contamina la unción y obstaculiza la verdadera libertad en el espíritu. El espíritu de amargura, actuando como guardián, hará que su víctima sea hostil, antagonista, cáustica y abierta a otras actividades demoníacas (ver Jeremías 4:18; Hebreos 12:15).

ANSIEDAD

La ansiedad es el estado mental aprehensivo, inquieto y angustiado respecto de posibilidades, probabilidades o eventualidades futuras reales o imaginarias. Esta condición ocasiona un tipo de prisión mental que, si no es contraatacada por la fe en Dios, invitará al temor, la falta de esperanza, la depresión, la preocupación y el terror a convertirse en compañeros de prisión que ubicarán su presente y su futuro en confinamiento. Para rendir esta arma ineficaz, el apóstol Pablo nos alienta a usar nuestras ansiedades como puntos de oración y reportes de alabanzas proféticas (Filipenses 4:6).

Apatía

Cuando el espíritu de apatía está presente, hace que una persona se vuelva indiferente e insensible a las circunstancias o condiciones, finalmente produciendo un adormecimiento literal del alma y una calcificación emocional del corazón. Habiendo pasado muchos años en esclavitud, los hijos de Israel fueron atacados con esta arma. El salmista registró sus tristezas en el Salmo 137:1–4: «Junto a los ríos de Babilonia, allí nos sentábamos, y aun llorábamos, acordándonos de Sion. Sobre los sauces en medio de ella colgamos nuestras arpas. Y los que nos habían llevado cautivos nos pedían que cantásemos, y los que nos habían desolado nos pedían alegría, diciendo: Cantadnos algunos de los cánticos de Sion. ¿Cómo cantaremos cántico de Jehová en tierra de extraños?».

Apegos

Como lo sugiere la palabra, un apego es eso que usa Satanás para mantener alianzas y conexión a algo que no es bueno para usted o que tiene el poder de socavar y destruir el propósito, el potencial y el destino, porque facilita la carnalidad y la injusticia. Los apegos pueden existir en muchos niveles y pueden adoptar muchas formas diferentes, tales como comida, personas, condiciones, entornos o conductas. Pueden existir previos a la salvación y mucho después de que una persona recibe al Señor como su Salvador. Un buen ejemplo de esto figura en el relato de Simón el hechicero, en Hechos 8:18–24. Incluso después de su conversión, aún era evidente el residuo de sus actividades en lo oculto. Si bien había sido convertido, todavía necesitaba liberación.

Asuntos del mundo

Las preocupaciones del mundo pueden ser cualquier cosa que haga que un creyente persiga cosas mundanas, negocios y la adquisición de posesiones a expensas de su búsqueda de Dios, de su Palabra y de su reino (ver Mateo 13:22).

BARRERAS INVISIBLES

Las barreras invisibles pueden ser de naturaleza emocional, psicológica, espiritual, financiera, racial, social, nacional, regional, global, parroquial o política. La historia de Simón el hechicero demuestra dos categorías bajo las cuales funcionan estas armas. (Ver Hechos 8:5-25.)

1. Extrínsecas: Hábilmente, Satanás usa una variedad de fuerzas externas para obstruir, demorar y frustrar los planes y propósito de Dios. Ejemplos de estas fuerzas son limitaciones culturales, tradiciones, legislación política, prácticas religiosas, rituales sociales, brujería, opresión económica y falta de educación.
2. Intrínsecas: Satanás también usa una variedad de fuerzas internas, emociones y actitudes. Entre los ejemplos se incluyen el temor, la duda, los hábitos, las iniquidades, los prejuicios, las percepciones, las actitudes, la ignorancia, el orgullo, el auto-engaño y la codependencia.

BARRICADAS CELESTIALES

¿Ha orado alguna vez y ha sentido que sus oraciones rebotaban contra el techo? ¿Alguna vez intentó perseguir una idea, mandato o misión dados por Dios, y luego sintió que todo intento estaba obstaculizado por alguna fuerza invisible? Puede que se haya encontrado con lo que yo llamo una «barricada celestial». Las barricadas celestiales son maniobras, barreras, bloqueos y obstáculos satánicos que obstruyen, obstaculizan y prohíben el movimiento en el reino del espíritu y frustran el avance de una visión, sueño, mandato, misión, oración o el plan de Dios para su vida. (Ver Daniel 10:12-13.)

CADENAS Y GRILLETES

Las cadenas y los grilletes son cualquier cosa que confine el movimiento, obstaculice el progreso y ocasione cautiverio, opresión y esclavitud. (Ver Jueces 16:5-6, 18-21; Salmo 68:6.)

CARNALIDAD

La carnalidad es el apetito por la carne y el alma. (Ver 1 Corintios 3:3–4.) Es la preocupación del apetito y saciedad propios de instar, impulsos y deseos.

CELOS

Los celos son una emoción provocada por cualquier amenaza percibida hacia una relación. La mayoría de las personas utilizan intercambiablemente la palabra *celos* por *envidia*. Sin embargo, hay una diferencia. Los celos se originan en la inseguridad, un sentimiento de propiedad o una obsesión. Una persona celosa por lo general no quiere que nadie más comparta aquello o esa persona a la que «posee». Inversamente, la envidia hace que una persona quiera las posesiones de otra. Los celos pueden involucrar diversos grados de emociones tales como tristeza, enojo, ansiedad e ira. No obstante, muchos psicólogos han definido los celos como el sentido de «aflicción» o «incomodidad» experimentada respecto de que su pareja, real o imaginariamente, se ha involucrado con otra persona. Aunque los celos se producen en todos los tipos de relaciones de a dos, los casos extremos están comúnmente asociados con relaciones románticas. Se ha informado que en esos casos extremos, los celos impulsan a las personas a cometer crímenes atroces. (Ver Proverbios 6:34; Cantar de los Cantares 8:6.)

CRÍTICAS

La crítica es la inclinación hacia realizar juicios morales basados en el contexto y la preferencia personales. Las personas tienen una tendencia a juzgar a los demás en un intento por obligarlos al conformismo, básicamente porque sienten algún tipo de temor de sus propios esqueletos guardados en el ropero, o porque lo que ven en los demás puede estar oculto profundamente dentro de ellas. (Ver Santiago 4:11–12.)

CODICIA

La codicia hace que un individuo sienta lujuria por lo que le pertenece con derecho a otra persona. Este espíritu actúa como guardián de los celos, el odio, la envidia, la rivalidad, el homicidio, la calumnia, el adulterio y muchas otras obras malignas de la carne. (Ver Romanos 13:9.)

COMPLACENCIA

Adán y Eva eran prósperos hasta que se estableció la complacencia. Israel se había convertido en una nación social y políticamente próspera bajo el liderazgo de Josué hasta que se radicó el espíritu de complacencia. La complacencia mata la pasión, estrangula el impulso y la motivación, y desvanece los sentidos de una persona para dormir hasta que se da cuenta de sus deficiencias, su necesidad de Dios y la necesidad de hacer algo acerca de su estado. Este espíritu es tan poderoso que le hará perder su sentido de urgencia, vigilancia y conciencia, y andar inconsciente por la vida. (Ver 1 Corintios 15:34; Efesios 5:14.)

CÓMPLICE

Un cómplice es alguien que apoya a otro en un acto criminal como socio o aliado. (Ver Salmo 83:5; Isaías 7:2.)

CONCENTRACIÓN SATÁNICA

La concentración satánica es el enfoque total de los poderes satánicos sobre un objeto o persona específicos. Con frecuencia Satanás se enfoca en una persona de una familia, iglesia, territorio, o en un grupo de personas con la exclusión de otros. Habitualmente esta persona tiene un propósito divino que amenaza a Satanás. Los siguientes son ejemplos de individuos que fueron objeto de este ataque. Lea las referencias para una mayor exposición y esclarecimiento: José (Génesis 37–39), la nación de Israel (Éxodo 1–12), Ester y Mardoqueo (Ester 1–8), Nehemías (Nehemías 4; 6:1–16), y Jesús (los Evangelios).

CONCESIONES

El enemigo usa esta arma para hacer que usted haga concesiones respecto de cosas que son espiritualmente perjudiciales. En el caso de un creyente, consiste en minimizar un principio bíblico y disminuir una convicción. (Ver Romanos 14:16; Santiago 1:8.)

CONDENA

El espíritu de condena ocasiona tormento mental y emocional mediante la imposición satánica de un sentido abrumador de culpa, remordimientos del pasado y vergüenza, a pesar de un pecado confesado y un corazón arrepentido. Recuerde: Dios sentencia, Satanás condena. (Ver Romanos 8:1.)

CONTRAGOLPE

El contragolpe es la repercusión espiritual que experimenta una persona después de incursionar en la oración y obtener nuevos territorios por medio de actividades de Guerra espiritual. Esta es una satánica *quid pro quo* (favor con favor se paga); como dice el dicho: «Si matas a mi gato, mato a tu perro». No se sienta intimidado. Sea como David, no ceda ni se entregue. No arroje la toalla ni flamee la bandera blanca de la derrota. Si el enemigo causa una pérdida o percance, ¡persiga, prevalezca y recupere todo! (Ver 1 Samuel 30:1–8.)

CULPA

La culpa aparece cuando se viola un principio en particular o una ley. También solemos sentirnos culpables cuando no hemos alcanzado las expectativas y las normas que hemos establecido para nosotros mismos. Si creemos que «deberíamos» habernos comportado en forma diferente o que «debimos» haberlo hecho mejor, probablemente nos sintamos culpables. Si bien la culpa genuina es una emoción sana, Satanás puede pervertirla haciendo que pase de una conciencia que se lamenta por haber hecho algo mal a ser un auto-reproche. Cuando sucede esto, sabemos que Satanás ha pervertido una emoción sana en un arma mortal. Cuando la culpa lo ataque, en lugar de regodearse en su culpa hasta el punto de la derrota, ore una oración similar a Salmo 51:1–12. Vencer la culpa y la vergüenza no significa no preocuparse por sus actos. Implica hacerse responsable por lo que hizo y aceptarlo.

CULTURA

Las culturas se forman cuando dos o más personas se reúnen en respuesta a necesidades percibidas y luego combinan sus capacidades y recursos para satisfacerlas. Una vez formadas, las culturas son responsables de transmitir socialmente patrones de conducta, artes, creencias, instituciones, y todos los demás productos del trabajo y pensamiento humanos. La cultura le da forma a su conciencia de todo lo que lo rodea, y cómo usted reacciona ante las cosas. Muchas veces el enemigo intenta seducir a los creyentes a colocar más énfasis en su cultura terrenal que en la cultura del reino de Dios, que toma precedencia sobre todas las culturas nacionales organizacionales y parroquiales. (Ver Hechos 8:5–13.)

CHISMES

Si la característica de Satanás es la de una serpiente, entonces los chismes pueden asemejarse al veneno de la serpiente. Esta arma se convierte en poderosa porque usa el rumor, las habladurías, las conversaciones sensacionalistas y los comentarios para socavar y destruir la imagen, influencia, reputación, relaciones, nombre e incluso el futuro de una persona. En mi opinión, esta arma ha sido la causa de más destrucción que todas las guerras juntas. Santiago escribe en 3:5–6: «Así también la lengua es un miembro pequeño, pero se jacta de grandes cosas. He aquí, ¡cuán grande bosque enciende un pequeño fuego! Y la lengua es un fuego, un mundo de maldad. La lengua está puesta entre nuestros miembros, y contamina todo el cuerpo, e inflama la rueda de la creación, y ella misma es inflamada por el infierno». Jesús nos advierte sobre el mal uso de la lengua y del juicio eterno que les espera a los individuos que se niegan a depositar su lengua bajo la sujeción del señorío de Cristo. Dice en Mateo 12:36–37: «Mas yo os digo que de toda palabra ociosa que hablen los hombres, de ella darán cuenta en el día del juicio. Porque por tus palabras serás justificado, y por tus palabras serás condenado». (Ver Eclesiastés 10:11; 1 Timoteo 5:13.)

DARDOS ENCENDIDOS

Durante la época bíblica, los dardos encendidos eran misiles en punta encendidos con fuego y arrojados a un blanco. Usando esto como metáfora, Pablo habla de esta arma en Efesios 6:16. En la actualidad, estos dardos de fuego espirituales pueden encenderse con el enojo, los celos, el resentimiento y la ira, y se requiere fe para contraatacar sus efectos y para protegernos.

DEPRESIÓN

La depresión se ha convertido en una enfermedad mental prevaleciente actualmente en nuestro mundo. Esta arma ocasiona estados
psicóticos o neuróticos y desórdenes emocionales y fisiológicos. (Ver
Salmo 69:20; 119:28; Mateo 26:38.) Se caracteriza por una incapacidad de concentrarse, insomnio, sentimientos constantes de tristeza
extrema, falta de motivación, irritabilidad, tendencias a retraerse,
subida o pérdida de peso, soledad, fatiga y pensamientos de suicidio, especialmente cuando se establece el espíritu de desesperanza.
Como lo implica la palabra, genera un sentido general de pesadez.
Este espíritu atacó a Elías, David y Jesús. Si bien Jesús superó su
depresión a través de la oración, y David por medio de la lectura de
la Palabra de Dios, Elías la superó a través de la intervención divina.
Dios le instruyó que se levantara y se moviera.

DESALIENTO

Muchos creyentes sufren de sentimientos de desesperanza en su
camino y ministerio cristianos. Estas emociones son características del espíritu de desaliento que se produce cuando no se satisface
una expectativa en particular. «¿Por qué te abates, oh alma mía, y
te turbas dentro de mí? Espera en Dios; porque aún he de alabarle,
Salvación mía y Dios mío» (Salmo 42:5).

DESGRACIA

Las desgracias son circunstancias que traen momentos de calamidad,
dificultades y desafíos. Esta arma tiene una variedad de rostros, es
decir, muertes prematuras, pérdida de ingresos, accidentes, apuros
económicos y desafiantes. (Ver 2 Reyes 4:1.)

DESILUSIÓN

La desilusión es un arma de intuición poderosa que ocasiona un
sentimiento de infelicidad angustiosamente profunda y de aflicción.
Esta arma psicológica fue forjada y exitosamente usada contra Elías,
uno de los profetas más poderosos de la Biblia. Luego de experimentar una gran victoria sobre los infernales enemigos de Israel, Satanás
tomó represalias con una amenaza de muerte emitida a través de

la boca de Jezabel. Esto afectó tan profundamente a Elías que se preparó para abandonar todo, incluso su vida. (Ver 1 Reyes 19:1-4.)

DESOBEDIENCIA

La desobediencia es la disposición a desafiar y resistir a la autoridad, y negarse a obedecer un mandato, directiva u orden. Es una rebeldía contra la autoridad conocida. Según 1 Samuel 15:23, Dios considera a la desobediencia como una forma de brujería. El pensamiento de que la desobediencia está asociada con la brujería es escalofriante para mí, especialmente en cuanto se relaciona con los creyentes que sinceramente aman al Señor y quieren servirlo. 1 Pedro 2:13-15 lo alienta a «Por causa del Señor someteos a toda institución humana, ya sea al rey, como a superior, ya a los gobernadores, como por él enviados para castigo de los malhechores y alabanza de los que hacen bien. Porque esta es la voluntad de Dios: que haciendo bien, hagáis callar la ignorancia de los hombres insensatos» (Ver 1 Samuel 15:1-3, 13-24.)

DISCUSIONES

Las discusiones son conflictos verbales carnales, egocéntricos o instigados demoníacamente, al igual que desacuerdos o presuposiciones irracionales presentadas para apoyar un pensamiento, una opinión o una postura erróneas. Esta arma se usa para seducir a las personas para que se alejen de la verdad, que eviten la responsabilidad o como una coartada para encubrir la verdad. Muchas relaciones, ministerios y matrimonios terminan saboteados, socavados o destruidos debido a esta arma particular. A toda costa, un hijo de Dios debe evitar este tipo de controversia porque de acuerdo a Tito 3:9, es inútil y no redituable. (Ver también 2 Timoteo 2:23.)

DIVORCIO

Según 1 Corintios 13, el amor es perfecto. Lamentablemente, vivimos en un mundo imperfecto con personas imperfectas que realizan grandes bodas pero no viven experiencias tan grandes dentro de la institución del matrimonio. La comunicación sufre, un cónyuge es infiel, la relación se desploma, los amantes se van, o sucede la crisis de los cuarenta. El divorcio para algunos aparentemente se convierte en la única solución para su desilusión.

DOCTRINA DEL DIABLO

Una doctrina es una regla, un principio de ley o una declaración de la política gubernamental oficial, especialmente en asuntos externos y estrategias militares. Por lo tanto, la doctrina del diablo son esas reglas, políticas del gobierno y principios de leyes que no se adhieren a ni reflejan los principios bíblicos. Satanás es hábil en predicar *otro evangelio*. El que no sospecha y el inocente se convierten en presa fácil, porque muchos buscan ser *ilustres* en lugar de buscar a Dios. El movimiento New Age es un ejemplo de este engaño. (Ver Mateo 6:22-23; 1 Timoteo 4:1.)

DOCTRINAS DEL HOMBRE

Así como sucede con las doctrinas del diablo, estas son principios o leyes que tienen los hombres y que son promulgados a través de políticas, leyes, edictos legislativos, programas educacionales, principios religiosos y enseñanzas. (Ver Mateo 15:9.)

DUDA

La duda está caracterizada por sentimientos de incertidumbre y desazón. Esta fue una de las armas usadas contra Adán y Eva en el Huerto del Edén. Una de las cosas que usted nunca debe permitir es que el enemigo lo haga dudar de la Palabra de Dios. Jesús nos promete en Mateo 24:35 que «el cielo y la tierra pasarán, pero mis palabras no pasarán». La duda no es necesariamente un pecado. Pero tiene el poder de hacerle pecar. La duda simplemente dice: «Necesito más información». Sin embargo, cuando la duda conduce a la incredulidad, ahí es dónde ingresa el pecado. Nunca es un crimen requerir más información, pero asegúrese de que usted está obteniendo esa información de la fuente correcta. Tenga cuidado de que Satanás no lo seduzca a cuestionar la validez de la Palabra de Dios o de Dios mismo. (Ver Génesis 3:1-7; Marcos 11:23.)

ENFERMEDADES DEGENERATIVAS

Desde el momento en que somos concebidos, los procesos vitales se llevan a cabo a través de nuestro ejecutor biológico llamado ADN. Nuestro ADN contiene el código genético de nuestra vida, salud, y de las características físicas únicas de nuestros cuerpos. El AND tiene el anteproyecto divino para nuestro cuerpo, programando nuestras células para que mantengan una salud óptima desde el nacimiento hasta la muerte. El cuerpo es un sistema biológico magnífico que proporciona un traje terrenal para nuestros espíritus y, una vez que se llena con el Espíritu Santo, brinda un recipiente por medio del cual Dios conduce Sus asuntos en el reino de la tierra. Las enfermedades degenerativas son los medios por los cuales Satanás interfiere con la vida que Dios quiere para todos nosotros. (Ver Job 33:21; Salmo 22:14–17; Juan 5:1–6.)

EMBROLLOS

Cuando pienso en la palabra *embrollo*, pienso en alguien atrapado en una red que estanca el crecimiento, el progreso o el desarrollo y que mantiene a una persona atascada en circunstancias de las que realmente quiere ser liberada. Los embrollos pueden ser de naturaleza social, de relaciones, familiar, organizacional, espiritual, psicológica o financiera. Una vez que Dios lo libera de cualquier cosa, tenga cuidado porque el diablo lo buscará para hacerlo caer nuevamente en el mismo embrollo o en uno similar. (Ver Éxodo 14:3; 2 Pedro 2:20.)

ENGAÑO

Esta arma causa fraudulencia, duplicidad, deshonestidad, estafa y la traición voluntaria de la confianza. Esta conducta subrepticia requiere que esté vigilante, alerta y discerniendo los espíritus que obran y lo merodean. No tome nada ni a nadie por sentado. Si bien el enemigo usa todas las formas de engaño, la forma más elevada es el autoengaño. Deuteronomio 11:16 nos advierte que «Guardaos, pues, que vuestro corazón no se infatúe, y os apartéis y sirváis a dioses ajenos, y os inclinéis a ellos». (Ver también Josué 9:1–12; 1 Corintios 6:9; 2 Timoteo 3:13.)

ENOJO

La palabra hebrea para enojo es *anaf,* que, cuando se la traduce literalmente, significa «respiración rápida de la pasión».[1] Generalmente se dice que una persona enojada es alguien que arde en enojo, o que es impulsivo. Esto se debe a que el enojo extremo afecta todas las partes de nuestro ser. La presencia del Espíritu Santo en nuestras vidas debería ser el guardián de nuestra alma. El enemigo quiere que usted o las personas relacionadas con usted se conviertan en volcanes emocionales, que entran erráticamente en erupción y perturban la paz. No permita que su temperamento enojado (o el de cualquier otra persona) y sus emociones obtengan lo mejor de usted, generando respuestas y conductas irracionales, profanas, y temor, trepidación y entornos hostiles para que vivan otras personas. Al enemigo le encantaría hacer que viva una vida impulsada por el enojo en lugar de ser conducido por el Espíritu de Dios. Él quiere convertirlo en un títere emocional guiado por una cuerda diabólica y que sea una presa para el enemigo. Según Proverbios 25:28: «Como ciudad derribada y sin muro es el hombre cuyo espíritu no tiene rienda» (Ver también Génesis 49:6-7).

ESCÁNDALO

En 1 Corintios 5:1-5, el enemigo intentó no solo destruir a un individuo a través del escándalo, sino que también socavar la influencia de la asamblea local dentro de su comunidad. En Mateo 16:21-26, Jesús regañó a Pedro por que él percibió que Satanás le había hecho una trampa respecto de una empresa escandalosa en Su vida. En este texto, la palabra *ofensa* proviene del término griego *skandalon* y probablemente sea un derivado de otra palabra griega, *kampt,* que es una trampa (causa figurada de desagrado o de pecado), que da ocasión para que alguien tropiece, tambalee o se caiga. *Kampt* es el sentimiento real de ser ofendido o la cosa que ocasiona la ofensa. *Escándalo* es la traducción al español de esta palabra. *The American Heritage Dictionary* define a esta palabra como «un incidente publicitado que trae consigo desgracia o que ofende las sensibilidad moral de la sociedad, una persona, cosa, o circunstancia que ocasiona o debe causar desgracia o agravio».

Un escándalo puede ocasionar un daño irreversible a la reputación o el carácter, especialmente si hay una revelación pública de una conducta inmoral o impropia. Los escándalos causan vergüenza, desconcierto y desgracia. Pueden estar ocasionados por habladurías o expresiones de enunciaciones injuriosas, maliciosas que perjudican el carácter. Según Proverbios 22:1: «De más estima es el buen nombre que las muchas riquezas, y la buena fama más que la plata y el oro»

ESCLAVITUD

La esclavitud es un estado en el que una persona es colocada en una condición de subyugación respecto de un «dueño» o «amo» que psicológica, emocional o físicamente lo domina por la fuerza, poder o influencia. La esclavitud tiene muchas caras, usa muchas máscaras, y crea prisioneros emocionales, físicos, financieros y espirituales de sus víctimas. Las personas pueden estar esclavizadas a cosas como drogas, alcohol y sexo (ver Éxodo 13:3).

ESPINA EN LA CARNE

Una espina en la carne es un área de debilidad a la que se permite que Satanás se centre constantemente para que, como resultado de la existencia de la espina, el individuo, como Pablo, fomente una dependencia total en Dios y no en el yo. (Ver 2 Corintios 12:7.)

ESPÍRITUS DE AFINIDAD

Este espíritu diseña armas que llevan a una persona a la idolatría, haciendo que pierdan el favor de Dios. Éxodo 20:2–3 dice: «Yo soy Jehová tu Dios, que te saqué de la tierra de Egipto, de casa de servidumbre. No tendrás dioses ajenos delante de mí». Esta arma fue usada en la vida de muchos personajes bíblicos tales como el rey Salomón, Josafat y los hijos de Israel. (Ver 1 Reyes 3:1; 2 Crónicas 18:1; Esdras 9:14.)

ESTIGMATIZACIÓN

Esta arma satánica intenta caracterizarlo o marcarlo como un ser desgraciado o ignominioso. Coloca «rótulos» en una persona, muchos de los cuales son difíciles de quitar. (Ver Mateo 12:24.)

ETNICIDADES

La etnicidad se relaciona con un grupo particular de personas que comparten una raza o una herencia lingüística, religiosa o cultural distintiva y común. Satanás usa esta arma efectivamente para separar a los creyentes. (Ver Juan 4:7–9, 19–20.)

EVASIÓN

Las actividades de evasión son trastornos generados social, emocional o psicológicamente en las que una persona esquiva responsabilidades o da un rodeo a la misma a través de la justificación, excusas o coartadas. Por lo general, una persona que es idónea en esta área será seducida para vivir un tipo de vida de ermitaño, evitando las situaciones de enfrentamiento, condiciones incómodas o cualquier cosa que los aleje de su zona de comodidad anormal.

EVENTUALIDADES

Una eventualidad es una posibilidad de que suceda algo, o la consecuencia de una acción. Las eventualidades operan mediante una ley llamada la ley de causa y efecto. (Ver Oseas 8:7.) Satanás con frecuencia ciega su mente y lo engaña para que crea, niegue o ignore que este principio se suspenderá sobre la base de su deseo o ignorancia (Gálatas 6:7). Puede que un resultado en particular no suceda inmediatamente después de un acto que desafíe los principios bíblicos, pero finalmente toda semilla plantada tendrá su cosecha. Por ejemplo, luego de un largo período de alcoholismo, una persona entrega su corazón al Señor pero descubre, meses después, que tiene esclerosis en el hígado. Debido a que el individuo cree que Dios debería haberlo curado puesto que él dejó de lado el error de sus maneras (el alcoholismo), los espíritus demoníacos pueden seducirlo a creer que a Dios no le importa y finalmente se descarrían. Otro ejemplo es el poder de la palabra hablada. Las palabras ociosas, caprichosamente pronunciadas finalmente se manifestarán en realidad. (Ver Proverbios 18:21.) Probablemente haya oído acerca de una profecía auto-cumplida. Por ejemplo: «Nunca tengo dinero a fin de mes», entonces —usted lo adivinó— cuando llega el fin de mes, no tiene dinero. O «Esto siempre me sucede», «si no es una cosa es otra», «estoy harto de esto». Eventualmente, usted estará harto y cansado.

EXCENTRICIDADES E IDIOSINCRASIAS FAMILIARES

A veces, Satanás intentará interrumpir la liberación total diciéndonos que hay determinadas peculiaridades en nuestras vidas que nos distinguen de otros individuos, tales como acciones particulares, percepciones y conductas que son características de nuestra familia. Podría ser timidez o una tendencia a mentir o a discutir. Se postula que puesto que las características hereditarias se traspasan a través de nuestro ADN, los espíritus de la herencia (espíritus demoníacos) pueden adherirse a nuestro ADN y traspasarse generacionalmente. Un ejemplo de esto es Abraham y sus descendientes, Isaac y Jacob. Todos tenían la propensión a mentir bajo presión. (Ver Éxodo 20:5; 34:7.)

FALSAS CARGAS

Tener carga por personas y situaciones es algo que se espera de todos los santos, especialmente cuando se trata de la manifestación del propósito redentor de Dios. No obstante, Satanás quiere poner falsas cargas sobre usted que causen un estrés indebido, presión e incomodidad. Estas cargas son fácilmente distinguibles de las auténticas en cuanto a que son pesadas, con frecuencia insoportables y no provienen de Dios. Jesús dijo en Mateo 11:29–30: «Llevad mi yugo sobre vosotros, y aprended de mí, que soy manso y humilde de corazón; y hallaréis descanso para vuestras almas; porque mi yugo es fácil, y ligera mi carga».

FALSAS EXPECTATIVAS

Esta arma, en particular, se ha utilizado para destruir muchas buenas relaciones, ministerios y organizaciones. Es bueno tener expectativas, particularmente las que son razonables y las que usted tiene para usted mismo. Pero cuando invaden la libertad de elección de otra persona o son conocidas por otros, pueden convertirse en un elemento destructivo. Jesús perdió a muchos de sus seguidores porque tenían falsas expectativas sobre Él. David venció a esta arma al depositar sus expectativas en el Señor. (Ver Salmo 62:5.)

FALSA ILUSIÓN

Esta arma hace que el hombre tenga falsas percepciones, imaginaciones, conceptos, creencias y opiniones generadas por demonios, abrazándolos como si fueran reales o verdaderos. (Ver 2 Tesalonicenses 2:11.) La ilusión puede manifestarse como cualquiera de los siguientes tipos: persecutoria (la persona cree que está siendo amenazada o maltratada por los demás), grandiosa (la persona cree que es extraordinariamente importante o que está poseída por un poder, conocimiento o capacidad extraordinarios), celosa (el individuo se centra en la infidelidad sospechada de un cónyuge o compañero sexual), «erotimática» (una persona se convence de que alguien eminente, por lo general alguien con quien no tiene contacto estrecho ni que ha conocido nunca pero con quien frecuentemente ha mantenido correspondencia, está enamorado de él o ella), somática (una creencia falsa centrada en una anormalidad o trastorno ilusorio, como los embarazos falsos), y *folie à deux* (un tipo sumamente raro de ilusión compartida, que deriva de una relación estrecha con otra persona que ya tiene un trastorno ilusorio).

FALSAS IMPRESIONES

La mente es algo muy poderoso. El enemigo, conociendo sus capacidades, superpone percepciones erróneas de la realidad sobre ella. Esta es el arma que se usó contra Pablo y también contra Jesús para hacer que la gente los percibiera falsamente. (Ver Lucas 11:14–19.)

FALSO DERECHO

El falso derecho es un espíritu que hace que las personas sientan que merecen, tienen derecho a, o reclaman algo que realmente no es de ellas. Puede ser un cargo, dinero, atención, un título, ropa o cualquier otra cosa. En la Biblia, Satanás usó esta arma a través de Acab contra Nabot. Acab quería bienes que le pertenecían a Nabot, y conspiró y planificó su deceso. Este espíritu es implacable. No se detendrá hasta que su lujuria y codicia se sacien. (Ver 1 Reyes 21:1–16.)

FALTA DE CONFIANZA

La falta de confianza es un sentimiento de incertidumbre sobre una situación, o dudas sobre una persona u organización. (Ver 1 Samuel 18:1-9.)

FALTA DE PERDÓN

La falta de perdón es la negación a liberar a alguien de una ofensa o acción maligna. La falta de perdón angustia al Espíritu Santo, y a veces es uno de los pecados más difíciles de confesar y de superar porque con mucha frecuencia pensamos que debemos sentirlo emocionalmente cuando perdonamos a alguien. El propio acto del perdón es un acto de nuestra voluntad y no de nuestras emociones. Si la falta de perdón se deja fermentar, tiene el potencial de dar lugar al resentimiento. Las características de la falta de perdón incluyen enojo, heridas, resentimiento, reproducir un evento o palabras dichas, o venganza. Mientras que un acto de maldad o quien lo hizo permanezca en sus pensamientos, usted no ha perdonado. A veces también tiene que perdonarse. No angustie al Espíritu aferrándose a las cosas durante demasiado tiempo. Deposite sus preocupaciones en el Señor. Perdonar significa dejar todo en las manos de Dios, recordando que, finalmente, la venganza es Suya. (Ver Marcos 11:25-26.)

FALTA DE SUMISIÓN A LA AUTORIDAD

La falta de sumisión a la autoridad es ocasionada por los espíritus del orgullo y la rebeldía. Las personas que no se someten a la autoridad tienen voluntad propia, son testarudos y no informados acerca de los peligros relacionados con este tipo de conducta recalcitrante. María y Aarón, si bien eran parientes cercanos de Moisés, fueron conducidos por este espíritu y no pudieron someterse plenamente al liderazgo de su hermano Moisés. Este espíritu los llevó a rebelarse contra la autoridad de Moisés, con la suposición de que debido a que la similitud en el llamado, cargo y unción, la sumisión era innecesaria. (Ver Números 12:1-2.)

FALTA DE TALENTOS ESPIRITUALES

La falta de fe, los frutos del espíritu, la sabiduría, el enfoque, el propósito, la esperanza o la sumisión recaen bajo esta categoría. (Ver Daniel 5:27.)

FORTALEZAS

Una fortaleza es un paradigma mental, una ideología, herejía, información, doctrina, dogma, doctrinas de los hombres y los demonios o cualquier otra mentalidad que usa Satanás para controlar el destino de un individuo. Él también usa fortalezas para mantener a grupos enteros de personas (comunidades, naciones, reinos) en esclavitud. Esta poderosa arma ciega las mentes y esclaviza la voluntad. Él usará la cultura, la moda, la música, propaganda política, actividades religiosas y culturales o cualquier otra cosa como un tipo de fortaleza, ocultándose y camuflándose para no ser detectado por las masas. (Ver Romanos 1:21; 2 Corintios 10:4; Efesios 4:18.)

FRUSTRACIÓN

Las frustraciones derivan de no poder alcanzar algún objetivo valorado o alcanzar el cumplimiento de propósito. (Ver Esdras 4:1–5.)

FUEGO AMISTOSO

Es un hecho que no todos los heridos de guerra provienen del enemigo, sino que a veces lo son por estar cercanos a usted. Esto no quiere implicar que tienen malas intenciones, que están motivados a destruirnos, o a perjudicarnos intencionalmente. Pero pueden ser utilizados por el enemigo para herir accidentalmente o destruirnos a pesar de su amor sincero por nosotros. Uno de los motivos por el que esta arma es tan poderosa es que bien usadas realmente son su amor y afecto positivo, y no su odio o malicia en nuestra contra. Se encuentran dos ejemplos de fuego amistoso en Mateo 16:20–23 y Hechos 16:16–23. El primero es con Pedro y Jesús.

A veces las personas son conducidas erróneamente a creer que Satanás requiere individuos con motivaciones insidiosas para lograr sus tareas. No siempre es así porque su estrategia sería demasiado obvia. Para logar cualquier cosa en la vida de una persona, particularmente si esa persona es madura en las cosas del Señor y sensible en el

Espíritu, Satanás tendrá que adoptar un enfoque más clandestino en su ataque hacia ellos.

Mi firme consejo para usted hoy día sería no tomar nada y a nadie por sentado. Aquellos que amamos, y los que nos aman, bien podrían ser usados para provocar en nosotros la falsificación de oportunidades divinas, ministerios, y finalmente el cumplimiento de propósito, la maximización de potencial y alcanzar nuestro destino.

Una de las razones por las que creo que esta estrategia en particular es tan ponderosa es que generalmente estamos más relajados con personas con la que tenemos una relación estrecha, entonces nos abrimos. Hay cuatro categorías de personas que usará el enemigo: La familia (por ej. Moisés, Aarón y María), los amigos (Pedro y Jesús), los socios comerciales y colegas ministeriales (Pablo y Bernabé) y confidentes, consejeros y mentores (David y Ahitofel).

GUERRAS O CONFLICTOS

La guerra es el estado de un conflicto prolongado, abierto y armado entre naciones, organizaciones y personas. Al enemigo le encanta mantener las cosas agitadas y en movimiento a fin de descarriar, distraer y destruir. Satanás emplea espíritus demoníacos para crear discordia y falta de armonía en sus relaciones, especialmente con aquellos que tienen una tarea divina. En un intento por camuflar a su verdadero enemigo, él intentará cegarlo espiritual y emocionalmente haciendo que se concentre en la persona o situación que él usa y no en el espíritu que está detrás del conflicto. Recuerde, independientemente de quién o qué utilice, él es el culpable tras todo conflicto y batalla. (Ver 2 Corintios 7:5; Santiago 4:1.)

HÁBITOS

Los hábitos son patrones inconscientes de comportamiento que se adquieren por la repetición frecuente de un pensamiento, acción o reacción y que establece una disposición de la mente, carácter o peculiaridades. Cuando se practica un hábito, día tras día, naturalmente se entrenará a sí mismo a formar hábitos. Mientras realiza este hábito periódicamente, se vuelve idóneo en su comportamiento. Resulta fácil y cómodo para usted hacer esta acción una y otra vez. Finalmente, comienza a realizar automáticamente esta acción. Este acto ahora se ha vuelto su conducta rutinaria. Las conductas habituales pueden ser beneficiosas y liberadoras debido a su capacidad de realizar esas tareas sin tener que pensar concientemente sobre cada acto que realiza. Los hábitos también pueden ser destructivos. Pueden limitar su eficacia, detener su crecimiento personal, reducir años de su vida, crear dinámicas antagonistas en las relaciones, alejar a los seres queridos y básicamente corroer una buena calidad de vida. A los malos hábitos se los puede asemejar a jugar a la ruleta rusa: El desastre siempre es inminente. (Ver 2 Pedro 2:19.)

HEREJÍAS

Las herejías son verdades y doctrinas bíblicas contaminadas por opiniones, interpretaciones falsas y doctrinas del hombre controvertidas y no ortodoxas. (Ver 1 Corintios 11:19; 2 Pedro 2:1.)

HOMOSEXUALIDAD

La *homosexualidad*, en su sentido más amplio, es un término creado por teóricos del siglo XIX para describir la predilección lujuriosa, la orientación sexual y el interés emocional en miembros del mismo sexo. Ya sea que una persona esté convencida de que nació de ese modo, de que es una conducta aprendida o de que es una preferencia, Romanos 1:5–28 me convence de que tiene un origen satánico, una conducta desviada usada para socavar la definición bíblica de familia y matrimonio y para promover la mera estimulación sin la capacidad de procrear.

IDOLATRÍA

La idolatría es una devoción profunda y un afecto inmoderado respecto de un objeto o una persona que sustituye el tipo de amor y honra que Dios espera de su creación. (Ver Salmo 97:7.)

IGNORANCIA

La ignorancia es el deseo por el conocimiento en general, o en relación a un tema en particular; el estado de no tener educación ni información. No es solo la falta de conocimiento lo que destruye, es la falta de la necesidad de conocimiento tal como el conocimiento de Dios. (Ver Oseas 4:6.)

IMAGINACIÓN VANA

El narcisismo y la arrogancia de la mente con frecuencia conducen a los creyentes a tener más dependencia del yo, la educación, la buena apariencia, la inteligencia o cosas afines, que la dependencia de Dios. Este es un truco del enemigo, porque sin Dios no somos nada. (Ver Génesis 8:21; Deuteronomio 29:19; 31:21.)

IMPUREZA

Esta arma consiste en la contaminación moral, psicológica, física o ambiental. (Ver Marcos 1:23, 26–27.)

INCESTO

El incesto se define como relaciones sexuales entre personas estrechamente relacionadas en que el matrimonio se consideraría ilegal o prohibido. Esta arma, usada desde la época de Lot, se ha usado para abrir puertas en la vida de muchas personas a la perversión, estados psicóticos o neuróticos, actividades criminales atroces y disfunciones intergeneracionales (Ver Génesis 19:30–37.)

INCREDULIDAD

La incredulidad es otra arma ponderosa. Difiere de la duda en cuanto a que ésta última dice: «No importa cuánta información me des, sigo sin creer». La primera generación de hebreos que fueron liberados de la mano del Faraón, murió debido a su incredulidad. Esta arma detiene el poder de Dios. (Ver Mateo 13:58; Hebreos 4:1–2, 11.)

INDIFERENCIA

La indiferencia hace que la esperanza, el propósito y la visión se sustituyan por la apatía. De acuerdo con el autor ganador del Premio Nobel, Elie Wiesel: «Lo opuesto al amor no es el odio, es la indiferencia. Lo opuesto al arte no es la fealdad, es la indiferencia. Lo opuesto a la fe no es la incredulidad, es la indiferencia. Y lo opuesto a la vida no es la muerte, es [no poder valorar la vida generada por una sola cosa], la indiferencia».[4] (Ver Salmo 137:1–4.)

INHIBICIONES

Cosas intrínsecas, extrínsecas, concientes o inconscientes que evitan, restringen o bloquean o suprimen. (Ver Lucas 18:35–39.)

INIQUIDAD

La iniquidad es al pecado como la raíz de un árbol es al fruto. Iniquidad proviene de la palabra hebrea *avon* y significa literalmente «convertir en deshonesto, perverso, retorcido, corrupto e inmoral». En muchos círculos religiosos, esto es reconocido como el cimiento de la maldición generacional. (Ver Números 14:18–19; Jeremías 36:3.)

INMADUREZ

Encarta nos ofrece la siguiente definición para la palabra *inmadurez*: «aniñado; carece de la sabiduría o del desarrollo emocional normalmente asociado con los adultos (desaprobación)», como por ejemplo hacer pucheros, quejarse, suplicar, regañar, tener berrinches, dependencia e irresponsabilidad.

INSEGURIDAD

La inseguridad genera una condición que es física o psicológicamente inestable, emocionalmente incierta y que está marcada por la falta de confianza en la propia capacidad, propósito y potencial. Por lo general, las inseguridades aparecen, por ejemplo, cuando estamos con alguien que percibimos que es mejor, más capaz, talentoso, educado o atractivo que lo que percibimos que somos nosotros. (Ver Éxodo 3:9–12.)

INSULTOS

Un insulto puede definirse como la degradación, subestimación y verbalización de una baja opinión de algo o de alguien. No debe subestimarse el poder de un insulto porque tiene la capacidad innata de tener un efecto a largo plazo, mucho después de habérselo experimentado, tal como miedo, ansiedad, depresión, imagen propia pobre y erosión de la confianza. (Ver Proverbios 18:14.) Pueden adoptar la forma de injuria, estereotipar, prejuicio, comentarios racistas, bromas de mal gusto, generalizaciones, acusaciones, evaluaciones personales negativas, blasfemia, conducta inapropiada o violación intencional o no intencional del protocolo. Hay cuatro tipos de insultos: Pragmático (hechos metódicamente para ofender, humillar, provocar, chivos expiatorios o heridas profundas), catárticos (desahogo hostil de emociones), abierto (opiniones, sentimientos o enfrentamientos verbales que tienen la intención de y las perciben las dos partes), y encubiertos pasivos-agresivos (insultos que se sienten más adelante).

INTERFERENCIA

Este es un acto o una instancia satánica de obstaculizar, impedir u obstruir la obra de Dios y el cumplimiento del destino y propósito. (Ver Esdras 4:1–6.)

IRRITACIONES

La antigua palabra inglesa para irritación es *vex*. Las irritaciones son cosas que se meten bajo su piel y pueden asemejarse a una mosca molesta volando alrededor de usted. De naturaleza psicológica y física, una irritación se caracteriza por cualquier estímulo que produce un estado de enojo que distrae a una persona de enfocarse y del pensamiento conciente. También puede dar lugar a frustración, enojo, ofensa, resentimiento y malos sentimientos. Las irritaciones son muy subjetivas y se basan en el nivel de tolerancia de una persona y su capacidad de enfocar y concentrarse. Ejemplos de esto son: personas que hablan tras de usted en una película, una mesera que se equivoca en su pedido, impuntualidad, regaños, irritaciones de la piel, etc. (Ver Números 25:17–18.)

LIGADURA

En la época de la Biblia, una ligadura era una tira delgada de material flexible usada para ceñir y unir un objeto con otro, o para mantener juntos una cantidad de objetos. Usando esta analogía, se puede referir a las ligaduras como dispositivos de restricción satánica que prohíben el avance, crecimiento y desarrollo al hacer que una persona esté atada a situaciones, circunstancias, condiciones, personas, hábitos, patrones de pensamiento y comportamiento y sustancias. Las ligaduras pueden ser físicas, psicológicas o emocionales (Ver Levítico 26:13; Isaías 52:2; 58:6).

LUJURIAS

Se puede definir a la lujuria como un fuerte deseo de la carne y los deseos, apetitos y ansias del alma. Para el creyente, la lujuria es el cáncer del alma. Produce inclinación del alma de modo tal que después de haber completado su tarea, según el apóstol Santiago, trae pecado y muerte. (Ver Gálatas 5:16, 19–21; Santiago 1:14–15; 2 Pedro 2:18; 1 Juan 2:16.)

MALA EDUCACIÓN

La educación, el desarrollo de la comprensión, debe distinguirse de la capacitación, el desarrollo de una habilidad. La educación en su sentido más puro está diseñada para facultar a los individuos a cumplir su propósito y maximizar su potencial. Por lo tanto, la mala educación es su antítesis. La educación moderna ha sido legislativamente derrocada ante la capacitación, con los preciados pesos de los contribuyentes derrochados para producir individuos idóneos cuya experiencia educativa los ha despojado de once elementos esenciales de éxito y prosperidad. Estos elementos producen miembros de cualquier sociedad sanos emocionalmente estables, con poder económico, contribuyentes. Son pensadores creativos, con conciencia propia, impulsados por los principios, motivados, espiritualmente concientes, auto-disciplinados y pensadores críticos. Tienen habilidades de una buena vida, habilidades interpersonales, habilidades de gestión de crisis, habilidades de manejo de recursos, habilidades de resolución de problemas (en contraposición a la victimización), y habilidades de conciencia crítica.

La mala educación es responsable de la construcción de una conciencia artificial que se mantiene unida por la propaganda a través de los medios de comunicación a costa de una conciencia crítica auténtica, que le da a la persona la capacidad de percibir la verdad del error, de resistir la opresión sistémica, social, política, psicológica, religiosa o económica; y tomar acciones contra elementos tiránicos, autocráticos, de puño de hierro, dentro de una sociedad controlada por el príncipe del poder del aire, quien, de acuerdo a 2 Corintios 4:4, ciega las mentes de las personas.

La mala educación es un plan elaboradamente ideado, satánicamente impuesto, anti-intelectual apoyado por los gobiernos (tal vez en algunos casos por ignorancia y en otros por consenso), para capacitar a personas basándose en las habilidades (no estimuladas intelectualmente) para que trabajen a fin de generar riqueza para que otros la gocen. Puesto que la riqueza del pecador está dispuesta para el justo, debemos ser reeducados a fin de materializar la siguiente gran transferencia de riquezas.

La verdadera y más grande víctima de la guerra espiritual no es el cuerpo humano, sino la mente humana. Esto quizá sea la mayor parodia de esta arma de destrucción masiva.

MALA REPUTACIÓN

En Filemón 1:10–11, Pablo hace una apelación en favor de un hermano que aparentemente tenía una mala reputación. La reputación es el valor, la evaluación o un tipo de calificación social de una persona basada en la percepción de su carácter, imagen y actividades. La Biblia expresa claramente: «No mires a su parecer» (1 Samuel 16:7). Podemos tener buena o mala reputación. La evaluación que hace otra persona sobre nosotros puede ser precisa o no. La percepción es realidad para la persona que la percibe. El enemigo utiliza este hecho para torcer y distorsionar nuestras percepciones.

MALDICIONES GENERACIONALES

Una maldición generacional opera por medio de una ley espiritual denominada «ley ancestral». Probablemente haya oído el adagio: «La manzana no cae muy lejos del árbol». Esto significa que determinadas características, tendencias y peculiaridades singulares para determinadas familias se traspasan genéticamente. Tantos cristianos entienden mal la palabra *maldición*. Según las Escrituras, una maldición generacional es el resultado natural de un acto de desobediencia desafiante traspasada de una generación a otra. (Ver Éxodo 20:5; Números 14:18; Deuteronomio 11:26–28.) Ezequiel 18:2 dice: «¿Qué pensáis vosotros, los que usáis este refrán sobre la tierra de Israel, que dice: Los padres comieron las uvas agrias, y los dientes de los hijos tienen la dentera?». Esta arma del enemigo aparece en las peculiaridades, excentricidades, rasgos sociales y étnicos, tendencias, rarezas, condiciones patológicas de la mente y el cuerpo, individualidades (ADN), pasiones, motivos, intenciones, intereses, hábitos, ideologías, percepciones, temperamentos, personalidades, dolencias, y enfermedades degenerativas y congénitas de una familia.

MANIPULACIÓN

La manipulación es el empleo de actividades y tácticas astutas y taimadas en un intento por aprovecharse de otra persona. No solo se usa para dominar y controlar, sino también para, sutil, deshonesta o engañosamente, ocultar las intenciones verdaderas. Si bien la manipulación comprende una variedad de maniobras, tácticas y estratagemas, una persona hábil en esta conducta evitará cualquier muestra abierta de agresión al tiempo que simultáneamente intimida, engaña y burla o refrena a los demás dándoles lo que desean. Las actividades encubiertas son, con frecuencia, el vehículo usado para la manipulación interpersonal. Las personas inseguras o las que tienen poder son los principales objetivos de las manipulaciones satánicas. En primera instancia, Satanás quiere que las personas inseguras se sientan más impotentes, y en segunda instancia, Satanás quiere usurpar el poder de los poderosos. Los tipos de manipulación son:

- Verbales: insinuaciones, temor, insultos, halagos, racionalización, evasión, regaños, llanto, gritos
- De relaciones: Lloriquear, coerción, ultimátum, matoneo, victimización
- Sociales: Propaganda, medios de comunicación y material impreso, verdades a medias, mentiras piadosas, publicidad falsa, opresión o control encubiertos

MATERIALISMO

El materialismo es la teoría o doctrina de que el bienestar físico y las posesiones mundanas constituyen el mayor bien y el valor más elevado de la vida. Los siguientes términos y frases describen y definen mejor el *materialismo*: búsqueda de riquezas, preferencia de extravagancia y opulencia, egocentrismo, egoísmo, superficialidad, creencia en que cuanto más grande es el cheque de pago, la persona es lo más importante, competitividad, preocupación por el dinero, sentido de derecho, orgullo, comparación, la imagen lo es todo, búsqueda de estatus y el poder relativo a los pares o colegas, matrimonio por dinero, el costo equivale al valor, subestimación de los demás, opiniones prejuiciosas, desdén de la inseguridad financiera, evasión de perder el estatus y el control, verse bien es más importante que la comodidad, creencia en el éxito a través de la apariencia, búsqueda de estatus, compra de símbolos de estatus, el segundo lugar no es lo suficientemente bueno, manipulador, tener necesidad de aplausos, ser el centro de atención, falta de generosidad, hacer cosas principalmente para su propio beneficio, enojarse cuando no se obtiene lo que se quiere, acostumbrarse a salirse con la suya, preferencia a la gratificación instantánea. (Ver Marcos 8:36.)

MENTIRAS

Las mentiras son declaraciones falsas, hechos distorsionados y comunicados inventados usados para engañar o dar una percepción incorrecta. La palabra griega para la mentira es *pseudologos*, donde *pseudo* significa «falso» y *logos* significa «palabra o declaración». (Ver 1 Timoteo 4:1–2.)

MUERTE

La muerte es el arma más mortal que tiene Satanás en su arsenal (valga la ironía). Demanda la atención de la humanidad y la curiosidad de la ciencia. Comanda la atención de todos los medios de comunicación y la cultura. Promueve la venta de periódicos, libros y seguros de vida, y proporciona guiones para Hollywood. La muerte incluso tiene una forma de hacer que las personas sopesen cuidadosamente sus actos desde la perspectiva de la eternidad. La muerte incorpora ocurrencias que son terminales e inesperadas, como suicidios, homicidios, accidentes, pérdida de la reputación, pérdida de esperanza o divorcio. El dolor y la agonía que sienten los que hacen duelo por sus pérdidas con frecuencia son tan intensas e insoportables que se vuelven vulnerables a su seducción y transportan a la eternidad con sus manos oscuras y flacas. La muerte fuera de tiempo aborta destinos, ejecuta el propósito y asesina el potencial. (Ver Jeremías 9:21.)

MUNDANALIDAD

Según 1 Juan 2:16, la mundanalidad está caracterizada por la lujuria de la carne, la lujuria de los ojos y el orgullo de la vida. La enunciación de Juan contrasta con cosas que están en Dios contra estar en el mundo. Cuando una persona busca disfrutar, tener éxito y cumplir con el propósito fuera de la voluntad de Dios, esto es mundanalidad. Es como construir su casa sobre arena en contraste con hacerlo sobre un cimiento firme. Cuando vienen las tormentas emocionales, económicas, de relaciones o espirituales, una persona mundana no tiene nada de sustancia sobre la cual soportar las tormentas. La mundanalidad para un cristiano es necedad porque aún si puede obtener cosas carnales, su ganancia será a expensas de su alma. (Ver Marcos 8:36.)

NEGATIVISMO

Las circunstancias, las situaciones y las personas pueden a veces parecer como que no tienen una característica o valor positivo. En ocasiones nuestros juicios se basan en experiencias del pasado o en pensamientos irracionales. El negativismo altera la percepción de un individuo y le quita la dinámica colorida de la vida y del mundo, y lo pinta de gris y lúgubre. El negativismo no solo altera la vida actual de la persona, sino también su futuro. Según Números 14, un día de negativismo tiene el poder de que una persona pase un año de esclavitud. El negativismo sostenido cambia el ánimo de la persona, afecta sus relaciones y suprime su sistema inmune (Ver Números 14:26–34.)

NO LOGRAR LOS OBJETIVOS

Esta poderosa arma intrínseca es usada por un espíritu de falta de motivación, impulsando un paradigma que lo hará:

- Evitar actividades relacionadas con el éxito
- Dudar de su capacidad
- Suponer que el éxito está relacionado con la suerte, la educación, el dinero, «a quienes conoce», o a otros factores que no están bajo su control. Entonces, incluso cuando es exitoso, no es tan gratificante para la persona no motivada porque no se siente responsable o no aumenta su orgullo y confianza
- Rentar cuando se tienen dificultades porque usted cree que el fracaso fue ocasionado por una falta de capacidad que usted «evidentemente no tiene»
- Elegir tareas que no son un desafío, impulsadas por la pasión o el propósito

- Trabajar con poco impulso o entusiasmo porque no se piensa que el resultado está relacionado con el esfuerzo

Obras de la carne

Las obras de la carne son actividades y esfuerzos de autobúsqueda carnalmente motivados que impiden que un individuo viva un estilo de vida orientada al reino. (Ver Gálatas 5:19–21.)

Obsesión

Una obsesión es una fijación compulsiva sobre una idea, emoción o persona. Las obsesiones son puertas abiertas a algunos de los más atroces crímenes y actividades tortuosas. (Ver 2 Samuel 13:1–2, 11–12, 14.)

Obstáculos

Los obstáculos son aquellas cosas que obstruyen el movimiento y causan inestabilidad espiritual. En el texto hebreo original, la palabra *mikashowl* tenía la connotación de un individuo cuyos tobillos no podían soportar su peso, entonces constantemente se tropezaban y se caían. (Ver Ezequiel 14:3–4; 1 Pedro 2:8; 1 Juan 2:10; Apocalipsis 2:14.)

Obstrucciones invencibles

Puesto que la percepción es todo lo que intentará Satanás afectar sobre qué es y qué no es posible, él creará una montaña de un grano de arena, aunque conoce que con Dios, nada es imposible. En un caso, el enemigo convenció a toda una nación que no era posible vencer o derrotar su obstrucción. Sin embargo, a través del poder de Jehová-Gibor, David venció a Goliat, la obstrucción «invencible» de la nación de Israel. (Ver 1 Samuel 17:22–27, 40–51.)

Ofensas

Satanás usa las ofensas para hacerlo transgredir sobre la base de su desagrado, enojo o resentimiento por la acción de alguien contra usted o palabras pronunciadas. Cuando se permite que una ofensa permanezca y se encone, el enemigo no solo la usa para destruirlo a usted o al individuo, sino que también esta arma realmente socava la autoridad espiritual. Busque amar la Palabra de Dios, en especial el pasaje de las Escrituras que habla sobre el perdón y el amor. Los siguientes dos pasajes de la Biblia lo pondrán al tanto de los efectos de esta arma: Salmo 119:165 y Lucas 17:1–10.

OPERACIONES ENCUBIERTAS

Las operaciones encubiertas son estrategias satánicas de alto poder y camufladas, utilizadas para obstaculizar y frustrar la obra del Señor, para distraer a los ministros, para destruir su influencia y ministerio, y para destruir por completo las vidas de los santos en general. (Ver Hechos 16:14–20.)

OPERACIONES MANIFIESTAS

Hay veces en que el ataque de Satanás sobre usted requiere una táctica menos que evidente. Del mismo modo, hay otras veces en que su ataque es «delante de su rostro» y obvio. Esto es lo que yo denomino un ataque abierto. Es valiente y descarado, y Satanás definitivamente quiere obtener la gloria. (Ver 1 Samuel 30:1–8.)

OPRESIÓN

Según Proverbios 28:3, esta arma es como «lluvia torrencial que deja sin pan». Esto arrebata por completo el alma y lo abandona mientras le roba su dignidad y calidad de vida. Gracias a Dios que Él «cómo Dios ungió con el Espíritu Santo y con poder a Jesús de Nazaret, y cómo éste anduvo haciendo bienes y sanando a todos los oprimidos por el diablo, porque Dios estaba con él» (Hechos 10:38, ver también Ezequiel 22:29).

ORGULLO

El orgullo es al reino de las tinieblas como la humildad es al reino de la luz. De hecho, el orgullo es la base sobre la cual se construye el reino de las tinieblas. El orgullo es esencialmente una declaración de independencia de Dios porque produce una opinión excesiva del yo y de la superioridad personal. El espíritu del orgullo hizo que Satanás creyera que podía ser Dios. (Ver Proverbios 11:2; 16:18; 29:23.)

PECADO

La palabra hebrea para pecado es *jattá*, de la raíz *jattá*, y en griego es *hamartia*. Ambas palabras significan «perder la marca». Son palabras que dicen que algo está fuera del blanco. Como se relacionan con la Ley de Dios, significan que uno ha fracasado en cumplir con la norma o perdió la marca del blanco establecida por Dios para nosotros. La marca o norma de Dios es su Ley. Por lo tanto, el pecado es la trasgresión de cualquiera de las leyes de Dios. 1 Juan 3:4 ofrece la definición bíblica del pecado: «Todo aquel que comete pecado, infringe también la ley; pues el pecado es infracción de la ley». El pecado es la trasgresión de cualquiera de las leyes de Dios.

PECADO ASEDIANTE

Según Hebreos 12:1, un pecado asediante sería cualquier obstáculo que use Satanás para detener el avance de un creyente de manera tal que no pueda terminar un curso de acción en particular.

PENSAMIENTOS SUICIDAS

Elías es uno de nuestros grandes ejemplos de la efectividad de esta arma en la vida de un creyente. Incluso Jesús fue atacado por este espíritu. Justo antes de su crucifixión, fue atacado en el Huerto de Getsemaní. (Ver 1 Reyes 19:1–4; Mateo 26:38.)

PEREZA

El enemigo es consciente de que esta arma poderosa con frecuencia pasa inadvertida porque no parece demoníaca a primera vista. La pereza y la inactividad conducen a la pobreza, a una falta de cumplimiento de propósito, y a la impotencia. Los antiguos solían decir que el ocio es el «taller del diablo». (Ver Proverbios 26:13–15.)

PERVERSIONES

Las perversiones son cualquier tipo de acción que Dios considera desviada, corrupta o vil. Proverbios 17:20 dice: «El perverso de corazón nunca hallará el bien, y el que revuelve con su lengua caerá en el mal» (Ver Génesis 19:1–11.)

Pesar

El arma del pesar es un arma abortiva satánica porque lo mantiene conectado con su pasado y no con vivir para el futuro. Recuerde, ayer está en la tumba, mañana está todavía en el vientre. El pesar condujo a Judas a colgarse. Su otra opción hubiera sido la confesión, el arrepentimiento y la restauración, tres actos que hubieran tenido el potencial de salvar su ministerio y darle un futuro. Los pesares conducen a las personas a vivir con «yo deseo», «qué pasaría si» y «si solo». (Ver Mateo 27:1–5.)

Presión de los pares

La presión de los pares es la presión externa ejercida sobre un individuo por los colegas, amigos, y asociados que lo afecta psicológicamente, haciendo que fundamentalmente se adapten a un código de conducta específico, mentalidad y forma básica de vida. La presión de los pares le hace vivir de acuerdo a las normas del hombre en lugar de las establecidas por Dios. Puesto que la palabra *par* se define como «una persona que tiene una posición equivalente con otro u otros, ya sea en rango, clase o edad», la frase *Presión de los pares* reemplaza la idea de que este fenómeno es específico de los adolescentes. Es decir que sin importar cuán joven o anciano sea, todos son susceptibles a esta arma. (Ver 1 Samuel 15:19–21.)

Pesos

Los pesos son cargas satánicas. Pueden aparecer en una variedad de formas, tales como pesos emocionales, que pueden ser suyos o de otra persona; pesos financieros; o psicológicos. Son preocupaciones que tiene la intención de mantenerlo atado a la tierra. (Ver Proverbios 11:1.)

Prejuicio

El prejuicio es una preferencia o idea preconcebida que conduce al desarrollo de un juicio, opinión o creencia adversos, previo a y sin conocimiento o examen de los hechos. También es una sospecha u odio irracional de un grupo en particular, raza o religión. El enemigo usa esta arma para separar y dividir. En cuanto a la iglesia, esta arma se emplea en un intento por socavar la prédica del evangelio y la unidad del Espíritu entre los creyentes de diferentes orígenes étnicos, nacionalidades y preferencias denominacionales. (Ver Hechos 10:9–15.)

PREOCUPACIÓN

La preocupación es un estado mental aprehensivo o angustiado. Jesús nos da mucho discernimiento sobre la futilidad de la preocupación, especialmente a la luz de nuestra alternativa, la fe y creer en nuestro Padre celestial como Jehová-Jiré, el proveedor y el dador, y sostenedor de la vida. La preocupación no puede cambiar nada más que su bienestar físico y mental. La preocupación es un factor contribuyente de la hipertensión, el insomnio, la ansiedad y muchas otras condiciones. Recuerde, no ore si se va a preocupar, y no se preocupe si va a orar. (Ver Mateo 6:27–34.)

PRIVACIÓN

La privación es la condición de ser sumamente pobre, destituido (Ver 2 Reyes 6:25). Despoja a la persona de su dignidad otorgada por Dios y de una buena calidad de vida. La privación recae bajo las siguientes categorías: Social (estar limitado a gozar de la interacción con determinadas personas sobre la base de diferencias sociales o económicas), sueño (períodos extensos de vigilia o una disminución en el sueño durante un período prolongado), privacidad (despojo del derecho de ser libre de intrusión no penada), parental (indiferencia físico y emocional de los padres con los hijos), financiera (retiro de apoyo financiero; pérdida de ingresos; desempleo; subempleo que deriva en falta de dinero para alimentos, vivienda, ropa y transporte), niñez temprana (insuficiente o falta total de alimento, vivienda, ropa, seguridad, nutrición, amor, guía, cuidado, preocupación o dirección), y emocional (privación de afecto, atención, dirección, empatía, nutrición, fuerza y comprensión).

PROVOCACIÓN

Una provocación es un estímulo perturbador que intencionalmente lo incita o lo lleva a realizar acciones y actividades que generalmente son diametralmente opuestas a la voluntad de Dios. (Ver 1 Crónicas 21:1–3, 7–8.)

PROYECCIONES

Esta arma se forma en la mente de los individuos haciendo que atribuyan sus actitudes, sentimientos, o suposiciones a otra persona. En nuestro texto, Labán acusa a Jacob de la propia cosa que hizo durante la carrera de Jacob dentro de su corporación. Él proyectó su culpa en otra persona. (Ver Génesis 31:36–42.)

POBREZA

La pobreza es un estado de deficiencia económica caracterizado por la falta de capacidad para obtener las necesidades básicas de la vida o comodidades materiales. Lo infortunado sobre los individuos que experimentan la pobreza es que con frecuencia le echan la culpa de su condición al Señor en lugar de al verdadero culpable: Satanás. La pobreza ocasiona falta de acceso. (Ver Rut 1:21; Salmo 12:5.)

POSESIÓN

La posesión es el estado de estar gobernado, controlado y dominado por un espíritu del mal. (Ver Mateo 8:16, 28; 12:22; Marcos 1:32.)

PUNTOS CIEGOS

¿Alguna vez alguien señaló una proclividad, acción, hábito o actitud que usted demostró supuestamente y que juró que era incorrecta? ¿Conoce a alguien que, sin importar cuanta gente lo acusa de decir o hacer algo, simplemente no pueden ver a qué se refiere la gente? ¿Alguna vez le dijeron algo acerca de usted a través de más de una persona que usted negó de plano porque no pudo ver de qué estaban hablando? A esto nos referimos con puntos ciegos. Hay cosas en nuestras vidas que, sin saberlo, ofenden, hieren o insultan a los demás. Recuerde, incluso si estas cosas son evidentes para los demás y una persona se las señala, no podrá entender de qué están hablando (Ver Salmo 51:6; 2 Corintios 3:14; 4:4).

REBELDÍA

La rebeldía es para el reino de las tinieblas como la justicia, la paz y el gozo en el Espíritu Santo es para el reino de la luz. Es la propia fundación sobre la cual Satanás construyó su reino de pecado e iniquidad. La rebeldía es una disposición demoníaca que conduce al desafío de la autoridad, la insurrección y la violencia. (Ver 1 Samuel 15:23.)

REDES

Las redes son cosas que Satanás ubica en su vida que conducen a situaciones de las cuales es difícil escapar. Internet se ha convertido en una de sus armas modernas de elección, a través de la cual los individuos han sido introducidos y mantenidos cautivos en actividades perversas del ciberespacio. (Ver Eclesiastés 7:26.)

RECHAZO

Cuando Dios creó la humanidad, creó tanto un hombre como una mujer a Su imagen. Creo que una de las cosas que hacen que el hombre sea como Dios es el deseo inherente de ser reconocido, valorado, aceptado y apreciado. El rechazo socava lo natural, la característica otorgada por Dios que predispone a cada uno de nosotros al deseo de ser amados y apreciados, no por lo que hacemos o logramos, sino por sólo ser un individuo que ha sido creado con temor y maravillosamente. El rechazo es una de las formas en que el enemigo socava la valoración propia, la autoestima, la imagen propia, el propósito y el potencial. El rechazo viene en dos formas básicas: encubierta y abierta. La encubierta puede estar caracterizada por alguien que diga que lo ama y lo apoya pero que nunca lo demuestra. La abierta es más evidente. Comprende ostracismo verbal, físico o social, aislamiento, discriminación y segregación.

El rechazo de los demás con frecuencia conduce al rechazo del yo, que produce sentimientos de falta de valoración e inferioridad, depresión, aislamiento emocional, introspección, perfeccionismo, irresponsabilidad, culpa y odio a uno mismo. Las personas que han vivido bajo un rechazo constante, finalmente les resulta difícil expresar sentimientos, afirmarse o tomar el control de sus vidas. Las personas rechazadas rechazan como resultado de un mecanismo de defensa adquirido. (Ver Marcos 8:31; 12:10.) Para un estudio más profundo, por favor consulte el capítulo 9.

RELIGIOSIDAD

La religiosidad es un sistema de creencias, principios, credos, dogmas y fe al que adhiere un individuo. (Ver Gálatas 1:13–14; Santiago 1:26–27.)

REPRESALIAS

La represalia es un arma usada para devolverle algo a alguien, especialmente si usted está profundizando en la oración y en la guerra espiritual. Cuanta más guerra declare contra el enemigo, más deseará él atacarlo de nuevo. La frase en latín para esto es *quid pro quo* (favor con favor se paga). Por un lado, usted avanzará, luego el enemigo intentará hacer que pierda terreno. La intención final es que usted pierda el control de sus emociones, pierda sus esperanzas, y quiebre su enfoque. Él puede tomar represalias golpeando sus finanzas, familia, matrimonio, amigos, negocios o cualquier otra área que él crea que lo debilitará en su batalla. (Ver Ester 5:9–14.)

RESENTIMIENTO

El resentimiento es una mentalidad irracional creada por el enemigo, que hace que una persona sienta indignación o iniquidad hacia otra como resultado de una queja real o imaginada. (Ver Génesis 4:1–8.)

SABOTAJE

El sabotaje se usa para ocasionar una destrucción maliciosa en un individuo o el cese de un trabajo, una causa, una relación o un ministerio. (Ver Nehemías 6:1–6.)

ALEJARSE DE LOS TIEMPOS DEL SEÑOR

Esta es un arma ponderosa que se usa contra individuos llamados al ministerio. A través de una fuerte provocación satánica, tanto David como Saúl se salieron de los tiempos del Señor para gran perjuicio de sus destinos. Leemos en 1 Samuel cómo las presiones internas de inseguridad se usaron como un arma intrínseca para hacer que Saúl no prestara atención al llamado a la espera del Señor. En el caso de David, aunque era su responsabilidad real hacer un censo de las personas, no estaba en los tiempos del Señor. Por ende, no sólo hubo graves consecuencias personales, sino también la nación fue afectada. Mientras esperamos a Dios en nuestro ministerio, también debemos recordar que puesto que nuestros tiempos y temporadas están en manos del Señor, no hay necesidad de estar ansiosos o apurados en el proceso de maduración a través de la impaciencia o la provocación satánica. (Ver 1 Crónicas 21:1; Romanos 12:7.)

SEDUCCIÓN

Esta arma se usa como un señuelo para un pez. Está diseñada para atraer a una persona a un curso de acción equivocado o necio. Las seducciones pueden ser verbales o no verbales. (Ver 2 Reyes 21:9; Ezequiel 13:10; 1 Timoteo 4:1.)

TEMOR

El temor es un arma ponderosa que usa el enemigo contra los santos. Esta fue una de las armas usadas para penetrar la barrera de protección de Job (Job 3:25). En realidad se la usa para perforar y penetrar en nuestra fe. El temor tiene una diversidad de expresiones, pero 1 Juan 4:18 dice: «En el amor no hay temor, sino que el perfecto amor echa fuera el temor; porque el temor lleva en sí castigo. De donde el que teme, no ha sido perfeccionado en el amor»

TIZONES

Los tizones se usaron como un tipo de arma. Se encendía la cola de un animal, como un zorro, y luego lo desataba generalmente en un campo o a través de una aldea, iluminando todo lo que estaba en su camino. Un tizón puede asemejarse a una intensa oposición y a una guerra «candente».

> El que pasando se deja llevar de la ira en pleito ajeno es como el que toma al perro por las orejas. Como el que enloquece, y echa llamas y saetas y muerte, tal es el hombre que engaña a su amigo, y dice: Ciertamente lo hice por broma. —Proverbios 26:17–19

TRAICIÓN

La traición es un arma ponderosa que le roba a la persona su confianza en algo o alguien a través de la violación de un pacto, contrato o acuerdo verbal. Esta arma causa una intensa pena en el alma. Hay dos consejos que quiero darle si ha sido traicionado. Primero, nunca se permita tomar el papel de víctima. Y segundo, no entregue su poder personal. Recuerde, usted tiene un Dios que nunca lo traicionará. Él celebró un pacto con usted que nunca romperá (Ver Salmo 55:4–6, 12–14).

TRADICIONES DE LOS HOMBRES

Las tradiciones son elementos de una cultura traspasados de generación en generación, especialmente por comunicación y ejemplos orales. (Ver Mateo 15:2–3, 6; Marcos 7:3.)

TRAMPAS

En la antigüedad había dispositivos de trampas. Básicamente consistían en una soga y se usaban para capturar animales. En su vida, una trampa es un arma satánica que usted debería ver como una fuente de peligro o algo que ocasiona dificultad en circunstancias de escapatoria que han sido diseñadas para causar su deceso. Las trampas pueden venir como una relación o actividades formadoras de hábitos. (Ver 1 Samuel 18:21–25.)

TRANSFERENCIA DE ESPÍRITUS

La transferencia de espíritus es la migración de un espíritu de una persona a otra. Esto puede suceder al imponer las manos, en la asociación, encuentros sexuales, encantamientos, contratos, pactos, juramentos o talismanes. (Ver 1 Corintios 15:33.)

UNCIÓN CONTAMINADA

La unción se contamina cuando alguien que está ministrando sin sumisión plena y total al Espíritu Santo. La unción pura se contamina porque fluye del reino de las almas y no desde un espíritu regenerado y consagrado. (Ver Judas 10–13.)

VEJACIONES

El enemigo intentará abrumarlo, acosarlo y exasperarlo. No lo deje. Esta no es su batalla; la batalla le pertenece al Señor. Ore e ingrese en la guerra espiritual contra este espíritu. Insista en que cese y desista en el nombre del Señor. (Ver Eclesiastés 4:6; Hechos 12:1.)

VENGANZA

Devolver y ponerse en términos de igualdad con alguien son dos actos de venganza. La palabra venganza nunca debería estar en la lengua de un creyente. Hay leyes universales, espirituales, que obran por nosotros si se nos ha hecho mal. Además, Dios nos recuerda en Romanos 12:19 que la venganza le pertenece a Él y que Él devolverá la maldad. Así que recuérdelo la próxima vez que se sienta tentado por el enemigo a vengarse.

VERGÜENZA

El espíritu de vergüenza produce un sentimiento interno de que somos extremada e insoportablemente defectuosos como personas. Nos seduce creer que somos inadecuados, malos, y nada buenos. Estos sentimientos impiden la maximización del potencial y el cumplimiento del propósito. En algunas personas puede resultar en baja autoestima y en un pobre concepto del yo. La vergüenza puede implicar secretos familiares, fallas personales, y una imagen propia pobre. Puede originarse en asuntos como el alcoholismo, el abuso, el aborto, la bancarrota, el desempleo o el divorcio. Esta arma está diseñada para erosionar la autenticidad de quién realmente es usted: Una persona creada a la imagen y semejanza de Dios. La vergüenza trae consigo un sentido de falta de valoración, de significado, depresión, desórdenes compulsivos, un profundo sentido de inferioridad, falta de adecuación, impotencia, victimización y aislamiento. (Ver 2 Samuel 13:1–2, 14–20.)

VIOLACIÓN

La violación es el abuso del yo psicológico, fisiológico y emocional por parte de otra persona. Es una de las muchas armas que el espíritu de perversión usa para destruir la calidad de vida de un individuo.

Si bien se considera a la violación como un crimen sexual violento

perpetrado por los hombres contra las mujeres, las estadísticas
demuestran que se han informado una pequeña cantidad de casos en
los que la víctima ha sido un hombre. Sin embargo, la violación no se
trata del sexo. Es más que sólo un acto de violencia sexual. Es un acto
de ejercer poder y control sobre otra persona. La violación amenaza la
vida y la altera; traumatiza gravemente a la víctima. Para muchas víctimas, la violación es un momento de definición que divide sus vidas en
dos partes: La vida antes de la violación y la vida posterior. En alguna
medida, lo mismo se aplica a los que son más cercanos a la víctima,
incluyendo a sus hijos y relaciones con hombres como sus esposos,
padres, amigos, hermanos y compañeros masculinos. En general, una
sola incidencia de violación da una nueva forma y vuelve a moldear
percepciones del yo, cómo interactuar con los demás y cómo ellos y sus
seres queridos conducen los asuntos de sus vidas en el futuro.

La violación es un delito perturbadoramente frecuente. También
es uno de los crímenes menos reportados, en parte porque muchas
víctimas temen cómo serán tratadas si divulgan lo que les sucedió.
(Ver Jueces 19:22–28.)

Violencia

En este texto a la violencia se la compara con el vino, que embriaga y
hace que una persona pierda la razón. La violencia es atroz porque no
toma en cuenta las leyes, las personas, las posesiones personales, los
bienes o el derecho a vivir. (Ver Salmo 11:5; 73:6; Proverbios 4:17.)

Yugos

En la época bíblica, un yugo era una barra con dos piezas en U que
ceñían los cuellos de un par de bueyes u otros animales que trabajaban
juntos. Un animal sería el líder, el otro el seguidor. Si el seguidor inten-
taba ir en otra dirección, el animal líder lo reubicaría jalando de su
cuello. Esto ocasionaría incomodidad y hasta dolor. Esta actividad se
emprendía no solo para aumentar la productividad, sino también para
domar y entrenar a animales menos domesticados. Del mismo modo
con Satanás, él intentará hacer que tenga un yugo con un espíritu
cuya tarea es conducirlo lejos de Dios y del cumplimiento de propósito.
Los yugos son la forma que tiene Satanás de descarriarlo y alterar su
destino. Estar en yugo con el enemigo elimina su libertad de opción.

SIETE

CONTRAATACAR LAS ARMAS DEL ENEMIGO

¡Preparado, listo, fuego!

C OMO LO PROMETÍ, ahora voy a detallar los contraataques a las armas de destrucción masiva del enemigo que mencioné en el capítulo 6. Usted está preparado para recibir esta información. En lugar de entrar en calor o de ejercicios de prácticas, usted va a obtener su capacitación en este campo. Están ordenadas alfabéticamente en una lista, ganando terreno mientras avanzamos con cada una de ellas.

Contraataque al abandono

Pídale a Dios que le dé su Timoteo, Marcos o Lucas profético de quienes pueda depender en sus momentos de necesidad. Cite Salmo 27:10: «Aunque mi padre [cobertura, alguien responsable de facilitar el destino de organización o relacional] y mi madre [Alguien responsable del apoyo financiero, emocional y soporte moral] me dejaran, con todo, Jehová me recogerá».

CONTRAATAQUE AL ABANDONO DE LA FE

Decrete y declare que según Hebreos 6:18–19: «Tengamos un fortísimo consuelo los que hemos acudido para asirnos de la esperanza puesta delante de nosotros [mí]. La cual tenemos [tengo] como segura y firme ancla del [mi] alma, y que penetra hasta dentro del velo» en el nombre de Jesús. Pídale a Dios que haga que sus pies como de cierva y que le otorgue estabilidad espiritual.

Contraataque al aborto

Pídale al Señor que lo perdone y lo libere de toda ramificación presente o futura relacionada con un aborto o con actividades abortivas.

117

Renuncie a todo contrato y pacto satánico con el espíritu de muerte. Rompa ataduras del alma y fortalezas asociadas con actividades abortivas. Ate todo espíritu de muerte y rompa los ciclos mortales de su vida, hogar, negocio, matrimonio, hijos y seres queridos. Confiese que su cuerpo es el templo del Espíritu Santo, purificado y santificado por la sangre de Jesucristo. Cierre todos los portales del enemigo. Establezca a Jehová como el guardián de su alma. Construya barreras de oración alrededor de su vida, negocio, ministerio y relaciones, y alrededor de las vidas de sus seres queridos.

Contraataque al aborto espiritual

Ate al espíritu de aborto espiritual. Decrete y declare que todo lo que deba nacer a través de la oración y la súplica nazca en su momento y temporada correctos. No habrá abortos ni niños que nazcan muertos en el nombre de Jesús.

Contraataque al aborto espiritual espontáneo

Decrete y declare que su vida está sincronizada con el plan y propósito originales de Dios y que no habrá abortos naturales de nada que Dios haya planeado para su vida.

Contraataque al abuso

Decrete y declare a diario Éxodo 19:5. Yo soy la posesión atesorada de Dios. Él hará que todo trabaje junto para mí porque él me ama con amor eterno. Me declaro libre de ser atrapado por la falta de perdón y recibir la facultad divina para alejarme del abuso y tomar el control de mi destino. Decreto y declaro que con Dios todas las cosas son posibles, y hoy día, según Filipenses 3:13, olvidando ciertamente lo que queda atrás, y extendiéndome a lo que está delante. Sáname de toda herida y dolor: «Tú eres mi refugio; me guardarás de la angustia; con cánticos de liberación me rodearás» (Salmo 32:7).

Contraataque a los accidentes

Cite Salmo 91:9–12: «Porque [he puesto] a Jehová, que es [mi] esperanza, al Altísimo por [mi] habitación, no [me] sobrevendrá mal, ni plaga tocará [mi] morada. Pues a sus ángeles mandará acerca de [mí], que [me] guarden en todos [mis] caminos. En las manos [me] llevarán, para que [mi] pie no tropiece en piedra». Ate los espíritus de herencia, decrete y declare que usted es libre de todo accidente en el nombre de Jesús. Tenga una posición contraria respecto de toda actividad abortiva y acto de sabotaje en el nombre de Jesús.

Contraataque al acoso

Ore las «Oraciones para la activación en la guerra» del capítulo 3. Revierta, revoque y vete todo acto y palabra negativa y dicha con maldad. Ate al enemigo y declare Isaías 54:17: «Ninguna arma forjada contra ti prosperará, y condenarás toda lengua que se levante contra ti en juicio. Esta es la herencia de los siervos de Jehová, y su salvación de mí vendrá, dijo Jehová».

Contraataque a las actividades para buscar aprobación

Pídale a Dios que restaure su yo auténtico. Pídale a Dios que retire de su cartera mental y psicológica todas las actividades de búsqueda de atención y que coloque sus pies en un camino que lo conduzca a una vida impulsada por el propósito y orientada hacia los principios. Ate todos los sentimientos de falta de poder y pídale a Dios que restaure sus parámetros personales de poder, valoración propia y dignidad. Desate el espíritu que perpetúa procesos de pensamiento irracionales, y hágalo parte del estrado de los pies de Jesús según Hebreos 1:13. Decrete y declare que su afirmación proviene del Salmo 139:14: «Te alabaré; porque formidables, maravillosas son tus obras; estoy maravillado, y mi alma lo sabe muy bien».

Contraataque a las actividades de búsqueda de atención

Ore según Jeremías 31:3.

Contraataque a la acusación

Pídale a Dios que lo reivindique en el nombre de Jesús. Decrete y declare que ningún arma construida contra usted prosperará y que se silenciará toda lengua mentirosa. Póngase en contra de falsedades, calumnias, especulación, acusación, mala representación y asesinato del carácter. Pídale a Dios que haga que los cielos se postren con juicio divino, que excluya a los relámpagos para dispersar a su acusador y para enviar su mano desde arriba y se los quite de encima (Salmo 144:5-7). Pídale a Dios que prohíba que el acusador de los hermanos opere o influya el alma o la mente de cualquiera que se ponga en contacto con usted (Apocalipsis 12:10). Decrete y declare que su nombre está asociado con la integridad, la santidad, la justicia y la rectitud, y que el Señor lo reivindicará en el momento oportuno.

Mantenga una postura dictada por Santiago 4:7: «Someteos, pues, a Dios; resistid al diablo, y huirá de vosotros».

Contraataque a las adicciones

Decrete y declare que según 1 Corintios 6:19, su cuerpo es el templo del Espíritu Santo. Rompa la fortaleza de la adicción. Pídale a Dios que retire el deseo por aquello que provoca en usted esa adicción. Establezca a Dios como el guardián de su alma. Pídale a Dios que traiga sanidad y reconciliación a cada persona negativamente afectada por su adicción. Renuncie a actividades futuras con cualquier cosa o persona relacionada con actividades adictivas. Pídale a Dios que eclipse la adicción con propósito. Libre una guerra en el espíritu, y decrete y declare que todas las fortalezas diabólicas se destruyen, y que los espíritus de herencia son cortados y tienen prohibido influir en cualquier actividad futura.

Contraataque a la adivinación

Ate el espíritu de adivinación. Decrete el señorío de Cristo. Ore las «Oraciones para la activación de la guerra» en el capítulo 3.

Contraataque al adulterio

El primer paso hacia la determinación y la sanidad es ponerle el nombre que tiene, reconociendo que sucedió en lugar de simular que no ocurrió, con la esperanza de que eso y los sentimientos afines simplemente se irán. El acto del adulterio debe ser admitido y no racionalizado o defendido. Luego, los sentimientos deben ser expresados, no explicados, por ambas partes. Puede haber temor, enojo, dolor, tristeza y pena, o incluso ira. Pídale al Señor que lo perdone y le dé la oportunidad de avanzar con el amor. Rompa y renuncie a las ataduras sexuales del alma. Pida perdón. Pídale a Dios que restaure el compromiso en un pacto. Construya una barrera de protección alrededor de su mente y cuerpo. Ayune y ore para que sea roto el deseo de otro individuo. Pídale a Dios que purifique la mente por la sangre, la Palabra y el Espíritu.

Contraataque a la adversidad

Cite Isaías 59:19, y pídale a Dios que le dé un sistema de apoyo firme para alentarlo y ceñirlo durante momentos de adversidad según Proverbios 17:17.

Contraataque a las aflicciones

Repita el Salmo 34:19, y pídale a Dios intervención divina. Declare y decrete que usted está protegido por Jehová-Gibor, Jehová-Nisi y Jehová-Rafa. Siga construyendo escudos de oración, cortina de fuego y barreras de oración alrededor suyo y de sus seres queridos, el ministerio y los negocios. Ore las oraciones del capítulo 3.

Contraataque a alianzas profanas

Pídale a Dios que lo asista en el discernimiento de los espíritus de quienes están a su alrededor. Ate todo espíritu que haya sido asignado diabólicamente a usted, y decrete y declare que ningún arma forjada en su contra prosperará.

Contraataque a alejarse de los tiempos del Señor

Pídale a Dios que le permita moverse en la unción de los hijos de Isacar para que pueda discernir el tiempo adecuado y la temporada para todas las cosas. Decrete y declare que usted está sincronizado y sincopado con los tiempos del Señor, moviéndose en su voluntad y la «nube» profética.

Contraataque a las almas no santificadas

Ore los siguientes pasajes: «He aquí, tú amas la verdad en lo íntimo, y en lo secreto me has hecho comprender sabiduría. Purifícame con hisopo, y seré limpio; lávame, y seré más blanco que la nieve. Hazme oír gozo y alegría, y se recrearán los huesos que has abatido. Esconde tu rostro de mis pecados, y borra todas mis maldades. Crea en mí, oh Dios, un corazón limpio, y renueva un espíritu recto dentro de mí. No me eches de delante de ti, y no quites de mí tu santo Espíritu» (Salmo 51:6-11); «Por lo cual, desechando toda inmundicia y abundancia de malicia, recibid con mansedumbre la palabra implantada, la cual puede salvar vuestras almas» (Santiago 1:21).

Contraataque al amalgamiento

Rompa las ataduras del alma, los apegos psicológicos y emocionales y las fortalezas. Renuncie a la codependencia, y declare que todas las relaciones presentes y futuras son sanas, mutuamente beneficiosas e interdependientes.

Contraataque contra la amargura

Elija dejar pasar y perdonar. Pídale a Dios que retire la raíz de amargura que hay en usted y que permita que Su gracia impregne su mente, alma y emociones.

Contraataque a la ansiedad

Ore según Salmo 20:7.

Contraataque a la apatía

Ore según Salmo 42:11, y ate al espíritu de apatía, y decrete y declare que la unción destruye todo yugo y levanta todo peso. Reciba el gozo del Señor como su fuerza.

Contraataque a los apegos

Rompa todo apego demoníaco y satánico. Rómpalos por la sangre y por el Espíritu. Decrete y declare que usted es libre de todo pacto y contrato de alianza que no han sido originados por el corazón y la mente de Dios.

Contraataque a los asuntos del mundo

Lea Colosenses 2:20–21: « Pues si habéis muerto con Cristo en cuanto a los rudimentos del mundo, ¿por qué, como si vivieseis en el mundo, os sometéis a preceptos tales como: No manejes, ni gustes, ni aun toques». Luego lea Mateo 6:33: « Mas buscad primeramente el reino de Dios y su justicia, y todas estas cosas os serán añadidas».

Contraataque a las barreras invisibles

«Todo valle se rellenará, y se bajará todo monte y collado; los caminos torcidos serán enderezados, y los caminos ásperos allanados» (Lucas 3:5). «Delante de Zorobabel serás reducido a llanura; él sacará la primera piedra con aclamaciones de: Gracia, gracia a ella» (Zacarías 4:6–7).

Contraataque a las barricadas celestiales

Use una combinación de oración y ayuno. Refuerce sus esfuerzos de oración participando en la oración de acuerdo. Pídale a Dios que le envíe asistencia angelical divina para quitar todos los obstáculos y barreras en el nombre de Jesús.

Contraataque a cadenas y grilletes
«Exalten a Dios con sus gargantas, y espadas de dos filos en sus manos, para ejecutar venganza entre las naciones, y castigo entre los pueblos; para aprisionar a sus reyes con grillos, y a sus nobles con cadenas de hierro; para ejecutar en ellos el juicio decretado; gloria será esto para todos sus santos. Aleluya» (Salmo 149:6–9).

Contraataque a la carnalidad
«Digo, pues: Andad en el Espíritu, y no satisfagáis los deseos de la carne». (Gálatas 5:16).

Contraataque a los celos
Pídale a Dios que lo libere o que libere a la persona estrechamente relacionada con usted del espíritu de celos.

Contraataque a las críticas
«No juzguéis, y no seréis juzgados; no condenéis, y no seréis condenados; perdonad, y seréis perdonados» (Lucas 6:37).

Contraataque a la codicia
Ore los siguientes versículos: «Comerán los humildes, y serán saciados; alabarán a Jehová los que le buscan; vivirá vuestro corazón para siempre» (Salmo 22:26); «No lo digo porque tenga escasez, pues he aprendido a contentarme, cualquiera que sea mi situación» (Filipenses 4:11).

Contraataque a la complacencia
Pídale a Dios que le otorgue una mente alerta, celo y una urgencia de espíritu. Ore lo siguiente: «Mirad, pues, con diligencia cómo andéis, no como necios sino como sabios, aprovechando bien el tiempo, porque los días son malos. Por tanto, no seáis insensatos, sino entendidos de cuál sea la voluntad del Señor» (Efesios 5:15–17).

Contraataque a los cómplices
Decrete y declare que Dios confundirá las comunicaciones de toda complicidad orquestada satánicamente y que dispersará sus reuniones. Ore las oraciones del capítulo 3.

Contraataque a la concentración satánica
Ore para que un escudo de oración, de unción, y una barra de protección lo oculte de los espíritus familiares y de todas las otras

personalidades demoníacas, dificultándoles rastrearlo efectivamente en el reino del Espíritu. No habrá perforaciones ni penetraciones.

Contraataque a las concesiones

Ate al espíritu de concesión. Superponga los espíritus de convicción, excelencia y resolución.

Contraataque a la condena

«Porque no envió Dios a su Hijo al mundo para condenar al mundo, sino para que el mundo sea salvo por él» (Juan 3:17). «Así que, si el Hijo os libertare, seréis verdaderamente libres» (Juan 8:36).

Contraataque al contragolpe

Pídale a Dios una estrategia divina que contraataque al enemigo. Cíña los lomos de la mente resolviendo que usted no puede ser vencido porque, según 1 Juan 4:4: «Porque mayor es el que está en vosotros, que el que está en el mundo».

Contraataque a la culpa

Determine adoptar una responsabilidad personal para reconocer sus defectos. Pídale a Dios perdón, perdónese usted mismo, y haga reparaciones donde sea necesario.

Contraataque a la cultura

«No os conforméis a este siglo, sino transformaos por medio de la renovación de vuestro entendimiento, para que comprobéis cuál sea la buena voluntad de Dios, agradable y perfecta» (Romanos 12:2). Superponga la cultura del reino del cielo sobre todas las demás culturas. Decrete y declare Lucas 11:2: «Venga tu reino. Hágase tu voluntad, como en el cielo, así también en la tierra».

Contraataque a los chismes

Ore según Salmo 3 y Salmo 19:14.

Contraataque a los dardos encendidos

Ore: *Padre, levanto el escudo de fe hoy día y apago los dardos encendidos del maligno.*

Contraataque a la depresión

«A ordenar que a los afligidos de Sion se les dé gloria en lugar de ceniza, óleo de gozo en lugar de luto, manto de alegría en lugar del espíritu angustiado; y serán llamados árboles de justicia, plantío de

Jehová, para gloria suya» (Isaías 61:3). Pídale a Dios que quite el
espíritu de pesadez. Levántese, abra las cortinas, ayude a alguien
menos afortunado que usted (visite hospitales, léale a alguien en el
asilo), comience un diario, cante, baile, lea la Palabra de Dios, escuche
música relajante, salga, adore, comulgue. Rechace al espíritu de depresión. Decrete y declare: El gozo del Señor es mi fuerza.

Contraataque al desaliento

Ore estos pasajes bíblicos: «Alma mía, en Dios solamente reposa,
porque de él es mi esperanza» (Salmo 62:5). «La esperanza de los
justos es alegría; mas la esperanza de los impíos perecerá» (Proverbios 10:28).

Contraataque a la desgracia

Use las «Oraciones de activaciones para la guerra» en el capítulo 3
para un mayor estudio de oración sobre este tópico.

Contraataque a la desilusión

Ciña su mente. Ore sin cesar. Ate al espíritu de desilusión. Pídale a
Dios que le dé la visión de un futuro caracterizado por el éxito y que
vuelva su vida a un alineamiento divino. «Vestíos de toda la armadura de Dios, para que podáis estar firmes contra las asechanzas del
diablo» (Efesios 6:11).

Contraataque a la desobediencia

Ore estos versículos: «Por causa del Señor someteos a toda institución humana, ya sea al rey, como a superior» (1 Pedro 2:13).
«Igualmente, jóvenes, estad sujetos a los ancianos; y todos, sumisos
unos a otros, revestíos de humildad; porque: Dios resiste a los soberbios, y da gracia a los humildes» (1 Pedro 5:5). «Porque yo te mando
hoy que ames a Jehová tu Dios, que andes en sus caminos, y guardes
sus mandamientos, sus estatutos y sus decretos, para que vivas y
seas multiplicado, y Jehová tu Dios te bendiga en la tierra a la cual
entras para tomar posesión de ella» (Deuteronomio 30:16).

Contraataque a las discusiones

Ore Tito 3:9.

Contraataque al divorcio

Perdone, libere, y deje ir al enojo, la depresión y la amargura. Pídale
a Dios que quite sentimientos de resentimiento, traición, vergüenza y

soledad. Siga adelante con su vida. Reconstruya su valor y significado sobre la base del propósito y las visiones de un futuro más brillante y mejor. Tome un día por vez. Responsabilícese por su propia vida y sentimientos.

Contraataque a la doctrina del diablo

Ate al espíritu de seducción. Decrete y declare que prevalece la verdad. Construya escudos y barreras de oración alrededor de su mente.

Contraataque a las doctrinas del hombre

Ate el espíritu de error. Decrete y declare que prevalece la verdad.

Contraataque a la duda

Ore que su mente sea inquebrantable, inmovible, y siempre abundante en la obra y la Palabra del Señor. Decrete, según 2 Tesalonicenses 2:2, que su mente está entera, y niéguese a ser atribulado por el ataque de espíritus, palabras o cualquier circunstancia.

Contraataque a las enfermedades degenerativas

Decrete y declare que por la preciosa sangre de Jesús, toda enfermedad, dolencias, condiciones degenerativas, son sanadas. Declare: Soy libe de toda alianza, pacto, maldición y espíritu de herencia. Estoy liberado con la espada del Señor. Él es Jehová-Rafa, el Señor que me sana. Le hablo a mi ADN y declaro que soy libre de todas las influencias transmitidas de una generación a la otra, biológica, social, emocional, fisiológica, psicológica, nutricional, espiritualmente o por cualquier otro canal desconocido por mí pero conocido por Dios. Decreto y declaro un alineamiento divino total genética, sistémica, mental y neurológicamente. Asegúrese de que está alimentando su cuerpo con frutas frescas y vegetales nutrientes, tomando suficiente agua, haciendo ejercicios y riéndose porque es el número perfecto de Dios: «El corazón alegre constituye buen remedio; mas el espíritu triste seca los huesos» (Proverbios 17:22).

Contraataque a los embrollos

Destruya los embrollos. Decrete y declare que Jehová le otorga la fuerza y el valor para liberarse de cualquier embrollo. «Estad, pues, firmes en la libertad con que Cristo nos hizo libres, y no estéis otra vez sujetos al yugo de esclavitud» (Gálatas 5:1).

Contraataque al engaño

«Pero cuando venga el Espíritu de verdad, él os guiará a toda la verdad; porque no hablará por su propia cuenta, sino que hablará todo lo que oyere, y os hará saber las cosas que habrán de venir» (Juan 16:13). «Nosotros somos de Dios; el que conoce a Dios, nos oye; el que no es de Dios, no nos oye. En esto conocemos el espíritu de verdad y el espíritu de error» (1 Juan 4:6).

Contraataque al enojo

Decrete y declare: «No me dejaré llevar por el enojo sino por el Espíritu Santo». Pídale a Dios que libere el fruto del Espíritu y que deje que sature su alma. Ate a cada espíritu que intente controlar sus emociones. Reclame Juan 8:36 para usted y para cualquiera que esté esclavizado por el espíritu de enojo. «Así que, si el Hijo os libertare, seréis verdaderamente libres».

Contraataque al escándalo

Pídale a Dios que evite que usted tenga cualquier aparición del mal y que lo perdone y lo limpie. Pídale a Dios que le otorgue el fruto del Espíritu, y que limpie su imagen de las actividades relacionadas con el escándalo y los efectos residuales en el nombre de Jesús. Ore para que Dios reivindique su reputación y vuelva a darle forma a su carácter. Ore Salmo 51.

Contraataque a la esclavitud

Ore según Isaías 61:1–3.

Contraataque a la espina en la carne

Construya escudos de oración y muros refractarios alrededor de su vida. Decrete y declare de acuerdo al Salmo 89:21-23: «Mi mano estará siempre con él, mi brazo también lo fortalecerá. No lo sorprenderá el enemigo, ni hijo de iniquidad lo quebrantará; sino que quebrantaré delante de él a sus enemigos, y heriré a los que le aborrecen». Estoy fortalecido por el brazo del Señor. El enemigo no me atacará. Padre, quita a todos los que se oponen a mí y me odian. No permitas que el mal venga a mi morada. Tú eres mi escondite. Yo vivo en el lugar secreto de Dios el Altísimo.

Contraataque a los espíritus de afinidad

Lea Mateo 22:36-37: «Maestro, ¿cuál es el gran mandamiento en la ley? Jesús le dijo: Amarás al Señor tu Dios con todo tu corazón, y con toda tu alma, y con toda tu mente».

Contraataque a la estigmatización

Viva su vida en un contraste exacto al estigma. Decrete y declare que Dios es su defensa.

Contraataque a las etnicidades

«Con toda humildad y mansedumbre, soportándoos con paciencia los unos a los otros en amor, solícitos en guardar la unidad del Espíritu en el vínculo de la paz; un cuerpo, y un Espíritu, como fuisteis también llamados en una misma esperanza de vuestra vocación; un Señor, una fe, un bautismo, un Dios y Padre de todos, el cual es sobre todos, y por todos, y en todos» (Efesios 4:2–6). «Ya no hay judío ni griego; no hay esclavo ni libre; no hay varón ni mujer; porque todos vosotros sois uno en Cristo Jesús» (Gálatas 3:28).

Contraataque a la evasión

Decrete y declare: «Porque no nos ha dado Dios espíritu de cobardía, sino de poder, de amor y de dominio propio» (2 Timoteo 1:7), y «Contigo desbarataré ejércitos, y con mi Dios asaltaré muros» (Salmo 18:29). Rompa el espíritu de temor e irresponsabilidad.

Contraataque a las eventualidades

Decrete y declare que Dios y sólo Dios tiene la llave para su futuro: «Porque yo sé los pensamientos que tengo acerca de vosotros, dice Jehová, pensamientos de paz, y no de mal, para daros el fin que esperáis» (Jeremías 29:11).

Contraataque a las excentricidades e idiosincrasias familiares

Ore: *Decreto y declaro que por la unción, los pactos, los contratos, las cadenas, los grilletes, la esclavitud, las proclividades y los cautiverios que son contrarias y se oponen u obstaculizan el cumplimiento del plan y propósito originales de Dios, se quiebren. Soy liberado de ataduras del alma y de alianzas, lealtades y maldiciones generacionales y satánicas o de espíritus de herencia. Los rompo por la sangre y por el Espíritu. Le hablo a mi ADN y declaro que soy libre de cualquiera y todas las influencias traspasadas de una generación a otra, biológica, social, emocional, fisiológica, psicológica, espiritualmente o por cualquier otro canal que desconozco pero que Dios conoce. Resisto a todo espíritu que actúa como guardián de mi alma y renuncio a cualquier otra alianza, asociación, lealtad o pacto consciente o inconsciente. Me abro a la liberación divina. Padre, ¡ahora avanza en tu camino! Perfecciona aquellas cosas respecto de mí. Amén.* (Ver Deuteronomio 5:9; 7:8–9; Eclesiastés 7:26; Isaías 61:1; Hechos 8:9–13; Gálatas 5:1; 1 Tesalonicenses 5:23–24; 2 Timoteo 2:25.)

Contraataque a falsas cargas

Ore este versículo de Isaías: «Acontecerá en aquel tiempo que su carga será quitada de tu hombro, y su yugo de tu cerviz, y el yugo se pudrirá a causa de la unción» (Isaías 10:27). (Ver también Isaías 9:4.)

Contraataque a las falsas expectativas

Ore de acuerdo al Salmo 20:7: «Estos confían en carros, y aquéllos en caballos; mas nosotros del nombre de Jehová nuestro Dios tendremos memoria». Tú eres un Dios de pacto, y toda promesa en Ti es sí y amén. Por ende, deposito mi esperanza y fe y Ti y solo en Ti. Gracias por traer personas a mi vida de cuyas palabras y promesas puedo depender.

Contraataque a la falsa ilusión

«y conoceréis la verdad, y la verdad os hará libres» (Juan 8:32). Ate a todo espíritu que retuerza y pervierta su mente y sus pensamientos. Pídale a Dios que coloque la verdad en su corazón y que lo libere de toda ilusión.

Contraataque a las falsas impresiones

Ore la siguiente oración: *En el nombre de Jesús, elimino, aniquilo y prohíbo las impresiones, ilusiones, proyecciones, percepciones, sugerencias, sospechas y engaños satánicos establecidos como un señuelo o una emboscada para mi alma y para aquellos designados a orar conmigo, para mí y para mi bien, aquellos que trabajan conmigo, son designados para mí, e interactúan a diario conmigo. Amén.* (Ver 1 Reyes 22:5–40; Hechos 13:50; 2 Tesalonicenses 2:1–10.)

Contraataque al falso derecho

Ate el espíritu de Belial. Decrete y declare que usted no perderá nada que Dios le haya dado en el nombre de Jesús. Pídale a Dios que libere ángeles para que pongan en orden y protejan las fronteras y límites de todas las propiedades físicas, espirituales e intelectuales y todas sus posesiones. Construya una barrera de protección alrededor suyo y de todo y de todas las personas relacionadas con usted en el nombre de Jesús.

Contraataque a la falta de confianza

Pídale a Dios que revele la intención y el contenido del corazón de una persona. Discierna el espíritu de los que operan alrededor de usted e interactúan con usted. Pídale a Dios que lo haga más confiado.

Contraataque a la falta de perdón

Declare Mateo 6:14-15.

Contraataque a la falta de sumisión a la autoridad

«Someteos, pues, a Dios; resistid al diablo, y huirá de vosotros» (Santiago 4:7). «Por causa del Señor someteos a toda institución humana, ya sea al rey, como a superior» (1 Pedro 2:13). «Igualmente, jóvenes, estad sujetos a los ancianos; y todos, sumisos unos a otros, revestíos de humildad; porque: Dios resiste a los soberbios, y da gracia a los humildes» (1 Pedro 5:5).

Contraataque a la falta de talentos espirituales

Pídale a Dios que le dé su herencia espiritual y las verdaderas riquezas en Cristo Jesús. Ate al espíritu de la carencia y hable con abundancia. «Los leoncillos necesitan, y tienen hambre; pero los que buscan a Jehová no tendrán falta de ningún bien» (Salmo 34:10). «Y si alguno de vosotros tiene falta de sabiduría, pídala a Dios, el cual da a todos abundantemente y sin reproche, y le será dada» (Santiago 1:5).

Contraataque a las fortalezas

Ore de acuerdo a Nahum 1:7 y 2 Corintios 10:3-6.

Contraataque a la frustración

Libere sobre usted el espíritu de Nehemías. Declare y decrete el éxito y el progreso en el nombre de Jesús.

Contraataque al fuego amistoso

Pídale a Dios que le permita discernir con precisión el espíritu del hombre. Ate toda actividad ilegal respecto de su vida. Decrete y declare que un escudo de oración, la unción y la casta conforman una barrera de protección que lo oculta de espíritus familiares y de toda otra personalidad demoníaca, dificultando, si no es que es imposible para ellos, rastrearlo efectivamente en el reno del Espíritu. No habrá perforaciones ni penetraciones. (Ver Éxodo 12:13; Job 1:7–10; Salmo 91.)

Contraataque a las guerras y conflictos

Ore los siguientes pasajes de las Escrituras: Isaías 9:6-7; 26:3, 12; Jeremías 29:7, 11; Salmo 122:6; Isaías 54:13; Filipenses 4:7; Colosenses 3:15; Santiago 3:18

Contraataque a los hábitos

Practique la autodisciplina. Consiga el apoyo de la familia y de los amigos, compartiendo con ellos. Este acto de responsabilidad pública dificultará más retirarse o conceder. Consiga un socio cuando sea posible. Eclesiastés 4:9 dice: «Mejores son dos que uno; porque tienen mejor paga de su trabajo». Concéntrese en la gratificación y recompense finales y diviértase. Es mucho más fácil tener un nuevo hábito si se lo percibe como algo que se disfruta. Esté preparado para recompensarse si logra su meta.

Contraataque a las herejías

Declare y decrete que prevalece la verdad. Ate al espíritu de engaño, falsedades y mentiras.

Contraataque a la homosexualidad

«Entonces Jesús, mirándolos, dijo: Para los hombres es imposible, mas para Dios, no; porque todas las cosas son posibles para Dios» (Marcos 10:27). «Así que, hermanos, os ruego por las misericordias de Dios, que presentéis vuestros cuerpos en sacrificio vivo, santo, agradable a Dios, que es vuestro culto racional. No os conforméis a este siglo, sino transformaos por medio de la renovación de vuestro entendimiento, para que comprobéis cuál sea la buena voluntad de Dios, agradable y perfecta» (Romanos 12:1–2).

Contraataque a la idolatría

Ore Éxodo 20:3: «No tendrás dioses ajenos delante de mí».

Contraataque a la ignorancia

Pídale a Dios que le dé conocimiento, comprensión, prudencia y sabiduría. Recuerde Proverbios 9:10: «El temor de Jehová es el principio de la sabiduría, y el conocimiento del Santísimo es la inteligencia».

Contraataque a la imaginación vana

Ore 2 Corintios 10:4-6: «Porque las armas de nuestra milicia no son carnales, sino poderosas en Dios para la destrucción de fortalezas, derribando argumentos y toda altivez que se levanta contra el conocimiento de Dios, y llevando cautivo todo pensamiento a la obediencia a Cristo, y estando prontos para castigar toda desobediencia, cuando vuestra obediencia sea perfecta».

Contraataque a la impureza

Decrete y declare que el entorno, espíritu o mente de una persona es purificado y limpio por la sangre, por el Espíritu y por la Palabra del Señor. Ordene a cada espíritu impuro que se vaya en el nombre de Jesús. Decrete y declare que el espacio anteriormente ocupado está limpio en el nombre de Jesús.

Contraataque al incesto

Consulte el capítulo 9 para atar al espíritu de la perversión. Decrete y declare que la familia está limpia de toda perversión en el nombre de Jesús. Decrete y declare que por medio de la unción, pactos, contratos, cadenas, grilletes, esclavitud, proclividades y cautiverios que son contrarios y se oponen u obstaculizan el cumplimiento del plan y el propósito original de Dios, se rompen. Estoy liberado de ataduras del alma, de alianzas satánicas, generacionales y demoníacas, de maldiciones y espíritus de herencia. Los rompo por la sangre y por el espíritu. Ore: Declaro que soy libre de cualquier y toda influencia traspasada de una generación a otra: biológica, social, sexual, emocional, fisiológica, psicológica, espiritualmente o por cualquier otro canal que desconozco pero es conocido por Dios. La sangre de Jesucristo me libera de toda predilección y predisposición del alma y de la carne, y purifica mi cuerpo, mi alma y mi espíritu de toda contaminación física y generacional. Resisto a todo espíritu que actúa como guardián de mi alma y renuncio a toda otra alianza, asociación, lealtad o pacto conciente o inconsciente. Me abro a la liberación divina. ¡Padre, haz tu obra ahora! Perfecciona esas cosas de mí. (Ver Deuteronomio 5:9, 7:8–9; Eclesiastés 7:26; Isaías 61:1; Hechos 8:9–13; Gálatas 5:1; 2 Timoteo 2:25; 1 Tesalonicenses 5:23–24.)

Contraataque a la incredulidad

Decrete y declare que el espírit6u de la incredulidad se reemplaza por el Espíritu de la fe.

Contraataque a la indiferencia

Pídale a Dios que restaure el gozo de su salvación y que le sea un sello para su vida.

Contraataques a las inhibiciones

Ore: *Prevalezco contra inhibiciones, prohibiciones y todas las limitaciones satánicas. Decreto y declaro que todos los muros invisibles e invencibles se destruyen.* (Ver Colosenses 1:16.)

Contraataque a la iniquidad

Ore Salmo 32:5: «Mi pecado te declaré, y no encubrí mi iniquidad. Dije: Confesaré mis transgresiones a Jehová; y tú perdonaste la maldad de mi pecado».

Contraataque a la inmadurez

«Sino que siguiendo la verdad en amor, crezcamos en todo en aquel que es la cabeza, esto es, Cristo» (Efesios 4:15). «Desead, como niños recién nacidos, la leche espiritual no adulterada, para que por ella crezcáis para salvación» (1 Pedro 2:2). «Antes bien, creced en la gracia y el conocimiento de nuestro Señor y Salvador Jesucristo. A él sea gloria ahora y hasta el día de la eternidad. Amén» (2 Pedro 3:18).

Contraataque a la inseguridad

«Porque Dios es el que en vosotros produce así el querer como el hacer, por su buena voluntad» (Filipenses 2:13). Confíe en el poder facultativo del Espíritu Santo, puesto que el Espíritu que está en usted es mucho más fuerte que cualquier cosa del mundo. (Ver 1 Juan 4:4.)

Contraataque a los insultos

Ore: *Arraso y aniquilo las impresiones satánicas, insultos, prejuicios, acosos, proyecciones, percepciones, sugerencias, sospechas y engaños satánicos establecidos como un señuelo o una emboscada a mi alma y a aquellos designados para orar conmigo, para mí, en mi nombre, los que trabajan conmigo, los que son designados a mí e interactúan a diario conmigo.* (Ver 1 Reyes 22:5–40; Hechos 13:50; 2 Tesalonicenses 2:1–10.) Construya barreras de oración y muros refractarios alrededor de su mente, voluntad y emociones. Ore: Yo decido y destruyo de acuerdo con Isaías 54:17, palabras y deseos de maldad, encantamientos, maldiciones, y toda palabra dicha contraria a los planes y propósito originales de Dios. Revierto los efectos asociados con estos insultos y decreto que no permanecerán; no llegarán a suceder, *no se arraigarán*. Sus tratos verbales violentos regresan a ellos doblemente. Amén».

Contraataque a la interferencia

Pídale a Dios una intervención sobrenatural. Ore las «Oraciones de activación para la guerra» del capítulo 3.

Contraataque a las irritaciones

Pídale a Dios que quite las irritaciones o que provea inoculaciones divinas.

Contraataque a las ligaduras

Ore: *Padre, por favor libérame de las ataduras de maldad.* Utilice el poder de las armas de la oración y el ayuno (Mateo 17:21).

Contraataque a la lujuria

Ore Gálatas 5:16.

Contraataque a la mala educación

Ore según 2 Pedro 3:18.

Contraataque a la mala reputación

Ore esta oración o una similar: *Padre, clamo al Dios de Abraham, Isaac y Jacob, al Dios que es capaz de cambiar tanto mi nombre como ni naturaleza. Según Proverbios 22:1 y Eclesiastés 7:1, es mayor tener un buen nombre que preciosos ungüentos, y es mayor tener buen nombre que grandes riquezas. Por lo tanto, decreto y declaro que mi nombre está asociado con la santidad, la justicia, la integridad, el favor y la excelencia. Dame un buen nombre. Amén.*

Contraataque a las maldiciones generacionales

Rompa las maldiciones generacionales en el nombre de Jesús. Viva una vida de obediencia. «De modo que si alguno está en Cristo, nueva criatura es; las cosas viejas pasaron; he aquí todas son hechas nuevas» (2 Corintios 5:17).

Contraataque a la manipulación

Ore según Efesios 6:10–18.

Contraataque al materialismo

Ore este pasaje: «Mas buscad primeramente el reino de Dios y su justicia, y todas estas cosas os serán añadidas» (Mateo 6:33).

Contraataque a las mentiras

«Y conoceréis la verdad, y la verdad os hará libres» (Juan 8:32). Ate las mentiras, las falsedades, y el error del espíritu, y desátelos de la asignación que habían recibido. Decrete y declare que prevalece la verdad.

Contraataque a la muerte

Declare Romanos 8:2: «Porque la ley del Espíritu de vida en Cristo Jesús me ha librado de la ley del pecado y de la muerte». Salmo 118:17: «No moriré, sino que viviré, y contaré las obras de Jehová»; y 1 Corintios 15:55: «¿Dónde está, oh muerte, tu aguijón? ¿Dónde, oh sepulcro, tu victoria?».

Contraataque a la mundanalidad

Declare 1 Juan 2:15.

Contraataque a al negativismo

Ore de acuerdo a Filipenses 4:8.

Contraataque a no lograr los objetivos

Ate al espíritu que no le permiten lograr los objetivos. Decrete y declare que por medio de Cristo usted puede cumplir su propósito, maximizar el potencial y llevar gloria al nombre del Señor. Coloque más elevada la barra de los logros.

Contraataque a las obras de la carne

Ore Gálatas 5:18-21. Intente leerlo en todas las versiones de la Biblia que pueda.

Contraataque a la obsesión

Ayune y ore de acuerdo con Isaías 58:5–11.

Contraataque a los obstáculos

Pídale a Dios que retire todo obstáculo y que se convierta en la luz de su camino.

Contraataque a las obstrucciones invencibles

Ore 2 Samuel 22:30: «Contigo desbarataré ejércitos, y con mi Dios asaltaré muros». Y ore Mateo 17:20: «Si tuviereis fe como un grano de mostaza, diréis a este monte: Pásate de aquí allá, y se pasará; y nada os será imposible».

Contraataques a las ofensas

Ore esta oración: *Padre, libero a (nombre a la persona) de todas las ofensas que he mantenido en mi corazón. Perdóname por mi resentimiento, odio, enojo y desagrado. Libérame de esta esclavitud auto-impuesta. Cierra todo portal que le da al espíritu de falta de perdón acceso a mi alma. Te adoro mientras decreto y declaro que donde se encuentre el Espíritu del Señor, hay libertad.*

Contraataque contra operaciones encubiertas

Pídale a Dios que exponga, destruya y desmantele toda operación diabólica encubierta. Deje que los vientos destructores del Espíritu soplen en juicio contra toda obra de las tinieblas en el nombre de Jesús. Declare y decrete Isaías 54:17: «Ninguna arma forjada contra ti prosperará, y condenarás toda lengua que se levante contra ti en juicio. Esta es la herencia de los siervos de Jehová, y su salvación de mí vendrá, dijo Jehová».

Contraataque a la opresión

Ore según Ezequiel 46:18.

Contraataque al orgullo

Ore estos pasajes: «Pero él da mayor gracia. Por esto dice: Dios resiste a los soberbios, y da gracia a los humildes» (Santiago 4:6); «Humillaos delante del Señor, y él os exaltará» (v. 10).

Contraataque al pecado

Ore 1 Juan 1:9: «Si confesamos nuestros pecados, él es fiel y justo para perdonar nuestros pecados, y limpiarnos de toda maldad».

Contraataque a los pecados asediantes

Ore según Salmo 51.

Contraataque a los pensamientos suicidas

Ore según Isaías 26:3 y Filipenses 4:7.

Contraataque a la pereza

«La mano de los diligentes señoreará; mas la negligencia será tributaria» (Proverbios 12:24). «No ames el sueño, para que no te empobrezcas; abre tus ojos, y te saciarás de pan» (Proverbios 20:13).

Contraataque a las perversiones

«No seas sabio en tu propia opinión; teme a Jehová, y apártate» (Proverbios 3:7). Quiebre la atadura de todo poder maligno e impuro sobre su vida en el nombre de Jesús. Declare que la sangre de Jesucristo lo limpia de todo pecado. Pídale a Dios que le quite el deseo respecto de ese pecado. Rompa las ataduras profanas del alma, renuncie a los pactos diabólicos y destruya las alianzas que no le pertenecen a Dios. Evite la propia aparición del mal. Pídale al Espíritu Santo que exponga y destruya toda fortaleza, y que lo limpie de las perversiones sexuales. Llene su corazón y su mente con la Palabra del Señor, y decrete que los pensamientos espirituales, las visiones y los sueños reemplacen a los pensamientos inmorales, degradantes, sueños, pesadillas y fantasías. Decrete y declare su libertad en el nombre de Jesús. «Bienaventurados los de limpio corazón, porque ellos verán a Dios» (Mateo 5:8).

Contraataque al pesar

Pídale a Dios que lo faculte para superar el dolor, la culpa, la vergüenza y la humillación del pasado. Viva una vida con propósito. Viva la vida en el ahora. Acepte el perdón. Olvide el pasado, y ansíe vivir lo que le espera en el futuro (Filipenses 3:13).

Contraataque a la presión de los pares

Ore según Romanos 12:2.

Contraataque a los pesos

Ore este versículo de Hebreos 12:1: «Por tanto, nosotros también, teniendo en derredor nuestro tan grande nube de testigos, despojémonos de todo peso y del pecado que nos asedia, y corramos con paciencia la carrera que tenemos por delante».

Contraataque al prejuicio

Ore Gálatas 3:28: «Ya no hay judío ni griego; no hay esclavo ni libre; no hay varón ni mujer; porque todos vosotros sois uno en Cristo Jesús».

Contraataque a la preocupación

«Fíate de Jehová de todo tu corazón, y no te apoyes en tu propia prudencia. Reconócelo en todos tus caminos, y él enderezará tus veredas» (Proverbios 3:5-6). Decrete y declare que su Dios satisfará todas sus necesidades de acuerdo a Sus riquezas en Gloria.

Contraataque a la privación

Ate el espíritu de privación, y decrete y declare que a través de la intervención divina, ríos de éxito, progreso y prosperidad comienzan a fluir. Decrete y declare que la unción de Ciro se libera, y que fluye de acuerdo con Isaías 45:1–3: «Así dice Jehová a su ungido, a Ciro, al cual tomé yo por su mano derecha, para sujetar naciones delante de él y desatar lomos de reyes; para abrir delante de él puertas, y las puertas no se cerrarán: Yo iré delante de ti, y enderezaré los lugares torcidos; quebrantaré puertas de bronce, y cerrojos de hierro haré pedazos; y te daré los tesoros escondidos, y los secretos muy guardados, para que sepas que yo soy Jehová, el Dios de Israel, que te pongo nombre».

Contraataque a la provocación

Ore para que Dios le otorgue la capacidad de discernir el espíritu de provocación cada vez que opera. Resístalo en el nombre de Jesús. Decrete y declare que a usted lo conduce el Espíritu del Señor.

Contraataque a las proyecciones

Ore: Yo borro y cancelo las impresiones, ilusiones, proyecciones, percepciones, sugerencias, sospechas y engaños diabólicos establecidos como un engaño o una emboscada para mi alma y para los que oran conmigo, por mí, en mi nombre, e interactúan a diario conmigo, en el nombre de Jesús. Amén. (Ver 1 Reyes 22:5-40; Hechos 13:50; 2 Tesalonicenses 2:1-10.)

Contraataque a la pobreza

Ate al espíritu de pobreza. Pídale a Dios que le otorgue un cielo abierto e inspiración divina y que abra corrientes de ingresos. Asegúrese de que está pagando sus diezmos y plantando semillas. Una semilla no necesariamente tiene que ser dinero. Usted puede plantar semillas de hospitalidad, buenas obras y actos de servicio y tiempo.

Contraataque a la posesión

«Acontecerá en aquel tiempo que su carga será quitada de tu hombro, y su yugo de tu cerviz, y el yugo se pudrirá a causa de la unción» (Isaías 10:27).

Contraataque a los puntos ciegos

Pídale a Dios que le revele la verdad acerca de sí y que lo libere de cualquier actitud, conducta o acción que obstaculice interacciones sanas con los demás. Pídale a Dios que retire toda ceguera espiritual y velos para que verdaderamente pueda vivir una vida de integridad personal y autenticidad del yo en el nombre de Jesús.

Contraataque a la rebeldía

Ore sin cesar. Ate al espíritu de rebeldía. Decrete y declare que la paz, el cumplimiento y la obediencia reemplazarán al espíritu de rebeldía.

Contraataque a las redes

Ore: En el nombre de Jesús, tomo la espada del espíritu y arraso con todas las redes, y decreto y declaro que a quien el Hijo libera de hecho es libre. Decreto y declaro que toda alianza y asociación no santa es rota en el nombre de Jesús.

Contraataque al rechazo

Pídale a Dios que le muestre su verdadera valoración en Él. No busque la afirmación en los demás a costas de la afirmación que Dios le da. Véase a sí mismo como lo ve Dios. «Para alabanza de la gloria de su gracia, con la cual nos hizo aceptos en el Amado» (Efesios 1:6).

Contraataque a la religiosidad

Ore Mateo 6:10: «Venga tu reino. Hágase tu voluntad, como en el cielo, así también en la tierra».

Contraataque a las represalias

Decrete y declare que ningún acto de represalias prosperará. Continúe reforzando su escudo de oración y sus barreras de protección. Establezca a la Deidad como su guardián.

Contraataque al resentimiento

Pídale a Dios que quite el dolor y la angustia, y que le proporcione una abundancia de perdón.

Contraataque al sabotaje

Ate y desate del espíritu de Sanbalat y Tobías. Pídale a Dios que fortalezca sus manos mientras trabaja para el Señor. Pídale a Dios que lo apoye de manera sobrenatural. Construya escudos de oración y barreras alrededor de sus relaciones, persona, ministerio y negocio. Borre y cancele las impresiones satánicas, ilusiones, proyecciones, percepciones, sugerencias, sospechas y decepciones establecidos como engaño o emboscada para su alma, y para los designados a orar con usted, por usted y en su bien, aquellos que trabajan con usted, son asignados a usted e interactúan a diario con usted. (Ver 1 Reyes 22:5-40; Hechos 13:50; 2 Tesalonicenses 2:1-10.) Ore: Padre, destruye los planes de los alborotadores, de los que se burlan, se mofan, los perseguidores y los difamadores. Pon en evidencia a los representantes satánicos, y otórgame estrategias y tácticas divinas para identificar, resistir y vencer los complots y los planes ideados para mi deceso. Amén. (Ver Ester 9:25; Salmo 5:10; 7:14-16; 34:21; 35:1-8; 52:5; 83:13-17; 141:10; Proverbios 26:27; 28:10; Daniel 3; 6; Mateo 7:15-23; 2 Corintios 11:14-15.)

Contraataque a la seducción

Pídale a Dios que haga que su alma sea a prueba de seducción, dándole el don de la sabiduría y el discernimiento de los espíritus. Decrete y declare que la verdad expone el error y que la luz disipa toda la oscuridad en el nombre de Jesús.

Contraataque al temor

Ore Salmo 27:1–6.

Contraataque a los tizones

Ore de acuerdo a este pasaje de las Escrituras: «Y dile: Guarda, y repósate; no temas, ni se turbe tu corazón a causa de estos dos cabos de tizón que humean, por el ardor de la ira de Rezín y de Siria, y del hijo de Remalías» (Isaías 7:4).

Contraataque a la traición

Ore esta oración: *Padre, mientras tú sanas mi corazón de desilusión, amargura, tristeza, enojo, ira y dolor, te agradezco por todas tus promesas. Ayúdame a creer de nuevo y a volver a confiar. Amén.* (Ver 1 Corintios 1:20.) Recuerde que su esperanza está en Dios.

Contraataque a las tradiciones de los hombres

Decrete y declare que el reino del cielo reina y rige sobre los asuntos de los hombres.

Contraataque a las trampas

Ore Salmo 91:3: «El te librará del lazo del cazador, de la peste destructora». Recuerde: «Pero desecha las cuestiones necias e insensatas, sabiendo que engendran contiendas. Porque el siervo del Señor no debe ser contencioso, sino amable para con todos, apto para enseñar, sufrido; que con mansedumbre corrija a los que se oponen, por si quizá Dios les conceda que se arrepientan para conocer la verdad, y escapen del lazo del diablo, en que están cautivos a voluntad de él» (2 Timoteo 2:23-26).

Contraataque a la transferencia de espíritus

Estudie el capítulo 9. Ate y suelte todo espíritu que haya sido transferido en el nombre de Jesús. Ordéneles soltarlo.

Contraataque a la unción contaminada

Decrete y declare una nueva provisión de la unción no contaminada. Pídale a Dios que santifique su alma y su espíritu según Tito 3:5, mediante el lavado de regeneración y la renovación del Espíritu Santo.

Contraataque a las vejaciones

Ore las «Oraciones de activación para la guerra» del capítulo 3.

Contraataque a la venganza

Ore Hebreos 10:30: «Pues conocemos al que dijo: Mía es la venganza, yo daré el pago, dice el Señor. Y otra vez: El Señor juzgará a su pueblo». Este no es un tema ligero. Dios nos advirtió que Él nos hará responsables. Dios juzgará a su pueblo. Nadie se saldrá en nada con la suya, créame. ¡Permita que Dios sea Dios!

Contraataque a la vergüenza

Ore Romanos 8:26-29: «De igual manera el Espíritu nos ayuda en nuestra debilidad; pues qué hemos de pedir como conviene, no lo sabemos, pero el Espíritu mismo intercede por nosotros con gemidos indecibles. Mas el que escudriña los corazones sabe cuál es la intención del Espíritu, porque conforme a la voluntad de Dios intercede por los santos. Y sabemos que a los que aman a Dios, todas las

cosas les ayudan a bien, esto es, a los que conforme a su propósito
son llamados. Porque a los que antes conoció, también los predestinó
para que fuesen hechos conformes a la imagen de su Hijo, para que él
sea el primogénito entre muchos hermanos». «No os acordéis de las
cosas pasadas, ni traigáis a memoria las cosas antiguas. He aquí que
yo hago cosa nueva; pronto saldrá a luz; ¿no la conoceréis? Otra vez
abriré camino en el desierto, y ríos en la soledad» (Isaías 43:18-19).

Contraataque a la violación

Rompa el silencio, hable en voz alta y no se guarde nada. Busque
terapia cristiana.

Involucre a los seres queridos y a los miembros de su familia en
las sesiones de consejería. Busque un clima poderoso, seguro, de
aceptación y apoyo para que pueda liberarse de los sentimientos dolo-
rosos sin temor a las críticas, juicios, rechazo o humillación.Utilice la
estrategia de oración del capítulo 3. Puede parecer que usted nunca
se sanará, pero en su debilidad y tristeza, la fuerza de Dios resulta
perfecta.

Construya escudos de oración, muros refractarios y barreras de
oración alrededor de su vida, mente y espíritu. Avance por el proceso
de duelo (los psicólogos ofrecen las primeras cinco etapas, pero yo
he agregado las últimas dos): negación, resentimiento, negociación,
depresión, aceptación, volver a ganar el poder personal y vivir la vida
con propósito). A través de Jesucristo, hay vida después de la muerte.
Permita que el amor incondicional del Padre lo sane.

Contraataque a la violencia

Ate al espíritu de violencia, y decrete y declare que la paz, la cola-
boración, la justicia y la reconciliación reemplazarán a la violencia.
Ore la «Oración de activación para la guerra» del capítulo 3.

Contraataque a los yugos

Pídale a Dios que quite su predilección de ir en contra de su
voluntad. Pídale que le otorgue disciplina, coherencia y amor por su
Palabra. Decrete y declare que los yugos se han roto y que las cargas
fueron levantadas por motivo de la unción en el nombre de Jesús.

PARTE III

ATAR AL HOMBRE FUERTE

OCHO

PREPARARSE PARA LA BATALLA

¿Cuáles son sus armas?

C UANDO INICIALMENTE EL Señor me introdujo a los conceptos de armas intrínsecas y extrínsecas, fueron meramente palabras de revelación que bajaron a mi mente conciente mediante el Espíritu Santo mientras me entrenaba en el arte de la oración estratégica y la guerra espiritual. Empleé estos términos en mi vocabulario de oración y luego los agregué como una de las declaraciones de Guerra en el capítulo 3. Unos pocos meses después de la revelación inicial, mi espíritu verdaderamente comprendió el real significado de estos términos, y nuevamente el Espíritu Santo comenzó a revelarme cuán potente era la declaración de la Biblia: «Ninguna arma forjada contra ti prosperará». Mi paradigma cambió instantáneamente de la mera pronunciación de una frase que me proveía con un arsenal intelectualmente conceptualizado, y la comprensión de cómo las artimañas del diablo son realmente ejecutadas, hasta la comprensión de cuán poderosas son realmente las armas satánicas intrínsecas y extrínsecas.

Esta declaración abrió mis ojos para ver cuán encubierto era realmente el ataque del enemigo en mi propia vida. Comencé a hacer preguntas al Señor respecto de la diversidad y la magnitud de estas armas de destrucción masiva. Era conciente de algunas de ellas, pero no de todas. Quiero hacerle dos preguntas: ¿Alguna vez alguien le citó el versículo tomado de Isaías 4:17: «Ninguna arma forjada contra ti prosperará»? ¿Alguna vez alguien le explicó cuáles eran las armas? Bien, quiero que sepa que puede discernir e identificar cómo lucha el enemigo contra usted, las armas que ha diseñado para su deceso, y cómo contraatacar con éxito.

Este capítulo se ha escrito para armarlo con discernimientos específicos respecto de las armas reales que debe usar. No ha sido diseñado para alarmarlo, sino para armarlo para una batalla efectiva.

145

SU ARSENAL

Si un militar va a ganar una guerra, hay tres preguntas importantes que deben contestarse:

1. ¿Quién es el enemigo?
2. ¿Dónde está la batalla?
3. ¿Cuáles son sus armas?

La respuesta a la primera pregunta es evidente. El enemigo es Satanás y sus legiones, como lo tratamos en el capítulo 5. A partir de la rebeldía de Satanás y un tercio de los ángeles, este mundo ha estado en combate contra las fuerzas demoníacas. Habiendo elaboradamente establecido una fuerza espiritual militar insidiosa, Satanás sigue cumpliendo su misión: Robar, matar y destruir todo lo que le pertenece a Dios y es divino. Tratamos la respuesta a la segunda pregunta en el capítulo 4, y ahora en este capítulo vamos a develar su arsenal de armas sobrenaturales.

Este arsenal es el método en el que usted contraataca las armas del enemigo y cómo libera a los espíritus que lo acosan a usted, su familia, su comunidad y a la nación. Así que no piense que lo dejé pendiente. Le daré los contraataques a las armas del enemigo y cómo liberar a los espíritus malignos de sus tareas en el capítulo 9.

Pero por ahora, vayamos a lo que sabemos acerca de nuestras armas. Primero, sabemos que las armas con las que luchamos son poderosas y operan en su punto más alto en el reino del espíritu (2 Corintios 10:3-6). La segunda cosa que sabemos es que ninguna de las armas que elabora el enemigo contra nosotros tendrán éxito en sacarnos de la gran comisión y que tenemos una herencia de victoria en Dios (Isaías 54:17). La cosa más importante de la que estamos ahora concientes es que hemos sido equipados para esta batalla, y que hay muchas armas disponibles para nosotros. Veámoslas ahora.

Oración

La oración es la clave para la guerra espiritual efectiva. La oración libera el fluir de Dios en nuestra vida para que usted pueda vencer al enemigo. Es un sistema de comunicación de ida y vuelta, por el cual usted se comunica con Dios y Dios se comunica con usted. Si nos volvemos débiles durante la batalla, la oración nos vincula con la fuerza de Dios, especialmente cuando oramos en el espíritu. La oración también es la manera más segura para recibir las instrucciones y las órdenes de Dios y para apoyarnos en su sabiduría infinita. Nos volvemos más suficientes a través de la oración, y es durante la oración que podemos intercambiar la falta de esperanza por la intervención y la ayuda divinas.

Ayuno

El ayuno es una disciplina espiritual que incrementa nuestro poder de oración. Humilla el alma y nos da la capacidad de ser muy agudos en nuestro camino espiritual con Dios. No solo es un medio excelente de desintoxicación del cuerpo, sino que también desintoxica el alma y el espíritu. Marcos 9:29 nos dice que a veces ganar la victoria sobre determinadas tácticas del enemigo: «Este género con nada puede salir, sino con oración y ayuno».

Restringir al cuerpo de determinados alimentos también nos permite colocar nuestra carne bajo la sumisión y puede ayudarnos a obtener la separación del espíritu y la carne. Esto aumentará nuestra capacidad de librar una guerra en el espíritu, habiendo colocado lo físico y lo carnal bajo sometimiento.

Isaías 58:6–9 también habla de que el ayuno es un medio de desatar las ligaduras de la maldad, la opresión, las cargas pesadas, los yugos, la aflicción, la pobreza y la tristeza.

Fe

1 Juan 5:4 y Mateo 21:22 nos dicen que nuestra fe es lo que asegura nuestra victoria sobre el dios de este mundo, y que garantiza que lo que pedimos respecto de ser liberados, sanados y facultados será hecho. Mientras abordamos esta arma poderosa, lea lo que dijo E.M. Bounds:

> En cualquier estudio de los principios, y del procedimiento de la oración, de sus actividades y empresas, el primer lugar, debe ser, que la necesidad se entregue a la fe. Él *debe* creer, dónde no pueda comprobar. En el tema final, la oración es simplemente fe, que reclama sus prerrogativas naturales aunque maravillosas. La fe posee una herencia ilimitable. La piedad verdadera es tan cierta, firme y perseverante en el reino de la fe como lo es en la provincia de la oración. Es más: Cuando la fe deja de

orar, deja de vivir. La fe hace lo imposible porque hace que Dios se comprometa con nosotros, y nada es imposible con Él. ¡Cuán grande —sin calificación o limitación— es el poder de la fe! Si se desterrara la duda del corazón, y la incredulidad se convirtiera en algo extraño, lo que le pedimos a Dios por cierto ocurrirá, y a un creyente le concedió «Haced todo lo que os dijere».[1]

La sangre de Jesús

A través de la sangre derramada por Jesucristo, ya hemos ganado y superado a todas las fuerzas del enemigo. Apocalipsis 12:7–11 dice:

> Después hubo una gran batalla en el cielo: Miguel y sus ángeles luchaban contra el dragón; y luchaban el dragón y sus ángeles; pero no prevalecieron, ni se halló ya lugar para ellos en el cielo. Y fue lanzado fuera el gran dragón, la serpiente antigua, que se llama diablo y Satanás, el cual engaña al mundo entero; fue arrojado a la tierra, y sus ángeles fueron arrojados con él. Entonces oí una gran voz en el cielo, que decía: Ahora ha venido la salvación, el poder, y el reino de nuestro Dios, y la autoridad de su Cristo; porque ha sido lanzado fuera el acusador de nuestros hermanos, el que los acusaba delante de nuestro Dios día y noche. Y ellos le han vencido por medio de la sangre del Cordero y de la palabra del testimonio de ellos, y menospreciaron sus vidas hasta la muerte.

Dinero

Según Eclesiastés 7:12, el dinero es una defensa contra el enemigo. El dinero en manos del injusto se usa para suscribir injusticias, pero el dinero en manos del justo puede usarse para financiar la extensión del evangelio.

Sabiduría

¿Quién conocería mejor esta arma que el rey Salomón? Sus palabras en Eclesiastés 9:13–18 revelan cómo la sabiduría venció a un ejército con un ejército más grande que el que tenía sabiduría.

También vi esta sabiduría debajo del sol, la cual me *parece* grande: una pequeña ciudad, y pocos hombres en ella; y viene contra ella un gran rey, y la asedia y levanta contra ella grandes baluartes; y se halla en ella un hombre pobre, sabio, el cual libra a la ciudad con su sabiduría; y nadie se acordaba de aquel hombre pobre. Entonces dije yo: Mejor *es* la sabiduría que la fuerza, aunque la ciencia del pobre sea menospreciada, y no sean escuchadas sus palabras. Las palabras del sabio escuchadas en quietud, son mejores que el clamor del señor entre los necios. Mejor *es* la sabiduría que las armas de guerra; pero un pecador destruye mucho bien. (Énfasis agregado).

La Palabra de Dios

En Efesios 6 encontramos la armadura espiritual con la que debemos vestirnos. El versículo 17 habla sobre una de las armas más formidables a las que tenemos acceso, la Palabra de Dios, a la que se hace referencia en este texto como el casco de salvación y la espada del Espíritu. La espada del Espíritu nos permite rápidamente y de modo penetrante, discernir espíritus, pensamientos e intenciones (Hebreos 4:12).

El Nombre de Jesús

El Nombre de Jesús nos llama a arrepentirnos (Hechos 2:38). Es por medio del arrepentimiento, como ya hemos descubierto, que Dios nos transforma nuestra mente, y nosotros entonces podemos rechazar las tentaciones del enemigo.

En Filipenses 2:9–11 leemos: «Por lo cual Dios también le exaltó hasta lo sumo, y le dio un nombre que es sobre todo nombre, para que en el nombre de Jesús se doble toda rodilla de los que están en los cielos, y en la tierra, y debajo de la tierra; y toda lengua confiese que Jesucristo es el Señor, para gloria de Dios Padre» (énfasis agregado).

La persona de Jesús

Con Jesús morando en nosotros, somos más grandes que cualquier poder que obre en el mundo (1 Juan 4:4).

La unción

Según Isaías 10:27, todo peso que esté sobre nuestros hombros y todo yugo alrededor de nuestros cuellos serán destruidos por el poder

de la unción. La unción es el poder, las provisiones y la presencia de
Dios manifestados a través de la persona del Espíritu Santo.

La unción profética

Apocalipsis 11:5-6 habla del poder de lo profético en medio de la
guerra espiritual: «Si alguno quiere dañarlos, sale fuego de la boca de
ellos, y devora a sus enemigos; y si alguno quiere hacerles daño, debe
morir él de la misma manera. Estos tienen poder para cerrar el cielo,
a fin de que no llueva en los días de su profecía; y tienen poder sobre
las aguas para convertirlas en sangre, y para herir la tierra con toda
plaga, cuantas veces quieran».

Oración del espíritu

La oración del espíritu, o más comúnmente la oración en el espíritu,
es fundamental en cualquier arsenal de armas de un creyente. Según
Judas 20, esta arma tiene la capacidad de fortalecer al hombre interior. Efesios 6:18 nos dice que debemos estar en oración del espíritu
todo el tiempo, siempre estando vigilante. Orar en el espíritu también
nos ayuda cuando no sabemos qué orar o qué es incorrecto en determinadas situaciones. Permite que nuestro espíritu ore directamente
al lugar de intercesión del Espíritu Santo, dónde Él puede buscar en
nuestros corazones e interceder estratégicamente para nuestro bien.
(Ver Romanos 8:26-27.)

Dé acceso al Espíritu Santo a su vida de oración para que lo disci-
pline. Él es más que feliz al interceder por su bien o darle las palabras
que debe pronunciar.

Lenguas de los hombres

A veces, no siempre es fácil para nosotros recordar palabra por
palabra las Escrituras. Cuando esto sucede, si usted puede solo
decir el principio, experimentará resultados positivos. Aprenda
a llenar su mente con pensamientos buenos, positivos y bíblicos.
Puesto que sus palabras son el conducto secundario de sus pensamientos, practique meditar en la Palabra de Dios día y noche para
que cuando hable, su discurso sea automáticamente alineado con
la Palabra del Señor. (Para una referencia sobre esta arma, consulte
1 Corintios 13:1.)

Lenguas angelicales

Cuando hablo de las lenguas angelicales, no estoy hablando de algo espeluznante. Las «lenguas de los ángeles» es el lenguaje que comprenden los ángeles. Esto es puramente la Palabra de Dios declarada. Según Salmo 103:20-21, cuando usted habla de la Palabra de Dios y declara sus palabras sobre sus circunstancias, los ángeles responden, ejecutándolas y haciéndolas cumplir sobre sus situaciones y circunstancias. (Para una referencia a esta arma, vea 1 Corintios 13:1.) Dios apresura su Palabra para que se ponga por obra, mientras le daba a los ángeles la carga de guardarnos (Salmo 91:11; Jeremías 1:12).

Alabanza

No alabamos porque nos sintamos bien. Alabamos porque la alabanza es un arma de guerra. Salmo 149:5-9 dice: «Regocíjense los santos por su gloria, y canten aun sobre sus camas. Exalten a Dios con sus gargantas, y espadas de dos filos en sus manos, para ejecutar venganza entre las naciones, y castigo entre los pueblos; para aprisionar a sus reyes con grillos, y a sus nobles con cadenas de hierro; para ejecutar en ellos el juicio decretado; gloria será esto para todos sus santos. Aleluya». La alabanza también es la voluntad de Dios para con nosotros (1 Tesalonicenses 5:18), y cuando caminamos en la voluntad de Dios, se nos asegura la victoria.

Bailar

Jueces 5:18-22 nos demuestra cómo el pueblo de Dios usaba la danza en el fuego de la batalla:

«El pueblo de Zabulón expuso su vida a la muerte, y Neftalí en las alturas del campo. Vinieron reyes y pelearon; entonces pelearon los reyes de Canaán, en Taanac, junto a las aguas de Meguido, mas no llevaron ganancia alguna de dinero. Desde los cielos pelearon las estrellas; desde sus órbitas pelearon contra Sísara. Los barrió el torrente de Cisón, el antiguo torrente, el torrente de Cisón. Marcha, oh alma mía, con poder. Entonces resonaron los cascos de los caballos por el galopar, por el galopar de sus valientes».

Aplaudir

Para esta arma, obtenemos una orden directa del Señor en Ezequiel 6:11: «Así ha dicho Jehová el Señor: Palmotea con tus manos, y golpea con tu pie».

Pisar fuerte o marchar

La historia de los hijos de Israel y el muro de Jericó es el ejemplo perfecto de cuán efectivo es pisar fuerte y marchar hacia nuestra guerra espiritual. (Ver Josué 6:1–21.)

La segunda parte de Ezequiel 6:11 provee una referencia cruzada complementaria, diciéndonos que y golpea con tu pie, y di: ¡Ay, por todas las grandes abominaciones de la casa de Israel! porque con espada y con hambre y con pestilencia caerán».

Gritar

Esta arma también tiene origen en la batalla de Jericó. Cuando Josué gritó, las paredes de Jericó se derrumbaron. (Ver Josué 6:1–21.)

Música

2 Reyes 3:15–19 dice: «Mas ahora traedme un tañedor. Y mientras el tañedor tocaba, la mano de Jehová vino sobre Eliseo, quien dijo: Así ha dicho Jehová: Haced en este valle muchos estanques. Porque Jehová ha dicho así: No veréis viento, ni veréis lluvia; pero este valle será lleno de agua, y beberéis vosotros, y vuestras bestias y vuestros ganados. Y esto es cosa ligera en los ojos de Jehová; entregará también a los moabitas en vuestras manos. Y destruiréis toda ciudad fortificada y toda villa hermosa, y talaréis todo buen árbol, cegaréis todas las fuentes de aguas, y destruiréis con piedras toda tierra fértil».

La buena batalla

Cuando el enemigo libra una guerra contra usted, recuerde que está luchando *la buena batalla de la fe*. Su concentración no debe meramente descansar en lo que le sucede a usted, sino también sobre lo que sucede en usted y en su respuesta a lo que le sucede. Pero no ceje ni se dé por vencido. No solo prevalecemos, también vencemos todo ataque. Recuerde, el lado de la moneda de la victoria es la guerra, y el de la guerra es la victoria. De cualquier modo, usted gana.

Así que, mis hermanos y hermanas: «Por tanto, ceñid los lomos de vuestro entendimiento, sed sobrios, y esperad por completo en la gracia que se os traerá cuando Jesucristo sea manifestado» (1 Pedro 1:13). No se entregue en esta batalla, y no deje que el enemigo lo destruya. Estemos «firmes y constantes, creciendo en la obra del Señor siempre, sabiendo que vuestro trabajo en el Señor no es en vano» (1 Corintios 15:58).

Ahora pasamos a las estrategias y las tácticas de cómo podemos usar efectivamente las armas que acabamos de develar.

NUEVE

PARTICIPAR EN LA LUCHA

Estrategias y tácticas para la guerra espiritual

« ATAR AL HOMBRE fuerte» es una disciplina bíblica enseñada por Jesucristo. Es una herramienta que los cristianos puede usar para luchar contra los poderes del reino de las tinieblas. Examinemos el uso de esta herramienta en las Escrituras:

Estaba Jesús echando fuera un demonio, que era mudo; y aconteció que salido el demonio, el mudo habló; y la gente se maravilló. Pero algunos de ellos decían: Por Beelzebú, príncipe de los demonios, echa fuera los demonios. Otros, para tentarle, le pedían señal del cielo. Mas él, conociendo los pensamientos de ellos, les dijo: Todo reino dividido contra sí mismo, es asolado; y una casa dividida contra sí misma, cae. Y si también Satanás está dividido contra sí mismo, ¿cómo permanecerá su reino? ya que decís que por Beelzebú echo yo fuera los demonios. Pues si yo echo fuera los demonios por Beelzebú, ¿vuestros hijos por quién los echan? Por tanto, ellos serán vuestros jueces. Mas si por el dedo de Dios echo yo fuera los demonios, ciertamente el reino de Dios ha llegado a vosotros. Cuando el hombre fuerte armado guarda su palacio, en paz está lo que posee. Pero cuando viene otro más fuerte que él y le vence, le quita todas sus armas en que confiaba, y reparte el botín. El que no es conmigo, contra mí es; y el que conmigo no recoge, desparrama. Cuando el espíritu inmundo sale del hombre, anda por lugares secos, buscando reposo; y no hallándolo, dice: Volveré a mi casa de donde salí. Y cuando llega, la halla barrida y adornada. Entonces va, y toma otros siete espíritus peores que él; y entrados, moran allí;

y el postrer estado de aquel hombre viene a ser peor que el primero.

—Lucas 11:14–26

Cuando participe en la ministración de liberación, debe asegurarse de que usted está bíblicamente correcto.

Use los métodos de este capítulo con confianza, sabiendo que, según 1 Juan 3:8, este fue el propósito para el cual «Para esto apareció el Hijo de Dios, para deshacer las obras del diablo». Ojalá el Espíritu del Señor se derrame sobre usted para que se inicien y se sometan a todos sus actos al Espíritu del Señor.

El Espíritu del Señor está sobre mí, por cuanto me ha ungido para dar buenas nuevas a los pobres; me ha enviado a sanar a los quebrantados de corazón; a pregonar libertad a los cautivos, y vista a los ciegos; a poner en libertad a los oprimidos

—Lucas 4:18

Al orar, debe descansar por completo en el Espíritu Santo.

Incluso cuando el Espíritu Santo condujo a Jesús en todas las cosas, Él también debe conducirlo a usted. No sea presuntuoso cuando se trate de determinar quién necesita liberación y quién no. El Espíritu Santo opera como un equipo de buceo en aguas profundas que descienden a mucha profundidad para descifrar las profundidades del océano. El Espíritu Santo es quien tiene la capacidad de buscar y descifrar los corazones de los hombres. 1 Corintios 2:10 dice: «Pero Dios nos las reveló a nosotros por el Espíritu; porque el Espíritu todo lo escudriña, aun lo profundo de Dios». Él lo ayudará a discernir, probar, resistir y rechazar a los espíritus demoníacos y a sus actividades.

Y de igual manera el Espíritu nos ayuda en nuestra debilidad; pues qué hemos de pedir como conviene, no lo sabemos, pero el Espíritu mismo intercede por nosotros con gemidos indecibles. Mas el que escudriña los corazones sabe cuál es la intención del Espíritu, porque conforme a la voluntad de Dios intercede por los santos.

—Romanos 8:26–27

Puesto que el Espíritu Santo conoce los corazones de los hombres, Él le puede expresar Su conocimiento a usted como creyente durante su oración e intercesión. Entonces estará facultado por Dios a actuar de acuerdo con los avisos. Recuerde, uno de sus mayores mecanismos de defensa consiste en permanecer conectado con el Espíritu Santo mientras ora.

Recárguese en el Espíritu Santo

Así como la batería de un auto o de un celular se descarga, necesitando una recarga, el creyente puede recargar su batería espiritual orando en el Espíritu Santo (1 Corintios 14:4; Judas 20). Esta disciplina debería ser parte de su oración diaria. También es un medio maravilloso por el cual se acumula el poder espiritual para la oración y durante ella.

Tome dominio

Use la autoridad en el nombre de Jesús, y no tema tomar dominio sobre el Hombre fuerte. Mateo 16:19 dice que Dios nos ha dado «las llaves del reino de los cielos». El que tiene las llaves, tiene acceso, lo que indica autoridad.

Cuando se trate de la guerra espiritual, no acepte sustitutos ni concesiones. No dé media vuelta, no se dé por vencido ni ceda. Dios le ha dato autoridad sobre toda la capacidad del diablo de acuerdo a Lucas 10:19. Efesios 1:20–23 dice que Satanás está bajo sus pies. Eso significa que él no tiene autoridad sobre usted, sino que usted tiene autoridad sobre él.

Debe levantarse y tomar la autoridad reemplazando la voluntad y toda la actividad del enemigo por la voluntad de Dios por. Él está operando ilegalmente en el reino de la tierra. Déjeme recordarle que él no es el príncipe de la potestad de la tierra, sino «príncipe de la potestad del aire» de acuerdo a Efesios 2:2. Por lo tanto, levántese y adopte su posición justa como agente de Dios. Insita en que él cumpla con los términos basados en la Biblia emitidos por usted.

La Biblia declara que en su postura real, se le ha otorgado poder para decretar una cosa, y será establecida. (Ver Job 22:28.) Cuando usted decreta algo en el nombre de Jesús, el enemigo es conciente de que no está sugiriendo ni tampoco dándole a él una opción o advertencia.

Él comprende que cuando usted va en nombre de Jesús, debe detener y desistir sus actividades ilegales de inmediato. ¿Por qué? Porque en Isaías 45:23, Dios mismo dice: «Por mí mismo hice juramento, de mi boca salió palabra en justicia, y no será revocada: Que a mí se doblará toda rodilla, y jurará toda lengua». También se expresa en Filipenses 2:10–11: «Para que en el nombre de Jesús se doble toda rodilla de los que están en los cielos, y en la tierra, y debajo de la tierra; y toda lengua confiese que Jesucristo es el Señor, para gloria de Dios Padre».

Vuélvase experto en los mecanismos de atar y desatar.

Atar y desatar es una forma de controlar actividades satánicas. Cuando nacemos, no sabemos hacer nada. Con el transcurso del tiempo, aprendemos a darnos vuelta, sentarnos, gatear, caminar y correr. Incluso si no tiene experiencia en atar y desatar en oración y en obras, puede volverse experto en ello a través de la práctica, el estudio y la capacitación. Recuerde, debe empezar a gatear antes de caminar y correr.

> Porque ¿cómo puede alguno entrar en la casa del hombre fuerte, y saquear sus bienes, si primero no le ata? Y entonces podrá saquear su casa.
>
> —Mateo 12:29

> De cierto os digo que todo lo que atéis en la tierra, será atado en el cielo; y todo lo que desatéis en la tierra, será desatado en el cielo»
>
> —Mateo 18:18

Atar y desatar es como celebrar contratos que deben cumplirse en el reino del espíritu. Como se relacionan con fuerzas y actividades demoníacas por medio de imponer y ordenar adherirse a una directiva alternativa específica. Desatar es lo opuesto a atar. Saca, descarga y libera a las fuerzas demoníacas de una directiva o actividad obligatoria específica. Puesto que Mateo 18:18 parece indicar que atar y desatar están inextricablemente conectados, entonces debemos considerar que son una sola cosa. Si va a atar, debe desatar; si va a desatar, debe atar. No puede usar uno sin lo otro.

La pregunta que me hacen con más frecuencia es: ¿Qué ato y qué desato? Dicho simplemente, usted ata las actividades de Satanás y sus legiones; usted desata todo efecto que su presencia haya tenido, y luego libera la contraparte del reino (el gobierno divino de Dios). El diablo no tiene opción en el asunto más que renunciar a su posición.

Cuando Jesús liberó al pueblo hubo evidencias de no solo se fue el Hombre fuerte y su espíritu, sino también los efectos de su presencia.

> Y había allí una mujer que desde hacía dieciocho años tenía espíritu de enfermedad, y andaba encorvada, y en ninguna manera se podía enderezar. Cuando Jesús la vio, la llamó y le dijo: Mujer, eres libre de tu enfermedad. Y puso las manos sobre ella; y ella se enderezó luego, y glorificaba a Dios.
>
> —Lucas 13:11–13

Los siguientes son principios simples para seguir:

1. Establezca sus derechos y autoridad legal en Cristo Jesús.
2. Use el Nombre de Jesús (nunca suponga que usted tiene el poder).
3. Delimite al Hombre Fuerte y subordine a los espíritus.
4. Ate sus obras, y hágalos formar parte del estrado de Jesús.
5. Recuérdele a los espíritus demoníacos que deben cumplir porque Jesús vino para «para deshacer las obras del Diablo» (1 Juan 3:8).
6. Suelte toda señal, síntoma y condición asociada con su presencia.
7. Libere la contraparte del reino del cielo.
8. Refuerce su vida de oración con el ayuno.
9. Permanezca sometido al Espíritu del Señor.
10. Resista al diablo, y él huirá.
11. Use la Palabra del Señor.

No permita que permanezca ninguna fortaleza.

Declare y decrete que todos los materiales usados para construir las fortalezas sean demolidos y destruidos por completo. Pídale al Espíritu Santo que demuela las fortalezas y que barra todo residuo.

Cierre las puertas y establezca a Dios como el nuevo guardián.

Ore para que Dios se convierta en el nuevo guardián de su ciudad, país, nación, persona, familia y ministerio. La Biblia declara que el poder de nuestras palabras produce cambios en nuestras vidas, entornos, comunidades, ciudades y naciones. Ore por la paz de la ciudad para que usted también pueda tener paz.

Alzad, oh puertas, vuestras cabezas, y alzaos vosotras, puertas eternas, y entrará el Rey de gloria. ¿Quién es este Rey de gloria? Jehová el fuerte y valiente, Jehová el poderoso en batalla. Alzad, oh puertas, vuestras cabezas, y alzaos vosotras, puertas eternas, y entrará el Rey de gloria. ¿Quién es este Rey de gloria? Jehová de los ejércitos, El es el Rey de la gloria. *Selah.* —Salmo 24:7–10

Establezca su derecho legal en el nombre de Jesús.

Usar el nombre de Jesús significa que sus actividades están respaldadas por el poder y la autoridad del Ungido de Dios, quien declaró el alcance, poder y magnitud de Su unción en el siguiente versículo:

Y Jesús se acercó y les habló diciendo: Toda potestad me es dada en el cielo y en la tierra. Por tanto, id, y haced discípulos a todas las naciones, bautizándolos en el nombre del Padre, y del Hijo, y del Espíritu Santo; enseñándoles que guarden todas las cosas que os he mandado; y he aquí yo estoy con vosotros todos los días, hasta el fin del mundo. Amén. —Mateo 28:18–20

Identifique al Hombre fuerte y a los espíritus subordinados.

El Hombre fuerte y los espíritus subordinados serán expuestos en el próximo capítulo. Allí, prepare un manual sencillo par que usted identifique al Hombre fuerte y los detalles de los espíritus subordinados, sus señales, síntomas y manifestaciones. Mi sugerencia es que explore cada Hombre fuerte que se relacione con un espíritu específico. Pregúntele a Dios cómo proceder en la oración. Él podría instruirle que libre una guerra contra uno de ellos o contra todos.

Utilice un diario de oración.

Un diario de oración hará que su tiempo de oración sea más efectivo. Use las «Oraciones de activación para la batalla» del capítulo 3 en su momento de oración.

Ore con cobertura.

No sea un renegado. Asegúrese de que permanece debajo de la cobertura de su pastor o de sus líderes de oración. Permanezca sometido.

DIEZ

RECONOCIMIENTO

Ser liberado y vencer al enemigo

U N MOTIVO POR el que muchas personas no experimentan el tipo de éxito que desean cuando participan en la guerra espiritual es por la generalización o la ignorancia. No caiga en la trampa de hacer una generalización y no pelee una guerra en forma ignorante. Los espíritus son muy hábiles en sus guerras. Idean muchas actividades engañosas que a veces podrían timar al guerrero espiritual más idóneo. Lea el capítulo 6 y encuentre los espíritus que están tratando con usted. Verá que esta lista contiene al espíritu principal u Hombre fuerte y las formas en las que el espíritu puede manifestarse en su vida. A estos se los llama espíritus subordinados. Con esta lista en la mano, usted está enfrentando una victoria. Como solían decir los dibujos animados del viejo G.I. Joe: «Conocer es la mitad de la batalla».

Tome conciencia de que su confianza descansa en el Señor y no en sus habilidades. Por lo tanto, mientas libra una batalla, es importante cancelar a todos los espíritus asociados. Infórmese de las características singulares del Hombre fuerte. Cúbrase con la armadura del Señor y comience a atar y desatar, usando la autoridad del nombre de Jesús. Pídale a Dios que le traiga total liberación a usted, su familia, su ciudad, su ministerio y su nación.

En este capítulo, voy a exponer al Hombre fuerte y a los espíritus subordinados que pueden infiltrarse en su mente, finanzas, historia de su familia, salud, futuro e incluso su nación. Vamos a librar juntos una guerra para obtener la victoria en todas estas áreas. Voy a darle referencias bíblicas específicas para cada uno de estos espíritus, pero yo no haré el trabajo por usted. Usted necesitará su espada (la Biblia, la Palabra de Dios) cerca suyo mientras pelea con el enemigo a través de las próximas dos secciones.

Espíritu de Absalón

El espíritu de Absalón es un espíritu renegado que utiliza la seducción y el fingimiento para cumplir sus operaciones diabólicas. Está diseñado para socavar y destruir el propósito, el potencial y la influencia y autoridad de los hombres y las mujeres de Dios que mantienen posiciones estratégicas en el reino de Dios. Transfiriendo la lealtad de una persona a otra, su plan es dividir y conquistar. Forma una alianza muy fuerte con el espíritu de la perversión y el de Ahitofel a fin de ejecutar sus estrategias y planes. Este espíritu desafía la autoridad divina e intenta negar a un creyente sus derechos básicos humanos y del reino. Los individuos que albergan resentimiento y falta de perdón son fácilmente tomados por este espíritu y comienzan a moverse con venganza, poderosa y decisivamente adhiriéndolos al centro de una organización, ministerio o relación hasta que queda bajo su control y autoridad.

Referencia bíblica para el espíritu de Absalón
2 Samuel 13:1–19:8

Señales, síntomas y manifestaciones del espíritu de Absalón		
Traición	Conspiración	Estrategias astutas
Engaño	Desafío	Alianza diabólica
Falta de respeto	Lealtad dividida	Arrogancia
Hostilidad	Hipocresía	Irreverencia
Celos	Lujuria	Mentira
Homicidio	Perversión	Planear el deceso del poder, la influencia y el respeto
Lucha de poderes	Fingimiento	Orgullo
Rebeldía	Sedición	Seducción
Exaltación propia	Arrogancia moral	Alevosía
Traición	Socavar el ministerio y la influencia	Usurpar autoridad
Vanidad		

Liberación

El espíritu de sumisión, integridad, propósito, tiempos del Señor, corazón de un siervo, la integridad, la humildad, la unción apostólica, la sabiduría, la paz, la verdad y la intercesión profética.

ESPÍRITU DE ADICCIÓN

Una adicción es una enfermedad compleja con síntomas físicos y psicológicos y amplias ramificaciones sociales. Afecta no solo a la persona, sino también a su familia, amigos y al entorno social. La persona que es afligida por este espíritu carece de un control sobre sus actividades y conductas, y en cambio las actividades y conductas han tomado control sobre él. En esencia, una adicción es cualquier abuso progresivo de algo que es difícil o imposible de controlar. En nuestro mundo natural, la manera de recuperarse es prolongada y dolorosa, y siempre está el peligro de recaer. Sin embargo, con Dios todas las cosas son posibles.

Las adicciones pueden categorizarse por lo siguiente:

1. Sustancias: alcohol, heroína, tabaco, solvente, cocaína, hachís, cafeína, metadona, benzodiacepinas, alucinógenos, anfetaminas, éxtasis, barbitúricos y esteroides.
2. Sociales: ejercicios, sexo, perversión sexual, pornografía, alimentación (anorexia, bulimia, comer demasiado), tecnológicas (juegos de computación, cibersexo, Internet), trabajo, juego y opiomanía (un impulso anormal por comprar cosas).[1]

Referencia bíblica para el espíritu de adicción

Romanos 13:14; 14:23; Gálatas 5:24; Filipenses 3:19; 1 Timoteo 3:3, 8; Tito 1:7; 2:3; 1 Pedro 2:11;

Señales, síntomas y manifestaciones del espíritu de adicción		
Abuso	Adulterio	Aflicciones
Alcoholismo	Anorexia	Antagonismo
Actividades del Anticristo	Ansiedad	Traición
Ataduras	Bulimia	Carnalidad

Señales, síntomas y manifestaciones del espíritu de adicción		
Codependencia	Concesiones	Actividades compulsivas
Gasto compulsivo	Unción contaminada	Crimen
Infructuosidad	Cibersexo	Muerte
Mentira	Engaño	Desafío
Negación	Dependencia	Depresión
Destrucción	Falta de sinceridad	Deshonra
Desilusión	Sueños	Abuso de drogas
Disfunciones	Desórdenes de la alimentación	Perturbación emocional
Temor	Dinero sucio	Jugar
Gula	Total oscuridad	Hábitos
Alucinación	Odio	Homosexualidad
Hipersensibilidad	Idolatría	Espíritu independiente
Iniquidad	Afectos excesivos	Cleptomanía
Falta de control	Lujurias	Mentiras
Manipulación	Masoquismo	Masturbación
Depresiones nerviosas	Representación falsa	Lavado de dinero
Asesinato o aborto	Neurosis	Pesadillas
Obsesiones	Desorden obsesivo-compulsivo	Obstinación
Oniomanía	Opresión	Comer demasiado
Pedofilia	Perversión	Pornografía
Orgullo	Prostitución	Esclavitud psicológica
Psicosis	Conducta psicótica	Enrejar
Vida desenfrenada	Inversión de papeles	Sadomasoquismo
Secretismo	Secularismo	Seducción
Egocentrismo	Egoísmo	Inmolación
Vergüenza	Pecado	Esclavitud
Trampas	Violaciones sociales o de relaciones	Oscuridad espiritual
Robar	Testarudez	Suicidio
Sospecha	Tentación	Terror

Señales, síntomas y manifestaciones del espíritu de adicción		
Intrusión a las tradiciones	Impureza	Deshonestidad
Violencia	Vicio de la voluntad	Voyeurismo
Retraimiento	Mundanalidad	

Liberación

La salvación, el bálsamo de sanidad de Galaad, el propósito, los tiempos del Señor, el corazón de un siervo, la integridad, la unción apostólica, la paz, la verdad, el fruto del Espíritu, el temor al Señor, la disciplina y la sinceridad.

Espíritu de afinidad

Este espíritu recae en cinco categorías: Ataduras del alma, espíritus familiares, espíritus de herencia o maldiciones generacionales, carnalidad y alianzas no santas. Si bien cada una de las antes mencionadas juegan un papel integral con este Hombre fuerte y conforman un vínculo muy sólido, vamos a tratar con el Hombre fuerte de la carnalidad con un encabezamiento separado y ataduras familiares, maldición generacional o herencia y alianzas no santas bajo este encabezamiento.

1. Ataduras del alma

Las ataduras del alma tienen el poder de atraer, unir y crear fuerzas de conexión (pactos) entre dos entidades o individuos para hacer cumplir las intenciones divinas o diabólicas. Respecto de las intenciones y propósitos diabólicos, la meta final es distraer y descarriar a un individuo, destruyendo así sus oportunidades de cumplir su propósito, de maximizar su potencial y de alcanzar su destino. Este espíritu les roba a las entidades su inocencia, su pureza, su sinceridad y enfoque, y con frecuencia actúa como un guardián para otros espíritus. 1 Reyes 11:1–13 registra cómo Salomón tuvo ataduras del alma con muchas mujeres. Esto condujo a la caída de su reino.

Pero no toda atadura del alma es diabólica, como el matrimonio, la amistad, la familia, lo eclesiástico y los mentores o líderes. Sin embargo, el enemigo puede usar estas relaciones otorgadas por

Dios, torcerlas y pervertirlas para cumplir sus planes y propósitos. Estas ataduras satánicas del alma pueden producirse a través de determinados tipos de relaciones, compañeros sexuales, influencias demoníacas y organizaciones como logias, determinadas religiones o cultos.

2. Espíritus familiares

Como lo tratamos en el capítulo 5, «Conocer a su enemigo», los espíritus familiares son agentes demoníacos cuya principal tarea es llegar a relacionarse estrechamente con una persona o grupos de personas. Su tarea es matar, robar y destruir áreas geográficas, culturas e individuos. Cada ciudad, país, familia, persona y cualquier entidad viviente tiene puntos de ingreso —puertas— que ya tratamos en el capítulo 5. Para lograr sus metas, los espíritus familiares tiene la capacidad de usar animales, talismanes (cualquier objeto o trozo de tela que embruja y hechiza y otros trabajadores del rubro suelen transferir hechizos y embrujos), y las personas cuyas vidas se caracterizan por alianzas demoníacas y satánicas.

Estos espíritus son particularmente efectivos en las sesiones de espiritismo. Usando el engaño, intentan mantener a las personas cautivas en la oscuridad de sus actividades del submundo. Levítico 19:31 nos advierte claramente contra establecer cualquier tipo de comunicación con los espíritus familiares.

3. Espíritus de herencia y maldiciones generacionales

Éxodo 20:5 nos habla de los espíritus intergeneracionales que son responsables de producir peculiaridades familiares y de la comunidad, excentricidades ancestrales, asuntos de idiosincrasia, rasgos étnicos, tendencias sociales, rarezas de clanes, condiciones patológicas de la mente y el cuerpo, individualidades, valores fundamentales, culturas, pasiones, motivos, intenciones, intereses, hábitos, ideologías, percepciones, temperamentos, personalidades, enfermedades, enfermedades degenerativas y congénitas.

4. Alianzas no santas: Confederaciones y asociaciones diabólicas

Estos principados y espíritus identifican y movilizan otros principados y espíritus para conformar confederaciones. Pueden configurarse como legiones, como el gadareno en Marcos 5:1–20, o utilizar comunidades enteras, naciones o individuos para lograr sus mandatos atroces y sus tareas insidiosas tal como la turba de Hechos

16:12–24. Las alianzas no santas unen espíritu con espíritu, espíritu con el alma, espíritu con el cuerpo, cuerpo con cuerpo o alma con cuerpo. Este tipo de actividad satánica puede influir desde la nada o adoptar la forma de posesión total cuando se superpone la identidad, personalidad y voluntad de un ser espiritual sobre la identidad, personalidad y voluntad del huésped. Afectan a la humanidad espiritualmente: Mente, voluntad, destino, propósitos, dones, capacidad, convicción, sistema de creencias, valor, cultura o ética; psicológicamente: Emociones, personalidad, temperamento, conducta y actividad inconscientes, o percepción; y neurológicamente: El sistema nervioso y límbico.

Las alianzas no santas producen fortalezas, imaginaciones vanas, cosas elevadas, ambiciones no santas, deseos corruptos, ataduras, hábitos, ataduras satánicas del alma, apegos y enredos no santos, afinidades, pecado acuciante, trampas, obstáculos, yugos, pactos impíos y una variedad de armas intrínsecas y extrínsecas.

Referencia bíblica para el espíritu de afinidad

1. Ataduras del alma: Números 33:55; 2 Samuel 13:1–22; 1 Reyes 11:1–13; 12:6–21; 2 Reyes 18:1–5; 1 Crónicas 11:1–25; Marcos 5:1–10; Lucas 11:52–12:3; 1 Corintios 6:13–18; Efesios 4:16
2. Espíritus familiares: Levítico 19:31; 20:6, 27; Deuteronomio 18:9–14; 2 Reyes 21:6; 23:24; 1 Crónicas 10:13–14; 2 Crónicas 33:6; Isaías 8:19; Mateo 9:32; 12:43–45; 15:22; 17:15–18; Marcos 5:1–20; 9:17–26; Hechos 16:16–18; 19:15–16
3. Espíritus de herencia y maldiciones generacionales: Éxodo 20:5
4. Alianzas no santas: 1 Reyes 11:1–5; Daniel 5:18–21; 6:1–10; 11:29–33; Nehemías 2:17–19; 4:1–3; Salmo 83:1–8; Ezequiel 28:1–19; Mateo 28:12–15; Marcos 5:1–20; Lucas 9:50–56; Hechos 7:54–60; 8:8–25; 16:12–24; 1 Corintios 6:15–16; Efesios 6:12; Apocalipsis 16:13–14

Señales, síntomas y manifestaciones del espíritu de afinidad		
Acusaciones	Adicciones	Afinidades
Aflicciones	Enfermedades	Alianzas
Alteraciones	Ataques	Asociaciones
Apegos (talismanes, libros, ropa, muebles, joyas)	Atracciones	Ataduras
Pecado acuciante	Ataduras	Cargas
Calcificación del corazón	Asesinatos del carácter	Concentración o enfoque
Conclusiones	Confusión	Conexiones
Contaminaciones	Discusiones	Pactos
Engaños	Decisiones	Defectos
Negación	Depresión	Privación
Desolación	Proclividades y apetitos diabólicos	Discapacidades
Desalientos	Males físicos	Desilusiones
Desórdenes	Distorsiones	Adivinación
Divisiones	Sueños	Disfunciones
Trampas	Enredos	Secretos familiares
Fantasías	Frustraciones	Barreras psicológicas
Hábitos	Acosos	Intereses ocultos
Cosas elevadas	Ilusiones	Impresiones
Motivos impuros	Infecciones	Descompensaciones físicas
Inhibiciones	Afectos excesivos	Insinuaciones
Insomnio	Insultos	Intercepciones
Interferencia	Irritaciones	Justificaciones
Bloqueos del conocimiento	Lujurias	Manipulaciones
Desgracias	Percances	Mala información
Malas representaciones	Malos entendidos	Negociaciones
Neurosis	Conductas y tendencias psicóticas y neuróticas	Pesadillas
Opresión	Persecuciones	Perversiones

Señales, síntomas y manifestaciones del espíritu de afinidad		
Perversiones de los pensamientos	Imaginaciones pervertidas	Prohibiciones
Proyecciones	Provocaciones	Psicosis
Motivos cuestionables	Racionalizaciones	Relaciones
Represión de los recuerdos	Resistencia	Resoluciones
Resoluciones	Barreras satánicas	Operaciones satánicas
Seducción	Calumnias	Trampas
Especulaciones	Estigmas	Intimaciones
Sucesos extraños	Fortalezas	Obstáculos
Subversiones	Supresión de las emociones	Sospechas
Tentaciones	Comportamiento no ético	Accidentes inexplicables
Ambiciones no santas	Deseos no santos	Vejaciones
Persecución	Vicio de la voluntad	Pesos
Yugos		

Liberación

Persiga una relación personal íntima con el Señor (Salmo 42:1); use las declaraciones de las «Oraciones de activación para la guerra» del capítulo 3.

ESPÍRITU DE AFLICCIÓN

Las aflicciones son las condiciones patológicas del cuerpo, el alma o el espíritu. Esta palabra proviene del término hebreo *ra*, que traducida literalmente significa «romper en pedazos o devorar». Connota un espíritu que se ha asignado para ocasionar angustia, enfermedad y finalmente, destruir. El espíritu de aflicción obra con todas las grandes enfermedades y calamidades. Salmo 34:19 dice: «Muchas son las aflicciones del justo, pero de todas ellas le librará Jehová».

Referencia bíblica para el espíritu de aflicción

Salmo 34:19

Señales, síntomas, manifestaciones del espíritu de aflicción		
Crecimientos anormales en el cuerpo	Abuso	Dolores
Alejamiento	Enojo	Discusiones
Desórdenes biológicos	Resentimiento	Sangrado
Competencia	Deudas	Depresión
Privación	Desaliento	Enfermedad
Desilusión	Divorcio	Inestabilidad emocional
Autoanálisis excesivo	Secretos familiares	Fatiga
Temor	Síndrome de ayuno	Pensamientos sucios
Adicción al juego	Culpa	Sentirse culpable
Acoso	Incesto	Recuerdo ineficiente
Infecciones	Insomnio	Aislamiento
Prurito	Carencia	Soledad
Enfermedad mental	Terrores nocturnos	Pesadillas
Opresión	Fobias	Emociones polarizadas
Mala memoria	Posesión	Pobreza
Prejuicio	Rechazo	Represión
Venganza	Vergüenza	Supresión
Fantasías impuras	Falta de perdón	Preocupación
Dieta Yoyo		

Liberación

Sanidad de la mente, cuerpo, alma y espíritu; finanzas, prosperidad y éxito; alineamiento con los principios bíblicos y las leyes de dieta; milagros, señales y maravillas, sabiduría, determinación de presupuestos, inspiración, consejo, poder, paciencia, la voluntad de Dios, fe y salvación; y perdón de Dios por el pecado, las recaídas, el mal uso de la lengua, el resentimiento, el orgullo, la impenitencia, el maltrato de los demás, la dureza del corazón, la idolatría y la hipocresía.

Espíritu de Acab (Codependencia)

Este espíritu obra en conjunto con el espíritu de Jezabel. El individuo que opera bajo la influencia del espíritu de Acab cumple con los deseos, las órdenes y las directivas dadas por aquellos influenciados o poseídos por el espíritu de Jezabel, incluso cuando esto sucede en contra de sus propias voluntades y convicciones personales. Este espíritu socava los derechos y la autoridad de una persona que se abre por completo para no ser respetados y permite que se violen sus límites, sean territoriales, personales o psicológicos. Este espíritu es un guardián, y su discreción abre puertas a otros principados y fortalezas.

La codependencia también es un rasgo común del espíritu de Acab. La codependencia es cuando una persona está tan preocupada por rescatar y ayudar a los demás que permite que la conducta de la otra persona la afecte. Están obsesionados por controlar la conducta de esa persona, sus emociones, percepciones, estilo de vida, y acciones intentando mantener el equilibrio en una atmósfera altamente estresante y obtienen alivio al distraer la atención del problema real y no atraer la atención al yo. Las personas atrapadas en este síndrome generalmente se proyectan a sí mismos como el «niño perfecto», el «padre o madre o cónyuge sustituto». También se aferran y son sofocantes. Cuando los niños codependientes crecen, continúan jugando papeles hasta que a veces se convierte en algo destructivo.

Referencia bíblica para el espíritu de Acab
1 Reyes 16:33; 18:17–18

Señales, síntomas y manifestaciones del espíritu de Acab		
Alienación	Obediencia ciega	Concesión
Confusión	Cobardía	Esclavitud demoníaca
Personalidad dependiente	Depresión	Desaliento
Desilusión	Excesivo auto-análisis	Temor a las figuras de autoridad
Temor al rechazo	Temor a la represalia	Sentir culpa

Señales, síntomas y manifestaciones del espíritu de Acab		
Idolatría	Inmoralidad sobre solicitud, fuerza, coerción	Recuerdo ineficiente
Inercia	Inseguridad	Insomnio
Intimidación	Falta de expresión propia	Síndrome del pequeño niño o niña perdido
Síndrome de mártir	No sentirse bien	Opresión
Cansancio físico o fatiga	Pobre de mí o ¿por qué a mí?	Mala memoria
Manipulación física	Síndrome de rechazo	Mártir religioso
Represión	Culparse	Tendencia suicida
Supresión	Preocupación, ansiedad	

Liberación

Paz, autocontrol, justicia, amor, valentía, mente sólida, cumplir con el propósito de Jehová-Adonai, esperanza, madurez, libertad, independencia, potencial y liderazgo.

Espíritu de Amnón

El espíritu de Amnón, a través de la lujuria y el empleo de estrategias taimadas, perpetúa el incesto dentro una familia. Este espíritu poderoso puede mantenerse latente y estar encubierto durante años. Actúa como un guardián de los espíritus de afinidad, perversión y una hueste de otros espíritus que socavan la santidad de la familia, el matrimonio y el hogar. El incesto es la actividad sexual entre los miembros de la familia nuclear y la extendida: Padres con hijos, relaciones sexuales entre hermanos, primos, tíos, tías, padrastros y abuelos. El espíritu de Amnón es un espíritu insidioso que establece una fuerte alianza con los apetitos del alma, y no se detendrá ante nada hasta que se satisfagan sus deseos lascivos. No permite que el que lo alberga se sienta obligado por convicciones o mecanismos internos del bien y del mal, y con frecuencia conducirá a su huésped a justificar o racionalizar sus acciones.

Referencia bíblica para el espíritu de Amnón
    2 Samuel 13:1–22

Señales, síntomas y manifestación del espíritu de Amnón		
Abuso	Afinidad	Alienación
Ansiedad	Ataque	Carnalidad
Coerción	Condena	Muerte
Engaño	Negación	Depresión
Deshonra	Falta de respeto	Secretos familiares
Temor	Culpa	Odio
Manoseo	Intimidación	Baja percepción del yo
Lujuria	Manipulación	Obsesión
Pedofilia	Perversión	Conspiración
Violación	Seducción	Adicciones sexuales
Vergüenza	Tormento	Violencia

Liberación
    Protección, propósito, perdón, convicción del Espíritu Santo, santidad, justicia, amor, la voluntad de Dios, centrarse en Dios y en Cristo, liberación y paz.

ESPÍRITU DE ANANÍAS Y SAFIRA (FRAUDE)

Este espíritu merodea en la iglesia, siempre listo para abalanzarse sobre el creyente, especialmente durante los momentos de dar. Su propósito final es la erradicación y la aniquilación total de los individuos designados para perpetuar la vida de la iglesia o ministerio. Se oculta en la unción y se disfraza como un dador «dispuesto». La motivación y la oportunidad son los elementos que generalmente subyacen a cometer un fraude. Estos podrían tomar la forma de necesidad o beneficio económico, codicia, prestigio o reconocimiento (la persona siente que es lo suficientemente hábil para confundir a los demás y poder cometer un fraude y corrupción sin ser descubierta y detectada), y superioridad moral (la persona puede creer que es moralmente superior a la víctima, la organización o el ministerio).
    También es importante comprender que con mucha frecuencia el perpetrador del fraude racionaliza sus actos. Por ejemplo, un

empleado acusado de fraude probablemente racionalice sus actos diciendo o creyendo que su baja paga justifica la acción o que puesto que todos lo hacen, él bien tiene derecho a hacerlo.

Referencia bíblica para el espíritu de Ananías y Safira
1 Samuel 2:13–17; Hechos 5:1–10

Señales, síntomas y manifestaciones del espíritu de Ananías y Safira		
Abuso de privilegios	Abuso o mal uso	Abuso o mal uso de los bienes y activos de un negocio o una organización
Traición	Violación de la confidencia	Sobornos
Camuflaje	Ocultamiento	Conflicto de intereses
Corrupción	Engaño astuto	Engaño
Deshonestidad	Falta de respeto a la unción	Falta de respeto a lo profético
Malversación	No pagar los diezmos	No pagar los votos
Reclamos falsos	Declaraciones falsas	Falsificación o alteración de registros o documentos
Favoritismo	Fraude financiero	Codicia
Acaparamiento	Hipocresía	Robo de identidad
Ventajas financieras ilegales	Incentivo	Tráfico de información confidencial
Fraude de seguros	Engaño intencional	Fraude por Internet
Falta de responsabilidad	Pérdida	Mentiras
Manipulación	Fraude médico	Mala aplicación de políticas contables
Malversación o distracción de archivos	Acciones engañosas	Mala representación de la verdad
Nepotismo	Conducta pasiva-agresiva	Adquisiciones para uso personal

Señales, síntomas y manifestaciones del espíritu de Ananías y Safira		
Registro de transacciones sin fundamentos	Manipulación fraudulenta	Egoísmo
Avaricia	Supresión u omisión de los efectos de las transacciones en los registros	Sorpresa
Incredulidad	Prácticas injustas	Retención

Liberación

El espíritu de verdad, dar unción, sabiduría, lealtad, obediencia, temor a Dios, y pacto.

ESPÍRITU DEL ANTICRISTO

Cuando hablamos del espíritu del anticristo, estamos hablando del espíritu que opera en dos dimensiones: Una de la cual el apóstol Pablo habla como la mentalidad prevaleciente y penetrante que está dominada por un principado; y la otra, la personificación real de Satanás mismo. Este espíritu se opone a Dios y a cualquier cosa o persona que sea devota.

Referencia bíblica para el espíritu del anticristo

2 Tesalonicenses 2:4; 1 Juan 2:9, 18; 4:3

Señales, síntomas y manifestaciones del espíritu del anticristo		
«Amor frío»	«Milagros» satánicos	Alienación
Antagonismo	Astrología	Blasfemia
Carnalidad	Divisiones en la iglesia	Comunismo
Competencia	Unción contaminada	Unción falsa
Crítica	Muerte	Engaño
Desafío	Deserción	División
Doctrinas de los diablos	Religión falsa	Odio

Señales, síntomas y manifestaciones del espíritu del anticristo		
Humanismo	Hipocresía	Idolatría
Intimidación	Intolerancia	Mentiras
Amor al dinero	Lujuria	Maravillas mentirosas
Codicia	Hacerse pasar por Dios o uno de Sus ministros	Esclavitud mental
Homicidio	Nueva Era	Ocultismo
Oposición al poder de Dios	Opresión	Opresión de los creyentes
Persecución de los justos	Perversión	Orgullo
Psíquicos	Rebeldía	Religiosidad
Espíritu religioso	Sabotaje	Espíritu de Babilonia
Espíritu de Jezabel	Subversión	Tradiciones
Injusticia	Brujería	Obras de la carne

Liberación

Unción profética y apostólica, espíritu de libertad, verdad, santidad y discernimiento de los espíritus.

Espíritu de apatía

Este espíritu causa una falta de interés o preocupación, en especial respecto de asuntos de importancia. También ocasiona opacidad del espíritu, ceguera del corazón y debilidad del alma. La apatía es responsable del aborto a propósito y de la socavación del potencial.

Referencia bíblica para el espíritu de apatía

Salmo 137:1–4; Apocalipsis 3:14–19

Señales, síntomas y manifestaciones del espíritu de apatía		
Carnalidad	Depresión	Indiferencia
Desilusión	Desinterés	Ignorar
Duda	Melancolía y fatalidad	Angustia
Falta de esperanza	Falta de atención	Indiferencia

Señales, síntomas y manifestaciones del espíritu de apatía		
Insensibilidad	Pensamientos irracionales	Irresponsabilidad
Falta de compromiso	Falta de preocupación	Espíritu de Laodicea
Languidez	Letargo	Lujuria
Comportamiento neurótico	Falta de participación	Falta de apoyo
Nada para lo cual morir	Nada para lo cual vivir	Opresión
Complejo de persecución	Inquietud	Tristeza
Adormecimiento	Pereza	Testarudez
Falta de preocupación	Falta de respuesta	Victimización
Sin visión		

Liberación

Experiencia, urgencia, gozo y un sentido de importancia, verdad y propósito.

ESPÍRITU DE BABILONIA

Babilonia es un lugar real que existe en la dimensión del mundo espiritual. Babilonia es un sistema de control. Tiene su propio sistema cosmológico, que es la exacta antítesis del reino de Dios. Tiene su propio sistema político, cuerpos legislativos y gobiernos, al igual que otro reino, nación o país naturales. Sus principios, políticas y prácticas religiosas se promueven a través de las doctrinas del hombre y los diablos y se impregna por todos los doce sistemas del universo. Está designado para obstaculizar, frustrar y sabotear el cumplimiento del propósito, socavar destinos y encarcelar las almas de los hombres. Los espíritus de Behemot, Leviatán, Mamón, Egipto, faraón y Herodes funcionan con el espíritu de Babilonia, conformando una fuerte alianza dentro de muchas naciones y países y controlando sus destinos como también los destinos de sus ciudadanos.

Referencias bíblicas para el espíritu de Babilonia
Jeremías 42:1–12; 51:1; Lucas 22:1–5; Apocalipsis 16:8–17:18; 18:1–12

Señales, síntomas y manifestaciones del espíritu de Babilonia
Ver «Espíritus de Egipto, del faraón y de Herodes».

Espíritus de Behemot y Leviatán

El libro de Job detalla gráficamente los poderes espirituales y la fuerza de estos principados como inconquistables por el ingenio humano. Advierto a los lectores que se aseguren de que están luchando dentro de su medida de regla y peleando bajo cobertura divina. No vaya cabeza a cabeza con este principado. Permita que los *generales* espirituales inicien y orquesten las actividades de oración y de guerra respecto de estos espíritus. Recuerde orar bajo cobertura divina.

Behemot tiene un dinosaurio o un espíritu grande, monstruoso. Es una criatura opresora, poderosa, parecida a un hipopótamo, conocida por su fuerza sobrenatural. Afecta a las ideologías, fuerzas políticas/militares y fortalezas religiosas/culturales; implica brujería (control); pueden transcurrir años hasta que se lo desmantele o destruya (comunicación); y se vuelve violento cuando se lo ataca. Leviatán, por otro lado, es como una serpiente marina tipo cocodrilo. Es un símbolo de Satanás (Apocalipsis 12) y es inconquistable por medio de la fuerza humana o las armas carnales.

Debemos implorar a Jehová-Gibor para que divinamente haga que se despellejen sus tendones y se aplasten sus huesos.

Referencia bíblica para el espíritu de Behemot y Leviatán
Job 40:15–24; Job 41:1–34; Salmo 74:14; Salmo 104:26; Isaías 27:1

Señales, síntomas y manifestaciones del espíritu de Behemot y Leviatán
Ver «Espíritu de opresión» y «Espíritus de Egipto, faraón y Herodes».

Espíritu de Mamón

Mamón es el sistema y la divisa financiera y económica de Babilonia. Tiene una personalidad y puede ser amigo o enemigo, amo o esclavo. La palabra *mamón* tiene origen caldeo y se traduce al español como «riqueza». En el Antiguo Testamento, se nos dice que la riqueza (mamón) de los malignos está dispuesta para los justos. Sin embargo, debemos recordar cuidadosamente que nuestras prioridades deben estar en orden al acercarnos a este espíritu en particular. Al perseguir a mamón, primero debemos estar entregados a Dios. Mateo 6:24 dice: « Ninguno puede servir a dos señores; porque o aborrecerá al uno y amará al otro, o estimará al uno y menospreciará al otro. No podéis servir a Dios y a las riquezas». En segundo lugar, debemos tener la búsqueda de su reino como nuestra prioridad.

Referencia bíblica para el espíritu de mamón
   Mateo 6:33; Lucas 16:9, 11

Señales, síntomas y manifestaciones del espíritu de mamón
   Ver «Espíritu de opresión» y «Espíritus de Egipto, faraón y Herodes».

Espíritu de Balaam

El espíritu de Balaam es un espíritu que hace que un individuo conceda sus convicciones, abandone el ministerio, desobedezca las directivas divinas y entregue su alma por dinero.

Referencia bíblica para el espíritu de Balaam
   Santiago 1:13–16; 2 Pedro 2; Judas 1–19; Apocalipsis 2:14

Señales, síntomas y manifestaciones del espíritu de Balaam		
Traición	Carnalidad	Concesión
Unción contaminada	Dinero sucio	Fraude
Codicia	Iniquidad	Lujuria
Mala representación	Perversión	Egocentrismo
Egoísmo	Pecado	Tentación
Mundanalidad		

Liberación
   Pureza de corazón, vida consagrada, integridad, sinceridad.

Espíritu de Belial

Este espíritu forajido obra en alianza con el espíritu de Jezabel. Es un espíritu designado para destruir la influencia, sabotear ministerios, socavar la autoridad y robar bienes. Yo llamo a este espíritu la mafia espiritual debido a sus características de tipo gángster.

Referencia bíblica para el espíritu de Belial

Deuteronomio 13:13; Jueces 19:22–23; 1 Samuel 1:16; 2:12; 10:27; 25:17; 30:22; 1 Reyes 21:10–13

Señales, síntomas y manifestaciones del espíritu de Belial		
Carnalidad	Difamación	Engaño
Acusación falsa	Falsedad	Chismes
Acoso	Insubordinación	Lujuria
Mentira	Carácter maligno	Homicidio
Perversión	Robos	Rebeldía
Vida desenfrenada	Sabotaje	Egoísmo
Sensualidad	Calumnia	Traición
Injusticia	Violencia	Brujería
Obras de las tinieblas		

Liberación

El espíritu de Jehú, el temor al Señor, y la valentía

Espíritu de carnalidad

La palabra *carnalidad* proviene de la palabra griega *sarkikos*, la cual, cuando se la traduce al español, tiene la connotación de carne «podrida». De naturaleza antiespiritual, este espíritu apela al apetito del alma. Isaías 29:8 nos da un mayor discernimiento: «Y les sucederá como el que tiene hambre y sueña, y le parece que come, pero cuando despierta, su estómago está vacío; o como el que tiene sed y sueña, y le parece que bebe, pero cuando despierta, se halla cansado y sediento; así será la multitud de todas las naciones que pelearán contra el monte de Sion». La lujuria es un deseo maligno que se expresan en actividades corporales. Son la tendencia «natural» de la carne y la capacidad y proclividad del alma de gravitar hacia cosas que son malas. Algunas lujurias pueden ser característicamente «refinadas», con en el orgullo de la vida, pero siguen siendo lujurias. No hay que temerle al deseo en sí. Dios nos promete los deseos de nuestro corazón en Salmo 37:4. Sin embargo, la lujuria es un deseo pervertido que conduce al pecado. Cuando prevalece la lujuria en nuestras vidas, podemos obtener lo que queremos, pero perderemos lo que tenemos.

Referencia bíblica del espíritu de carnalidad

Números 11:4–5, 31–33; Mateo 5:28; Romanos 1:27; 6:12; 7:7, 24; 8:5–8; 13:14; 1 Corintios 10:6–10; 12:7–10; Gálatas 5:16–17, 19–21, 22–23; Efesios 4:29; 5:5; Colosenses 2:18; Santiago 1:13–16; 4:1–6; 1 Juan 2:16

Señales, síntomas y manifestaciones de carnalidad		
Abandono	Lenguaje abusivo o blasfemo	Adicciones (de todo tipo)
Adulterio	Alcoholismo	Anarquía
Enojo	Animosidad	Arrogancia
Resentimiento	Camorra	Clamor
Comparación	Quejas	Concesiones
Codicia	Crueldad	Muerte
Engaño	Descontento	Falta de satisfacción
No satisfacción con las provisiones de Dios	Duda	Ebriedad
Ser afeminado	Emulaciones	Envidia
Error	Pensamientos y deseos malignos	Extorsión
Testigo falso	Búsqueda de defectos	Perspectivas defectuosas
Riñas	Lenguaje sucio	Ostentación
Formalismo	Fornicación	Juego
Glotonería	Grandiosidad	Codicia
Refunfuñar	Odio	Herejías
Orgullo histórico, cultural, generacional	Acaparamiento	Idolatría

Señales, síntomas y manifestaciones de carnalidad

Mala voluntad	Inmoralidad	Ingratitud
Iniquidades del corazón	Sofisticación excesiva	Expresar juicios
Matar	Cleptomanía	Lascivia
Lujurias (de todos los tipos)	Mentir	Malicia
Homicidios	Narcisismo	Perversión
Plagas, enfermedades	Vida presuntuosa	Orgullo
Orgullo de posesión	Pelear	Ira
Cercas	Rebeldía	Religiosidad
Resentimiento	Reprochar	Sediciones
Seducción (atraer)	Egoísmo	Pecados sexuales
Calumnia	Mortificación	Robar
Rivalidad	Testarudez	Superioridad
Tentaciones	Impureza	Desagradecido
Injusticia	Gloria vana	Variancia
Brujería	Mundanalidad	Ira

Liberación

Librarse, santidad, fruto del Espíritu y manifestaciones del Espíritu

ESPÍRITU DE COMPETENCIA

Este espíritu crea rivalidad entre entidades que compiten por el mismo premio o ganancia. Este espíritu es hábil y consigue encubiertamente su misión. La competencia es un espíritu guardián. Le abre las puertas a otros espíritus más fuertes y más fatales.

Referencia bíblica para el espíritu de competencia

Esdras 4:19; Juan 9:16; 10:19

Señales, síntomas y manifestaciones del espíritu de competencia

Acusaciones	Alienación	Antagonismo
Relaciones rotas	Enojo	Controversia

Señales, síntomas y manifestaciones del espíritu de competencia		
Engaño	Desafío	Indiferencia
Discordias	Falta de armonía	Divorcio
Emulación	Jugar a juegos	Chismes
Herejía	Hipocresía	Mala voluntad
Aislamiento	Celos	Oposición
Rebeliones	Resentimiento	Desquitarse
Rivalidad	Sedición	Calumnia
Mala intención	Estigmatización	Lucha
Territorialismo	Deshonestidad	Prácticas injustas
Retener	Ira	

Liberación

Compañerismo, unidad, amor, perdón, armonía, cumplimiento, obediencia y discernimiento

Espíritu de confusión

El espíritu de la confusión ocasiona desorden y desarraigo en la vida y en las relaciones de muchas personas. También hace que un individuo viva en un estado de confusión y desorden, confundiendo la mente, desorientando las emociones y rompiendo relaciones. Este espíritu obra junto al espíritu de la locura.

Referencia bíblica para el espíritu de confusión

1 Corintios 14:33; Santiago 3:16

Señales, síntomas y manifestaciones del espíritu de confusión		
Falta de propósito	Tendencia a discutir	Actitudes
Avergonzarse	Frustrar	Alboroto
Perplejidad	Mistificación	Desorden
Codicia	Ponerse a la defensiva	Descarriar
Frustración	Falta de compostura	Falta de orden
Desorganización	Distracción	Temor al castigo

Señales, síntomas y manifestaciones del espíritu de confusión		
Vergüenza	Perturbación emocional	Envidia
Sentimientos de descontento y resentimiento	Poner nervioso	Roces
Furor	Humillación	Estado hipnótico (estupor)
Falta de dirección	Falta de discernimiento/ percepción	Falta de metas
Falta de propósito	Pérdida de memoria	Pérdida de la facultad mental
Nerviosismo	Pandemonio	Perplejidad
Perturbación	Preocupación	Cohibición
Vergüenza	Mala intención	Rivalidad
Estados de trance	Agitación	Confusión
Conmoción	Disgustos	

Liberación

La mente de Cristo; el plan y propósito originales de Dios; y paz, amor, y mente sana y orden

ESPÍRITU SORDOMUDO

Aunque a este espíritu se lo ve en muchos países y comunidades, con frecuencia se asigna a niños y cónyuges de liderazgo. Actúa tanto como una puerta y un guardián para otros espíritus y distrae al hombre o a la mujer de Dios de cumplir con su tarea. El espíritu sordomudo ataca a los niños, apegándose a un bebé mientras está en el vientre.

Referencia bíblica para el espíritu sordomudo

Marcos 9:25

Señales, síntomas y manifestaciones del espíritu sordomudo		
Adicciones	Desórdenes de déficit de atención	Voluntad propia aniñada
Convulsiones	Soñar despierto	Sordera (natural, espiritual)
Depresión	Abuso de drogas y alcohol	Inmadurez extrema
Incapacidad de hablar	Trastornos mentales/psicológicos	Disfunciones fisiológicas, emocionales
Represión	Ataques	Adormecimiento (especialmente mientras se lee o se oye la Palabra de Dios)
Impedimentos del habla	Pensamientos suicidas	Movimientos, sonidos involuntarios repentinos
Temblores		

Liberación
Liberación, libertad, vida, salud divina y sanidad

ESPÍRITU DE MUERTE

Este espíritu ha sido designado para terminar y hacer que las entidades se extingan. Hay muchos tipos de muerte que una entidad puede experimentar: física, emocional, espiritual, de relación (divorcio), social (falta de influencia o reputación, prisión de la vida) y financiera (no poder percibir las oportunidades o la desapropiación de fondos).

Referencias bíblicas para el espíritu de muerte
Salmo 18:5; 55:15; 86:13; 116:3; Oseas 13:14; Romanos 6:23

Señales, síntomas y manifestaciones del espíritu de muerte		
Aborto	Accidentes	Traición
Difamación	Depresión	Privación

Señales, síntomas y manifestaciones del espíritu de muerte		
Pesimismo	Desaliento	Enfermedad
Desilusión	Divorcio	Heridas emocionales
Fratricidio	Chismes	Angustia
Homicidio	Homosexualidad	Falta de esperanza
Malas palabras	Encarcelamiento	Indiferencia
Aislamiento	Celos	Pérdida
Pérdida de la esperanza	Pérdida de la visión	Oportunidades perdidas
Difamación del carácter	Aborto natural	Morbidez
Homicidio	Opresión	Colocar cercas
Calumnia	Congoja	Ceguera espiritual
Estigmatización	Suicidio	Enfermedades terminales
Incredulidad	Muerte prematura	Recompensas por el pecado
Violación grupal	Atravesar un tiroteo	Reprobación

Liberación
Sanidad divina, salud, vida e inversión del ciclo de muerte

ESPÍRITU DE DEPRESIÓN

La depresión es un trastorno mental que es como una plaga para toda sociedad. Desde el punto de vista psicológico, la depresión es un estado psicótico o neurótico caracterizado por la incapacidad, sentimientos de pesadez y melancolía, tristeza extrema, falta de esperanzas y con frecuencia insomnio.

Referencias bíblicas para el espíritu de depresión
Isaías 61:3

Señales, síntomas y manifestaciones del espíritu de depresión		
Ansiedad	Fatiga crónica	Confusión
Episodios de llanto	Oscuridad mental	Rechazo

Señales, síntomas y manifestaciones del espíritu de depresión		
Personalidad dependiente (necesita lograr cosas «normales?»)	Desesperanza	Desesperación
Abatimiento	Distracciones	Dormir excesivamente
Sentimientos de alienación	Sentimientos de soledad	Frustración
Lóbrego	Tendencia homicida	Falta de esperanza
Aumento del apetito	Insomnio	Sueño irregular
Falta de atención	Desinterés	Falta de apetito
Falta de energía	Falta de enfoque	Melancolía
Pérdida de la memoria	Necesidad de asistencia	Necesidad de aprobación
Actitud indiferente	Preocupaciones	Tristeza
Adormecimiento	Mirar hacia la nada	Fuerte posición de control externo
Tendencia suicida	Infelicidad	

Liberación

La unción, paz, la mente de Cristo y el gozo

ESPÍRITU DE DESOLACIÓN

Este espíritu ocasiona pérdida, abandono, un estado de angustia y privación. La desolación puede manifestarse como un fenómeno natural, un estado emocional, físico, social o psicológico. Este espíritu causa pérdida, abandono, un estado de angustia, privación, infertilidad y falta de prosperidad.

Referencia bíblica para el espíritu de desolación

Jeremías 44:22; Mateo 12:25

Señales, síntomas y manifestaciones del espíritu de desolación		
Acusación	Depresión	Codicia
Dificultades	Falta de esperanza	Idolatría
Inmoralidad	Celos	Morbidez
Homicidio	Opresión	Espíritu fariseo/saduceo
Pobreza	Religión	Sedición
Atadura espiritual	Oscuridad espiritual	Sequedad espiritual
Subversión	Sospecha	Avaricia injusta
Injusticia	Vejación	

Liberación

Mansedumbre, moderación, pureza del corazón, espíritu de venganza, santidad y adoración verdadera

ESPÍRITU DE ADIVINACIÓN

Este espíritu es con frecuencia uno de los responsables de la anarquía evidente de quienes asisten a la iglesia y la rebeldía de la congregación. El espíritu de rebeldía es la base sobre la cual Satanás y el reino de las tinieblas se construye. El principado de la adivinación con frecuencia intenta falsear la obra del Espíritu Santo. La rebeldía es para la adivinación como la unción es para el Espíritu Santo.

Referencia bíblica al espíritu de adivinación

Deuteronomio 18:10–12; Hechos 16:16

Señales, síntomas y manifestaciones del espíritu de adivinación		
Temor a la anarquía	Acusaciones	Adicciones
Aflicciones	Enfermedades	Alcoholismo
Alianzas	Alteraciones	Antagonismo
Ataques	Asociaciones	Proyección astral
Astrología	Apegos (talisman, libros, muebles, joyas, etc.)	Atracciones

Señales, síntomas y manifestaciones del espíritu de adivinación		
Escritos automáticos	Ligaduras	Magia negra
Blasfemia	Cargas	Difamación
Encantos	Coerción	Concentraciones
Conclusiones	Confusión	Conjuros
Conexiones	Contaminaciones	Peleas
Control	Espíritu controlador	Actividades o rituales religiosos
Engaños	Decisiones	Defectos
Actividades demoníacas	Negación	Depresión
Privación	Desolación	Discapacidades
Desaliento	Males del cuerpo	Desilusiones
Desórdenes	Distorsiones	Adivinación
Adivinadores	Divisiones	Soñadores
Sueños	Drogas	Disfunciones
Encantadores	Enredos	Falsos profetas
Espíritus familiares	Fantasías	Adivinar el futuro
Frustraciones	Acosos	Embrujos
Horóscopo	Hipnosis	Idolatría
Malas palabras	Ilustrados	Iluminación
Ilusiones	Impresiones	Motivos impuros
Encantamientos	Infecciones	Enfermedades
Inhibiciones	Afectos excesivos	Insinuaciones
Insultos	Intercepciones	Interferencia
Irritaciones	Justificaciones	Manipulaciones
Masonería	Control mental	Desgracias
Contratiempos	Mala información	Malas representaciones
Malos entendidos	Homicidio	Necromancia
Negociaciones	Conductas y tendencias psicóticas y psicológicas	Obediencia
Ocultismo	Augurios	Opresión
Tablero Ouija	Quiromancia	Persecuciones
Perversiones	Pronóstico	Prohibiciones

Señales, síntomas y manifestaciones del espíritu de adivinación		
Proyecciones	Provocaciones	Actividades psíquicas
Enrejar	Racionalizaciones	Rebeldía
Relaciones	Resistencia	Resoluciones
Reglas	Operaciones satánicas	Seducción
Calumnias	Trampas	Hechicería o predicciones
Especulaciones	Espíritu de Belial	Estigmas
Agitaciones	Sucesos extraños	Subversiones
Suicidio	Superstición	Sospechas
Lectores de hojas de té	Tentaciones	Accidentes inexplicables
Hombre rico e injusto	Vejación/pena	Victimización
Violencia	Vudú	Observadores del agua
Magia blanca	Brujería	Hechicería
Palabras, deseos, malicia	Aborto	Muerte prematura
Dificultad financiera	Desolación	Ceguera espiritual
El espíritu de Jezabel	El espíritu del anticristo	Estupor espiritual

Liberación

La unción, la manifestación de los dones del Espíritu, unción profética, unción apostólica, unción de Elías, unción de Jehú

ESPÍRITUS DE EGIPTO, DEL FARAÓN Y DE HERODES

El espíritu de Egipto es un espíritu que oprime a grupos de personas a nivel nacional o global. Por un lado, estos espíritus utilizan el cuerpo y las almas del hombre para hacer avanzar su causa económica y espiritual, y por otra parte, son responsables del aborto y del asesinato. La mayor atrocidad no consiste en convertirse en un prisionero físico de la guerra, sino en uno psicológico..

TIPOS ACTUALES DE ESCLAVITUD

- **El trabajo esclavizado** afecta a millones de personas alrededor del mundo. Las personas se convierten en trabajadores esclavos al aceptar o al ser engañados para aceptar un préstamo por tan poco como el costo de una medicina para un hijo enfermo. Para devolver la deuda, muchos se ven obligados a trabajar muchas horas, siete días a la semana, hasta 365 días al año. Reciben comida y techo por el «pago» por su trabajo, pero puede que nunca terminen de pagar el préstamo, que puede ser traspasado por generaciones.
- **El matrimonio temprano y forzado** afecta a las mujeres y niñas que se casan sin poder elegir y son obligadas a vivir vidas de servidumbre con frecuencia acompañadas de violencia física.
- **El trabajo forzado** afecta a las personas que son reclutados ilegalmente por individuos, gobiernos o partidos políticos y obligados a trabajar, generalmente bajo la amenaza de violencia u otros castigos.
- **Esclavitud por descendencia** es cuando las personas nacen en una clase de esclavos o pertenecen a un grupo que la sociedad considera como adecuado para ser utilizadas como mano de obra esclava.
- **El tráfico** implica el transporte o el comercio de personas —mujeres, niños y hombres— de una región a otra con el objeto de obligarlos a condiciones de esclavitud, tales como la prostitución, la pornografía, el tráfico de drogas, etc.
- **El trabajo de menores de edad** afecta a muchos niños de todo el mundo, que son empleados para trabajos perjudiciales para su salud y bienestar, tales como fábricas donde se los explota.

Otros tipos de esclavitud incluyen esclavitud emocional, psicológica, religión institucionaliza, esclavitud institucionalizada y opresión.

Los individuos controlados por este espíritu deberían aprender:

- Compasión
- A vivir como una persona libre
- Habilidades de resolución de problemas
- Habilidades sociales
- Habilidades de toma de decisiones
- Habilidades de pensamiento crítico
- Clarificación de valores
- Cómo presupuestar
- Planificación y fijación de metas
- Gestión de recursos

Referencia bíblica para el espíritu de Egipto, del faraón y de Herodes

Éxodo 1:7–22; 3:7; Mateo 2:16

Señales, síntomas y manifestaciones del espíritu de Egipto, del faraón y de Herodes		
Aborto	Abuso	Adicciones
Afinidades	Aflicciones	Enfermedades
Alcoholismo	Alienación	Alejamiento de la vida de Dios
Alianzas	Animalización	Antagonismo
Anticristo	Actividades del anticristo	Antisemitismo
Apartheid	Apatía	Arrogancia
Invención artificial de la conciencia	Ataques	Asociaciones
Ateísmo	Apegos	Atracciones
Retroceso	Descarrío	Ataduras
Reprender a alguien	Pecado acuciante	Traición
Técnicas que alteran el sistema bioquímico (temor, etc.)	Síndrome de la oveja negra	Blasfemia
Confianza ciega	Atadura	Brutalizar

Señales, síntomas y manifestaciones del espíritu de Egipto, del faraón y de Herodes		
Cargas	Calcificación del corazón	Carnalidad
Castigos	Castración	Tomar las situaciones catastróficamente
Censura	Esclavitud	Abuso de productos químicos
Abuso de niños	Distinción de clases	Codependencia
Coerción	Comunismo	Comparación
Competencia	Confusión	Conexiones
Conspiración	Consumismo	Contaminaciones
Enojo	Contratos	Corrupción
Pactos	Actividades criminales	Críticas
Anfractuosidad	Cruza	Crucifixión
Crueldad	Intrusión cultural	Erosión cultural
Hipnotismo cultural	Muerte	Libertinaje
Defectos	Desafío	Deshumanización
Desmasculinización	Negación	Dependencia
Depresión	Privación	Deserción
Desolación	Desestabilización de la familia	Destrucción
Destrucción de un sentido de significado, identidad, dirección	Desvalorización	Conducta anormal
Proclividades y apetitos diabólicos	Dictaduras	Discapacidades
Desaprobación	Desaliento	Discriminación
Desdén	Mal corporal	Falta de facultación
Privación de derechos civiles	Falta de armonía	Desilusión
Falta de confianza	Falta de unidad	Divide y conquistarás
Adivinación	Divisiones	Doctrina del diablo
Doctrinas del hombre	Dominio	Terror
Drogadicción	Dificultad económica	Impotencia económica

Señales, síntomas y manifestaciones del espíritu de Egipto, del faraón y de Herodes		
Opresión económica	Gratificación del ego	Vergüenza
Condicionamiento emocional	Privación emocional	Esclavitud emocional
Enredos	Envidia	Erradicación de identidad personal, étnica, nacional
Erosión y erradicación del sistema teocrático y los derechos humanos	Erosión de la imagen y la valoración propias	Error
Escapismo	Orgullo familiar	Secretos familiares
Fantasías	Temor	Dinero sucio
Trabajo forzado	Frustración	Manipulación genética
Genocidio	Barreras psicológicas	Grandiosidad
Codicia	Angustia	Gran oscuridad
Astucia	Hábitos	Cosas pendientes
Acoso	Insensibilidad	Dificultades
Crueldad	Odio	Impotencia
Herodismo	Cosas elevadas	Hitlerismo
Desesperanza	Humanismo	Humillación
Idolatría	Ignominia	Imaginaciones
Inmadurez	Inmoralidad	Voluntad cercenada
Prisión	Motivos impuros	Encarcelación
Mujer independiente, hombre dependiente	Espíritu independiente	Indiferencia
Indiferencia ante los oprimidos, sus circunstancias y su situación apremiante	Indignación	Infecciones
Enfermedades	Condiciones, trato inhumanos	Iniquidad

Señales, síntomas y manifestaciones del espíritu de Egipto, del faraón y de Herodes		
Injusticia	Insomnio	Institucionalizar el racismo
Homosexualidad institucionalizada	Insuficiencias	Insultos
Interferencia	Proclividades y propensiones intergeneracionales	Sospechas intergeneracionales
Inquietud interna	Asuntos de inter-relación	Intimidación
Invasión a la privacidad personal	Pensamientos y conductas irracionales	Irresponsabilidad
Irritaciones	Celos	Críticas
Justificación	Bloqueos al conocimiento	Rotulación
Desintegración del lenguaje	Impotencia aprendida	Legalismo
Legalización	Ansias de pertenecer	Pérdida de dignidad
Lujuria (todas las formas)	Linchar	Lisiar
Conducta de mala adaptación	Castigo masculino	Inversión de papeles femeninos, masculinos
Malicia	Manipulación	Martirio del liderazgo divino
Relaciones amo-esclavo	Materialismo	Pérdida de la memoria
Aflicción mental	Mental/emocional	Control mental
Mala educación	Desgracias	Percances
Malos tratos	Falta de confianza	Malos entendidos
Lavado de dinero	Homicidio	Mutilación
Degradación nacional	Conductas y tendencias neuróticas y psicóticas	Obstinación
Opresión	Panteísmo	Perplejidad
Complejo de persecución	Perversión	Perversiones de los pensamientos

Señales, síntomas y manifestaciones del espíritu de Egipto, del faraón y de Herodes		
Abuso físico	Privación de derechos políticos	Malos hábitos nutricionales
Baja percepción de sí mismo	Pornografía	Desorden de estrés post-traumático
Pobreza	Prejuicio	Muerte prematura
Orgullo	Prohibiciones	Prostitución
Provocación	Confusión psíquica	Esclavitud psicológica
Acondicionamiento psicológico	Juegos psicológicos	Violación psicológica
Limpieza racial	Perfiles raciales	Poner cercos
Perfil racial	Marginalización	
Violación	Racionalización	Rebeldía
Rechazo	Espíritu religioso	Enojo reprimido
Represión	Represión de los recuerdos	Repudio
Resentimiento	Resistencia	Determinaciones
Ridículo	Reglamentaciones	Sabotaje
Sanciones	Barreras satánicas	Burla
Secularismo	Sedición	Seducción
Segregación	Auto-confianza	Odio a uno mismo
Egoísmo	Abuso sexual	Disfunción sexual
Acoso sexual	Esclavitud sexual	Vergüenza
Enfermedad	Pecado	Madre o padre solteros
Calumnia	Tráfico de esclavos	Esclavitud (todas las formas)
Trampas	Condicionamiento social	Parias sociales
Violación social	Aflicciones sociales/ emocionales/ psicológicas/ temporales/económicas	Ataduras del alma
Abortos espirituales	Abuso espiritual	Adulterio espiritual
Infertilidad espiritual	Esclavitud espiritual	Oscuridad espiritual

Señales, síntomas y manifestaciones del espíritu de Egipto, del faraón y de Herodes		
Erosión espiritual	Abortos naturales espirituales	Estigmatización
Fortalezas	Testarudez	Obstáculos
Condicionamiento subliminal	Suicidio	Supresión
Supresión de las emociones	Supresión de la expresión	Supresión de potencial genético
Supresión de la voluntad	Padres sustitutos	Vigilancia
Habilidades de supervivencia	Sospecha	Mentiras sistémicas
Terror	Amenazas	Tormento
Afianzamiento tradicional	Tradiciones del hombre	Traición
Gobierno/control tiránicos	Sub-empleo	Socavar derechos
Conducta no ética	Prácticas injustas	Ambiciones no divinas
Deseos no santos	Injusticia	Vejación
Victimización	Violencia	Vicios de la voluntad
Guerras	Cargas	Empleado del crimen
Meretrices	Linchar	Brujería
Mundanalidad	Ira	Yugo

Liberación

La mano de Dios, visitaciones divinas, la misericordia de Dios, las flechas de Dios, la exaltación de la justicia, renacimiento nacional, ganar almas, el espíritu de Elías, el espíritu de verdad, el temor a Jehová, la salvación y la liberación, unción profética y apostólica, el espíritu de Jehú, el temor al Señor, la valentía, las reglas de compromiso, Jehová-Gibor, las legiones de ángeles celestiales, el reino de Dios y sus principios y mandatos, la unción del evangelismo y las enseñanzas

Espíritu de temor y de tormento

El espíritu de temor se libera para atacar la paz, la valentía, la visión y la fe de los individuos, creando una fortaleza debilitante en sus mentes. También tiene el poder de abortar el propósito, descarriar los destinos divinos y asesinar la esperanza futura y la fe en el poder de Dios. Es sumamente importante comprender la naturaleza insidiosa de este espíritu en relación a nuestro futuro, porque la manera en que percibamos o pensemos acerca del futuro en realidad esculpe y le da forma a cómo manejamos el presente. Temor proviene de la palabra raíz *phobos*, que significa, «aquello que puede ocasionar una huída». De aquí también obtenemos la palabra *fobia*, que es un temor persistente irracional a algo que es tan fuerte que nos obliga a evitar el objeto del miedo. Es una reacción psicológica a alguien o algo que nos impone una amenaza a nuestro sentido de seguridad. También denota inquietud emocional y «enfermedad» ocasionados por la incertidumbre de la capacidad que se tiene para superar las situaciones y de discapacidad emocional. Deuteronomio 2:25 indica que el temor lo experimenta no solo un individuo sino a nivel nacional. Dios le promete a los israelitas: «Hoy comenzaré a poner tu temor y tu espanto sobre los pueblos debajo de todo el cielo, los cuales oirán tu fama, y temblarán y se angustiarán delante de ti». Hay diferentes grados de temor:

1. Alarma: darse cuenta inicialmente del peligro
2. Susto: repentino y momentáneo
3. Temor: Más fuerte en intensidad, el terror toma el corazón mientras se anticipa a eventos inmediatos que son difíciles o imposibles de evitar, haciendo que la persona se vuelva impotente sobre él.
4. Terror: sobrecogedor, intenso y debilitante
5. Horror: una combinación de temor y aversión
6. Pánico: temor repentino, frenético que le quita la razón a la persona
7. Espanto: aprehensión que le quita a la persona el valor y el poder de actuar con eficiencia y efectivamente
8. Consternación: un estado de frecuente espanto paralizante caracterizado por confusión e impotencia
9. Inquietud: terror caracterizado por temblores

Referencia bíblica para el espíritu de temor y de tormento
Génesis 32:11; Job 3:25; Salmo 91:5; Isaías 8:11–14; Jonás 1:10;
Lucas 21:21; Romanos 8:15; 2 Timoteo 1:7; 1 Juan 4:18

Señales, síntomas y manifestaciones del espíritu de temor y de tormento		
Abuso	Acrofobia (temor a las alturas)	Agitación
Agorafobia (temor a los espacios abiertos)	Alarma	Alcoholismo
Amatofobia (temor al polvo)	Ansiedad	Apifobia (temor a las abejas)
Aprehensión	Astrofobia (temor a los relámpagos)	Aversión
Aviafobia (temor a volar)	Batracofobia (temor a los reptiles)	Blenofobia (temor al lodo)
Esclativud	Catagelofobia (temor al ridículo)	Claustrofobia (temor a los espacios cerrados)
Condena	Consternación	Control
Actividades criminales	Llanto	Cinofobia (temor a los perros)
Engaño	Decidofobia (temor a tomar decisiones)	Depresión
Espanto		Duda
Terror	Drogadicción	Electrofobia (temor a la electricidad)
Eremofobia (temor a estar solo)	Timidez extrema	Fatalismo
Temor al cambio	Temor al fracaso	Temor a las personas
Temor a las opiniones de las personas	Temor al éxito	Persona olvidadiza
Gamofobia (temor al matrimonio)	Gatofobia (temor a los gatos)	Gefyrofobia (temor a cruzar puentes)
Ginofobia (temor a las mujeres)	Pesadez	Horror
Hostilidad	Hidrofobia (temor al agua)	Inferioridad

Señales, síntomas y manifestaciones del espíritu de temor y de tormento		
Inseguridades	Insomnio	Intimidación por parte del adversario
Cacorrafiafobia (temor al fracaso)	Soledad	Manipulación
Queraunofobia (temor a los truenos)	Desaliento	Desilusión
Falta de confianza	Musofobia (temor a los ratones)	Nerviosismo
Pesadillas	Terrores nocturnos	Nictofobia (temor a la noche)
Oclofobia (temor a las multitudes)	Odinefobia (temor al dolor)	Ofidiofobia (temor a las serpientes)
Opresión	Hipersensibilidad	Pánico
Fobias	Desfallecer	Nigerofobia (temor al ahogo)
Pirofobia (temor al fuego)	Esculionofobia (temor a la escuela)	Ciofobia (temor a las sombras)
Vergüenza	Germofobia (temor a los gérmenes)	Esfecsofobia (temor a las avispas)
Tecnofobia (temor a la tecnología)	Poca calidez	Terror
Talasofobia (temor al océano)	Glosofobia (temor a interpretar, pánico escénico)	Traición
Triscaidecafobia (temor al número trece)	Tropofobia (temor a mudarse o a hacer cambios)	Victimización
Brujería		

Liberación

Poder, amor, mente sana, valentía, paz, mentalidad espiritual, libertad y coraje.

Espíritu de idolatría

Una de las obras de la carne, y un espíritu guía usado por Satanás para controlar los destinos corporales y colectivos, es la idolatría como sustituto de Dios y de la salvación. Cuando se deposita algo o a alguien antes que a Dios, y Él es reemplazado como el cenit de las búsquedas y el afecto, esto es idolatría. La idolatría tiene muchos modos de operar, tales como lo social, natural, histórico, espiritual y cultural. El espíritu de idolatría seduce a personas y naciones para que demuestren formas emocionales extravagantes de adoración a cosas o personas, mientras que establece fortalezas de prácticas y creencias tradicionales, culturales. La idolatría puede manifestarse por medio de filosofías, educación y actividades políticas. Le puede abrir las puertas a las actividades demoníacas. Según Ezequiel, la idolatría se origina en la mente de Satanás y se proyecta a las mentes de la humanidad.

Referencia bíblica para el espíritu de idolatría
  1 Samuel 15:23; Ezequiel 14:1–8; Habacuc 2:18; 1 Corintios 12:2; Gálatas 5:20; Colosenses 3:5

Señales, síntomas y manifestaciones del espíritu de idolatría		
Astrología	Carnalidad	Confusión
Control	Codicia	Prácticas de culto
Degradación	Doctrina del diablo	Esclavizado a la emoción
Enredos	Atracción	Error
Deseos malignos	Pensamientos malignos	Profecías falsas
Falsa adoración	Miedo	Fornicación
Gula	Herejías	Humanismo
Inmoralidades	Impurezas	Afectos excesivos
Bloqueo del conocimiento	Lujuria	Homicidio
Narcisismo	Rasgos, tendencias, y rarezas nacionales o étnicas	Opresión
Perversión	Posesión	Orgullo
Religiosidad	Egocentrismo	Incredulidad
Impureza	Brujería	

Liberación

Adoración verdadera, pura (en espíritu y en verdad), justicia, santidad, arrepentimiento y unción profética

ESPÍRITU DE CELOS Y DE ENVIDIA

A los celos se los asemeja a un fuego ardiente que está fuera de control y destruye todo lo que toca. Las personas celosas son destructivas. También existen personas posesivas. Asfixian y son demasiado posesivas de todo y todos. Los celos conducirán a un hombre a lograr cosas que son contrarias a la voluntad de Dios. El rey Saúl y Nabal son dos ejemplos bíblicos que me vienen a la mente sobre cómo funcionan las personas celosas. (Ver 1 Samuel 25:1–17.)

Puede que pregunte: «¿Y qué pasa con Dios? Acaso la Biblia no dice que es celoso?». Si bien esto es cierto, los celos de Dios, expresados simplemente, significan que Dios es dueño de todo y que no quiere que nadie abuse de lo que es Suyo (Éxodo 34:14; Deuteronomio 4:24). Somos meros administradores de lo que realmente Le pertenece. Por lo tanto, no tenemos el derecho de decir qué puede o no puede disfrutar otra persona. No podemos dictaminarle a Dios quién debería o no tener el derecho o el privilegio de gozar de lo que Él permite que las personas gocen.

Por otra parte, la envidia, es algo diferente de los celos. Según el *American Heritage Dictionary*, la *envidia* se define como «un sentimiento de descontento y resentimiento que surge por y en conjunción con el deseo de las posesiones o cualidades de otra». La envidia lo convencerá de que otras personas son tanto más afortunados, inteligentes, atractivos, ricos, educados o que tienen relaciones mejores que usted. Por ende, la envidia es el deseo de tener los rasgos, posesiones, estatus, capacidades o situaciones de los demás. La mayoría de las personas suelen usar las palabras *envidia* y *celos* intercambiablemente, pero hay una diferencia. La envidia es querer lo que otra persona tiene mientras que los celos es no querer que alguien tenga o goce de lo que usted tiene.

Referencia bíblica para los espíritus de celos y de envidia

1 Samuel 18:5–11; 25:1–17; Job 5:2; Proverbios 3:31; 6:34; 14:30; 23:17; 27:4; Cantar de los Cantares 8:6; Ezequiel 8:1–12

Señales, síntomas y manifestaciones del espíritu de los celos y la envidia		
Mantener las apariencias	Abuso	Agonía
Arrogancia	Suposiciones	Babilonia
Actitud envidiosa	Belial	Subestimación
Matoneo	Difamación	Confusión
Pelea	Envidia	Críticas
Maldición	Engaño	Escarnio
Discordia	Desfalco	Derecho
Competencia extrema	Temor	Frustración
Chismes	Codicia	Robo de identidad
Idolatría	Estar desahuciado	Malos deseos
Malas palabras	Inseguridad	Jezabel
Justificación	Lujuria	Mentir
Malicia	Maneras malignas	Manipulación
Mala representación de la verdad	Burlas	Homicidio
Obsesión	Opresión	Dolor
Posesividad	Orgullo	Proyección
Ira	Cercar	Rechazo
Resentimiento	Sabotaje	Sediciones
Egocentrismo	Calumnias	Mala intención
Discordia	Vigilancia	Sarcasmo
Hurto	Amenazas	Tormento
Socavar (propósito)	Falta de apoyo	Violencia
Brujería	Retener información	

Liberación

Amor fraternal, bondad, mansedumbre, respeto, celebración y satisfacción

ESPÍRITU DE JEZABEL
(ANARQUÍA, CONTROL Y BRUJERÍA)

El espíritu de Jezabel es religioso, henchido de orgullo y descaradamente no respeta a la autoridad delegada. Obra en forma opuesta a las leyes del protocolo espiritual, se niega a someterse, y, en cambio, reagrupa para la autoridad e influencia que por derecho propio le pertenece al liderazgo designado por Dios. El espíritu de Jezabel opera a través de tanto hombres como mujeres y apela a la iniquidad del corazón frecuentemente usando a los capturados por el espíritu de Acab para cumplir sus deseos. Si no se obedece a este espíritu, se vengará violentamente. El espíritu de Jezabel odia lo profético, la santidad y la justicia y trama y planea el deceso de la autoridad delegada.

Hay dos manifestaciones diferentes del espíritu de Jezabel expresadas en las Escrituras. La primera, encontrada en 1 Reyes, está asignada a los profetas. La otra referencia se halla en el Libro del Apocalipsis y está asignada para disfrazarse como un profeta. El nombre *Jezabel* significa «soltera». Todo hijo de Dios está «casado» con Jehová. Nosotros somos Sus *novias*. Jezabel opera en la carne y es culpable de la fornicación y la prostitución. Este espíritu conduce a su hueste a cometer fornicación espiritual, concibiendo hijos «bastardos» para Satanás, su amante. Este espíritu es poderoso porque puede poner en orden a cohortes satánicas con un solo mando (ver también «Espíritu de adivinación»).

Referencia bíblica para el espíritu de Jezabel
1 Reyes 18:21–25; 2 Reyes 9; Apocalipsis 2:18–29

Señales, síntomas y manifestaciones del espíritu de Jezabel		
Abominaciones	Adulterio (sexual, espiritual)	Acab
Anarquía	Enojo	Apatía
Arrogancia	Belial	Amargura
Blasfemia	Carnalidad	Competencia
Concesión	Peleas	Control
Engaño	Envidia	Facciones
Unción falsa, engañosa	Doctrina falsa (de los hombres)	Falsa enseñanza

Señales, síntomas y manifestaciones del espíritu de Jezabel		
Fornicación	Frustración del proceso de crecimiento y maduración	Acoso
Odio	Odio a la autoridad	Herejía
Intereses ocultos	Idolatría	Inseguridad
Inseguridad protegida por el orgullo	Insubordinación	Irreverencia
Celos	Falta de fe en Dios	Ansias de poder
Afectos lujuriosos	Malignización del carácter	Manipulación
Control de la mente	Dogmatismo	Exceso de confianza
Paranoia	Persecución	Limitaciones, restricciones físicas
Prohibición del potencial	Falsificación profética	Cercos (abuso verbal)
Rebeldía	Santidad religiosa	Reivindicación
Actividades satánicas y demoníacas	Sedición	Seducción
Autoelección	Autosuficiencia	Pecados sexuales
Demostración de desagrado (facial, emocional, verbal)	Calumnias	Espíritu de control
Espíritu de temor	Espíritu de rechazo	Fornicación espiritual
Prostitución espiritual	Vigilancia	Sospecha
Usurpar autoridad	Vanidad	Violencia
Brujería	Obras contra lo profético	Obras de la carne
Dificultades financieras		

Liberación

Arrepentimiento, santidad, divinidad, unción, unción profética, humildad, espíritu de Elías y Jehú, don de discernir los espíritus, justicia, fuego del Señor, terror al Señor, romper la maldición de la prostitución, ordenar el ocultamiento de las maldiciones, engaño y control para ser hecho pedazos; romper cadenas y ataduras del alma de generaciones actuales y pasadas.

Espíritu de Judas

Este espíritu está designado para «los que se mueven y sacuden» en el reino (aquellos que son como Jesús) para violar su alianza con ellos. Ayudan y brindan información a los enemigos de quien fueron designados. En la milicia, un *sleeper* es el que tiene tareas encubiertas, subrepticias. Mira, actúa, habla y camina como «uno de nosotros», pero tiene la tarea desde otro campamento. Este espíritu puede permanecer encubierto y sin ser detectado durante años antes que golpee.

Referencia bíblica para el espíritu de Judas
  Mateo 26:25

Señales, síntomas y manifestaciones del espíritu de Judas		
Traición	Engaño	Deslealtad
Traicionar	Hacer lo correcto por motivos incorrectos	Duplicidad
Falta de fe	Falsedad	Dinero sucio (amor al dinero)
Juego sucio	Fraude	Infidelidad
Lujuria	Falta de compromiso	Sabotaje
Sedición	Actitud traicionera	Traición
Alevosía	Infidelidad	Mundanalidad

Liberación
  Orden, protocolo, humildad, unidad, la mente de Cristo, sumisión, esperanza, fe, fidelidad, confianza y fidelidad

ESPÍRITU DE CORÉ (REBELDÍA)

Este espíritu hace que surja una insurrección dentro de los rangos del liderazgo. Es un espíritu que celebra alianzas no santas y que convence a los líderes para que se rebelen contra la autoridad divina y delegada (por ej. Pastores, ancianos). Se niega a honrar y a respetar a quienes es debido porque hace que sus huestes sientan que son iguales en estatus, estación y llamado. Este espíritu es como un cáncer que se difunde rápidamente dentro de una iglesia local. A fin de eliminar la contaminación dentro de los rangos del liderazgo, se debe desafiar, juzgar y expulsar abiertamente a este espíritu.

Referencia bíblica para el espíritu de Coré
Números 16:1–19

Señales, síntomas y manifestaciones del espíritu de Coré		
Acusación	Arrogancia	Descarrío de los parroquianos
Confrontación	Corrupción	Maldición cultural
Engaño	Desilusión	Falta de respeto
Falta de respeto al protocolo	Dividir y conquistar	Encontrar defectos
Hostilidad	Corazones inicuos	Actitud crítica
Pérdida de confianza en el liderazgo espiritual	Maldición ministerial	Hambre de poder
Lucha de poderes	Presunción	Cercar
Rebeldía	Revuelta contra el liderazgo	Rivalidad
Sabotaje	Socavar la autoridad	

Liberación
Orden, protocolo, humildad, unidad, la mente de Cristo, sumisión, esperanza, fe y paciencia

Espíritu de locura o de enfermedad mental

Quiero manejar esta categoría tan sensiblemente como sea posible porque hay una variedad de factores contribuyentes que pueden causar las enfermedades mentales, tales como un desequilibrio hormonal, abuso físico y emocional, drogadicción y demás. Respecto de todo lo que sé que hay determinadas condiciones que pueden ser utilizadas por espíritus de opresión, también sé que Dios no coloca ninguna enfermedad sobre nosotros. Al escribir esta sección, no estoy implicando que el enemigo ha poseído a todos los que muestran características de enfermedad mental. Sin embargo, estoy diciendo que necesitamos echar la culpa al carácter del cual emanan estas condiciones desgraciadas: Satanás mismo.

Apocalipsis 18:11–13 habla de Satanás usando la capacidad mental del hombre para cumplir sus planes y propósito en el reino de la tierra. Una de las maneras en que usa las mentes de los hombres es creando trastornos mentales y conductas irracionales, obsesivas, incapacitándolos para funcionar adecuada y apropiadamente. La *National Alliance for the Mentally Ill* define la enfermedad mental como «un grupo de desórdenes que ocasionan perturbaciones severas en el pensamiento, sentimientos y relaciones», lo que disminuye nuestra capacidad de sobrellevar las exigencias normales.[2] Las dificultades emocionales mentales comunes incluyen trastornos de ansiedad, abuso de sustancias, Alzheimer y fobias.

Referencia bíblica para el espíritu de locura o enfermedad mental
Marcos 5:1–20

Señales, síntomas y manifestaciones del espíritu de locura o enfermedad mental		
Adicciones	Alejamiento	Alzheimer
Bipolar	Conducta compulsiva	Confusión
Locura	Muerte	Proyección de alucinaciones
Demencia	Trastorno dependiente	Depresión
Desequilibrio	Terror	Vergüenza
Miedo	Sentirse decaído	Grandiosidad

Señales, síntomas y manifestaciones del espíritu de locura o enfermedad mental		
Hipersensibilidad	Histeria	Complejo de inferioridad
Retracción excesiva	Enajenación mental	Pensamientos irracionales
Falta de motivación	Estado lunático	Pensamiento mágico
Manía	Melancolía	Pérdida de memoria o recuerdos
Enfermedad menta	Opresión mental/ psicológica	Falta de confianza
Homicidio	Mutilación	Nerviosismo
Neurosis	Obsesión	Opresión
Desorden de sobrecompensación	Ataques de pánico	Paranoia
Perfeccionismo	Estado persecutorio, Paranoia	Desórdenes de la personalidad
Fobia	Recuerdos pobres	Posesividad
Psicosis	Enfermedad psicosomática	Esquizofrenia
Senilidad	Vergüenza	Condiciones antisociales
Supresión	Terror	Llanto incontrolable
Falta de valoración	Violencia	Preocupación

Liberación
Amor, la mente de Cristo, restauración, sanidad, liberación y paz

Espíritu de homicidio

Este espíritu obra con los seis espíritus del mundo espiritual. Busca ocasionar la muerte prematura mientras le quita ilegalmente a la persona su derecho a vivir.

Referencia bíblica para el espíritu de homicidio
Salmo 10:8; Mateo 15:19

Señales, síntomas y manifestaciones del espíritu de homicidio		
Aborto	Asesinato	Difamación
Violación emocional, psicológica	Ejecución	Temor
Fratricidio	Chismes	Homicidio
Infanticidio	Intimidación	Homicidio involuntario
Mutilación	Persecución	Sabotaje
Escándalo	Calumnia	Espíritu de Herodes
Espíritu del faraón	Estigmatización	Suicidio
Terror	Victimización	Violencia

Liberación

La mente de Cristo, fe, esperanza, amor, la vida en Cristo Jesús, la unción, el espíritu de la resurrección y el espíritu de Elías

Espíritu de Nabal

El nombre *Nabal* se traduce literalmente como «vil, estúpido o necio». Las Escrituras dicen que él era hosco. El nombre de Nabal en hebreo es *Qahé*. Literalmente significa «cruel, insolente y brusco». Puede que usted conozca a personas que, sin importar cuán amablemente son tratados, nunca devuelven el gesto con amabilidad. Van por el mundo como si tuvieran una madera sobre sus hombros y están furiosos con todo el mundo.

Referencia bíblica para el espíritu de Nabal

1 Samuel 25:2–11

Señales, síntomas y manifestaciones del espíritu de Nabal		
Abuso	Apatía	Mala disposición
Crueldad	Personalidad difícil	Deshonra
Desinterés	Indiferencia	Falta de respeto
Falta de respeto a la autoridad	Angustia	Acoso
Insensibilidad	Dureza	Insolencia

Señales, síntomas y manifestaciones del espíritu de Nabal		
Insignificancia	Insensatez	Insubordinación
Irreverencia	Letargo	Falta de cumplimiento
Obstinación	Egoísmo	Severidad
Congoja	Testarudez	Avaricia
Rigidez	Vulgaridad	

Liberación
Humildad, cooperación, paz, misericordia y paciencia

ESPÍRITU DE OPRESIÓN

Trabajando junto con el espíritu del faraón, el espíritu de obsesión ejerce arbitrariamente poderes satánicos para oprimir y ocasionar estrés mental y emocional. Victimiza a su huésped quitándole sus derechos y dignidad. Este espíritu también crea una mentalidad de «esclavo» para que incluso luego de que una persona sea liberada de las esposas de sus manos implacables, éste debe exponerse a enseñanzas que lo faculten a fin de que cambie un paradigma.

Referencia bíblica para el espíritu de opresión
Deuteronomio 24:14–15; Salmo 22:24; 25:16; 55:1–15; Proverbios 18:14; Hechos 10:38

Señales, síntomas y manifestaciones del espíritu de opresión		
Apatía	Behemot	Belial
Depresión nerviosa	Magnificación de las situaciones	Agotamiento crónico
Comunismo	Condena	Confusión
Creación de subculturas (parias sociales)	Espíritu de derrota	Depresión
Desesperación	Pesimismo	Destrucción de un sentido de significado o identidad y dirección

Señales, síntomas y manifestaciones del espíritu de opresión		
Desaliento	Desunión	Dominio de la voluntad
Desórdenes de la alimentación	Dolor emocional	Esclavitud de las emociones
Engaño de la percepción	Erradicación de la ética personal, ética, nacional	Erosión de la autoestima o imagen propia
Ninguna expectativa o expectativas falsas	Fatalismo	Acoso
Pesadez	Impotencia	Herodes
Falta de esperanza	Incapacidad de responder adecuadamente a los desafíos, conflictos o crisis	Encarcelamiento de la motivación
Complejo de inferioridad	Insomnio	Invasión de la privacidad personal
Jezabel	Bloqueo del conocimiento	Falta de conexión
Falta de rumbo	Falta de motivación	Falta o pérdida del apetito
Deterioro, desintegración del lenguaje	Leviatán	Soledad
Ansias de pertenecer	Nerviosismo	Miedos o terrores nocturnos
Faraón	Desorden de estrés post-traumático	Pobreza
Prohibición del cumplimiento del propósito personal	Esclavitud psicológica	Represión
Sabotaje del potencial	Profecías de realización propia	Esclavitud

Señales, síntomas y manifestaciones del espíritu de opresión		
Aflicciones espirituales sociales, emocionales, psicólogicas, temporales	Privar de derechos políticos/sociales	Espíritu de Herodes
Estrés	Sometimiento de la esperanza	Supresión de la expresión
Socavamiento del propósito	Victimización	Alejamiento
Marginalización	Explotación	Perfil racista

Liberación

Liberación, unción apostólica, unción profética, paz, sanidad, misericordia y libertad. Para otras medidas de liberación, consulte también el espíritu de Egipto/faraón/Herodes.

ESPÍRITU DE PERVERSIÓN

Este espíritu hace que un individuo o grupos de personas se desvíen de lo que es moral, ético, correcto y bueno. Trabajar con espíritu impuro, hace que su huésped persista obstinadamente en un error o defecto. Muchas personas plagadas, atormentadas, oprimidas o poseídas con este espíritu serán equivocadas y fuertemente arbitrarias o testarudas y marcadas por una disposición que se opone y se contradice. Esta palabra en español proviene de la raíz hebrea *aqash*, que tiene la connotación de ser retorcido y distorsionado; de ahí las palabras españolas *falso sinuoso, precoz y perverso.*

Referencia bíblica al espíritu de perversión

Deuteronomio 32:5; Proverbios 28:18

Señales, síntomas y manifestaciones del espíritu de perversión		
Acusación	Adulterio	Bestialidad
Amargura	Lesbianismo	Canibalismo

Señales, síntomas y manifestaciones del espíritu de perversión		
Abuso de niños	Promiscuidad crónica	Condena
Control	Corrupción	Vestir las ropas del sexo opuesto
Maldecir	Orgías	Engaño
Artificio	Deshonestidad	Adivinación
Dogmatismos	Un hombre que se viste de mujer, actor	Afeminado
Exageración	Exhibicionismo	Falsedad
Fetichismo	Lenguaje, pensamientos sucios	Adulación
Flirteo	Fornicación	Chismes
Artimaña	Homosexualidad	Imaginación
Inmoralidad	Motivos impuros	Incesto
Indecencia	Inflexibilidad	Afectos excesivos
Inestabilidad	Homosexualidad femenina	Lujurias de todo tipo
Mentiras	Manipulaciones	Masoquismo
Ninfomanía	Parafilia	Pedofilia
Perversiones	Pornografía	Profanidad
Prostitución	Vestirse provocativamente	Cercar
Violación	Rebeldía	Religiosidad
Sadismo	Seducción	Perversiones sexuales
Violencia/tortura sexual	Sueños sexualmente explícitos	Calumnia
Sodomía	Testarudez	Travestismo
Traición	Impureza	Tratos no éticos
Afectos no naturales	Vanidad	Victimización
Vileza	Voyeurismo	Brujería
Ira	Zoofilia	

Liberación

Justicia, santidad, autocontrol, liberación, sanidad, ruptura de las ataduras del alma, fruto del Espíritu y disciplina

ESPÍRITU DE POBREZA Y DE MALDICIÓN FINANCIERA

Este espíritu genera una atmósfera de infertilidad, deficiencia, carencia financiera y una calidad de vida inferior.

Referencia bíblica para el espíritu de pobreza y de maldición financiera
Nehemías 5:1–11; Proverbios 11:24; 13:18; Malaquías 3:8–12

Señales, síntomas y manifestaciones del espíritu de pobreza y de maldición financiera		
Adicción	Apatía	Dar de mala gana
Escasez	Deuda	Defecto
Estafa	Depresión	Privación
Destitución	Tráfico de drogas	Desfalco
Extravagancia	Hambruna	Temor a la carencia
Maldición financiera	Fraude	Juego
Codicia	Dificultad	Acaparamiento
Ignorancia	Indecencia	Incapacidad de ganar o ahorrar dinero
Indigencia	Ingratitud	Juicio
Carencia	Pereza	Vivir por encima de los medios
No devolver los diezmos	Opresión	Pobreza
Pestilencia	Orgullo	Falta
Egoísmo	Vergüenza	Déficit
Enfermedad	Avaricia	Deseo
Derroche		

Liberación
Prosperidad, liberalidad en dar, fe, verdad y abundancia

ESPÍRITU DE ORGULLO

El origen del orgullo proviene del propio corazón de Satanás. De una manera, puede decirse que Satanás mismo engendró a este espíritu. El orgullo es una percepción inflada de la propia dignidad y autovaloración. Cuando se manifiesta el orgullo, con frecuencia lo hace con arrogancia, conducta o tratamiento de desdén e incluso falsa humildad. El orgullo es un protector del «yo». No traiciona ni expone al yo. Está obsesionado con el yo.

Referencia bíblica para el espíritu de orgullo
Proverbios 16:18; Ezequiel 28:13–19

Señales, síntomas y manifestaciones del espíritu de orgullo		
Arrogancia	Resentimiento	Esclavitud
Engreimiento	Control	Mente corrupta
Tortuoso	Engaño (todas las formas)	Estar a la defensiva
Desobediencia	Falta de respeto a la autoridad	Falta de respeto
Dominio	Egotismo	Falsa humildad
Astucia	Odio	Orgullo
Acaparamiento	Independencia	Insolencia
Insubordinación	Celos	Presunción
Malicia	Obstinación	Tomarse libertades indebidas
Pasivo agresivo	Perversión	Imaginación pervertida
Mentalidad pervertida	Posesividad	Indigencia
Profanidad	Rebeldía	Amargura
Segregación	Ensimismado	Egocentrismo
Vanidad	Egoísmo	Autopromoción (con frecuencia a costa de otra persona)
Autoprotección	Santurronería	Separatismo
Avaricia	Rivalidad	Fuerte delirio
Enojo incontrolado	Espíritu que no puede aprender	Vanagloria
Adverso	Brujería	Yo retenido
Ira		

Liberación
Verdadera humildad, sumisión, arrepentimiento, espíritu de dar y fe

ESPÍRITU DE REBELDÍA

Obrando bien con el espíritu de orgullo, la rebeldía resiste al gobierno y a la autoridad en todas sus formas. Conduce a sus huestes a desobedecer descaradamente. No cumple con el protocolo ni con el orden. Este espíritu genera una disposición que desafía la autoridad hasta el punto de la insurrección.

Referencia bíblica para el espíritu de rebeldía
Deuteronomio 31:27; 1 Samuel 15:23

Señales, síntomas y manifestaciones del espíritu de rebeldía		
Arrogancia	Engreimiento	Menosprecio
Estar a la defensiva	Desafío	Desdén
Desobediencia	Superioridad	Independencia
Insubordinación	Pomposidad	Falta de cumplimiento
Obstinación	Orgullo	Rebeldía
Recalcitrancia	Rechazo a la autoridad	Resistencia
Burla	Segregación	Egocentrismo
Presunción	Egoísmo	Autoprotección
Santurronería	Separatismo	Rivalidad
Indocilidad	Vanidad	Adverso
Ira		

Liberación
Humildad, sumisión, arrepentimiento, amor a Dios y cumplimiento

ESPÍRITU DE RECHAZO

El rechazo es la negación de aceptar a una persona o cosa. Este espíritu hace que la gente se rehúse a aceptar, reconocer, dar afecto a, someterse, creer, hacer uso de, y condenar al ostracismo social y políticamente a otra persona luego de haberla examinado. La persona que rechaza generalmente tiene una norma irreal mediante la cual mide una cosa o a una persona. Este es un espíritu que creo que atacó a la mayoría de la gente. Dependiendo de su respuesta, el rechazo puede quitar el viento de su navegación o hacer que vaya con la corriente sin sentido por la vida sin el conocimiento de su verdadero valor y dignidad. Siempre recuerde: «todo lo que pidiereis en oración, creyendo, lo recibiréis» (Mateo 21:22).

Referencia bíblica para el espíritu de rechazo
1 Samuel 15:26; 16:1, 14–23; 18:8–15

Señales, síntomas y manifestaciones del espíritu de rechazo		
Síndrome de «nadie me quiere» (lástima propia)	Abandono	Abuso del yo y de otros
Adicciones	Enojo	Trastorno antisocial
Ansiedad	Timidez	Traición
Amargura	Codependencia	Comparación
Engaño	Depresión melancólica	Negación
Depresión	Desilusión y culpa	Desaprobación
Desacreditar	Desestimar	Desgracia
Deshonrar	Desprestigio	Falta de confianza
Disfunción	Disfunciones	Trastorno de la alimentación
Insensibilidad emocional	Inestabilidad emocional	Trauma emocional
Victimización emocional	Violación emocional/ psicológica	Vacío
Expulsión	Exilio	Expectativas falsas o ninguna expectativa
Favoritismo	Temor a estar solo	Temor a un mayor rechazo
Sentimientos de no ser deseado	Sentimientos de rechazo	Grandiosidad

Señales, síntomas y manifestaciones del espíritu de rechazo		
Angustia	Falta de esperanza	Humillación
Histeria	Ignominia	Ignorar u omisión
Incapacidad para recibir o dar amor	Inhibición	Inseguridades
Insignificancia	Dolor emocional intenso	Introversión
Aislamiento	Justificación de palabras/conducta inapropiadas	Falta de entrega
Amarrar	Soledad	Baja valoración propia
Desconfianza	Homicidio	Necesidad de aprobación o validación
Negativismo	Neurosis	Opresión
Sobrecompensación	Sobreprotección	Hipersensibilidad
Sobrepeso	Conducta pasiva-agresiva	Perversiones
Fobia	Desorden de estrés post-traumático	Proyección
Victimización psicológica	Represión	Repudio
Sabotaje (relaciones, organización, yo, propósito, destino)	Tristeza o llanto	Esquizofrenia
Desdén	Segregación	Cohibición
Autodesvalorización	Profecía autoproferida	Sexo por amor
Vergüenza	Evitar	Aislamiento social
Suicidio	Sospechas	Tormento
Vejación	Adicción al trabajo	Inutilidad

Liberación

Amor, la mente de Cristo, restauración, sanidad, liberación, fe, esperanza y perdón

Espíritu religioso

Un espíritu religioso se describe teniendo una muy alta devoción por Dios o a una deidad, pero simplemente engaña a sus huéspedes a que pongan más énfasis en las actividades religiosas que en una verdadera relación con Dios. En el juicio de Jesús, vemos a otro espíritu llamado Barrabás, que busca hacer que los demás sean chivos expiatorios. Es un espíritu que mata y hace daño.

Referencia bíblica para el espíritu religioso
Gálatas 1:13–14; Mateo 23:17; Lucas 11:37–54; 1 Timoteo 4:1–2

Señales, síntomas y manifestaciones del espíritu religioso		
Actitud «más santo que tú»	Aborto	Adoración ancestral
Antagonismo	Arrogancia	Blasfemia
Asesinato del carácter	Control	Cultismo
Engaño	Denominacionalismo	Falta de armonía
Desunión	División	Doctrinas de los diablos
Dogmatismo	Duplicidad	Emocionalismo
Fábulas	Unción apostólica falsa	Unción evangelista falsa
Unción pastoral falsa	Unción pedagógica (enseñanza) falsa	Unción profética falsa
Revelación falsa	Falsedad	Formalismo
Herejía	Unción mercenaria	Hipocresía
Idolatría	Sofisticación excesiva	Abuso institucionalizado
Irreverencia	Críticas	Libaciones
Negativismo	Falta de sumisión	Obstinación
Ocultismo	Farisaísmo	Polaridad en la membresía
Orgullo	Persecución de la verdad	Religiosidad
Ritualismo	Sacrilegio	Saduceísmo
Chivos expiatorios	Seducción	Santurronería
Espíritu de Barrabás	Espiritismo	Adulterio espiritual

Señales, síntomas y manifestaciones del espíritu religioso		
Superstición	Tradicionalismo	Traición
Incredulidad	No santo	Imposibilidad de enseñar
Balbuceo vano	Vudú	

Liberación

El Espíritu de verdad, unción, pronunciación profética, discernimiento de los espíritus y el espíritu de Juan el Bautista. También, declarar que el Cordero de Dios, Jesucristo, ha sido muerto incluso antes de la fundación del mundo. Aplicar la sangre de los marcos de las puertas a su alma.

ESPÍRITU DE SABOTAJE

El espíritu de sabotaje funciona como fuertes influencias demoníacas que impulsan a las personas a abortar el avance y el éxito de proyectos, propósitos, relaciones, organización, yo, potencial y destinos divinamente ordenados. Genera celos, resentimiento y sospecha y con frecuencia se venga de la persona que detecta su presencia. El sabotaje puede convertirlo tanto en víctima como en perpetrador de manera tal que incluso cuando usted pronuncia un juicio respecto de los demás, expone y pronuncia un juicio sobre sí mismo. Este espíritu es tan hábil que lo usará a usted como un peón y un títere manejados por él, prohibiéndole detectar su mano sobre usted y las cuerdas que lo manipulan. Trabaja con los espíritus familiares, que actúan como su reconocimiento, informándoles de rupturas en barreras de protección, fuerzas, debilidades y proclividades tanto del perpetrador y la víctima, sus obras tienen un plan bien pensado.

Descubrí que muchos agentes utilizados son no solo aquellos que tienen una mala intención, sino también los que sinceramente nos aman y quieren lo mejor para nosotros. Considere el incidente que Mateo registra en Mateo 16:21-23, donde Pedro no fue intencionalmente usado en un intento por sabotear la misión de Jesús. El libro de Nehemías también registra las características y la conducta de este espíritu.

Recuerde mientras analiza las actividades de este espíritu que descubrirá que es tanto la víctima como el perpetrador. Cuando el Señor le otorgue victoria sobre este espíritu, advertirá que se levanta un velo y que los criterios de engaño caerán de sus ojos espirituales. Todo lo que usted pensó que era verdadero se derrumbará ante usted y se evaporará como un espejismo. Prevalecerá la verdad y usted será liberado de todo lo construido en inventos, mentiras, falsedades y faltas de verdad.

Referencia bíblica para el espíritu de sabotaje
Nehemías 2:10, 17–20; 4:1, 4–7, 9, 13–14; 6:1–14

Señales, síntomas y manifestaciones del espíritu de sabotaje		
Actividades despiadadas	Abandono	Actividades abortivas
Abuso	Acusaciones	Adicción
Adulterio	Alienación	Alegato
Espíritu del Anticristo	Ansiedad	Arrogancia
Apego	Contragolpe	Malos hábitos (de comida, sociales, gastos, etc.)
Mala reputación	Beligerancia	Traición
Blasfemia	Carnalidad	Castigo
Censura	Asesinato del carácter	Divisiones en la iglesia
Competencia	Concesiones	Condena
Confusión	Conspiración	Corrupción
Comportamiento encubierto	Crear cuñas en las relaciones	Críticas
Crueldad	Muerte	Engaño
Desmoralización	Descarrío	Deserción
Desolación	Trampas diabólicas	Personalidad difícil
Desaprobación	Desasociar	Incredulidad
Desánimo	Privación de derechos	Deshonra
Deslealtad	Falta de respeto	Falta de respeto a la autoridad
Perturbación	Doctrina de los diablos	Hacer los correcto por motivos incorrectos

Señales, síntomas y manifestaciones del espíritu de sabotaje		
Desfalco	Seducción emocional	Envidia
Erosión de la propia valoración e imagen	Maldad	Inventos
Falta de fe	Falsas profecías	Falsedad
Secretos familiares	Fatiga	Encontrar defectos
Temor	Sentimientos de incompetencia	Tendencia a olvidar
Fornicación	Fraudulencia	Frustración
Gula	Chismes	Grandiosidad
Codicia	Angustia	Hacer sentir culpable a alguien
Acoso	Insensibilidad	Inclemencia
Odio	Impotencia	Hipocresía
Robo de la identidad	Ignorancia	Impertinencia
Incriminación	Indiferencia	Indignación
Toma de decisiones inefectivas	Iniquidad	Insurrección
Pensamiento irracional	Irreverencia	Aislamiento
Celos	Críticas	Justificación
Bloqueo del conocimiento	Falta de responsabilidad	Falta de confianza
Disposición del alma	Letargo	Pérdida
Pérdida de enfoque	Pérdida de motivación	Destrucción maliciosa
Manipulación	Aflicción mental	Mala representación de la verdad
Burla	Homicidio	Falta de cumplimiento
Obstinación	Ofensas	Oposición
Opresión	Pasivo-agresivo	Perversión

Señales, síntomas y manifestaciones del espíritu de sabotaje		
Hurtar	Maquinación y planificación del deceso de instituciones o personas	Malos hábitos nutricionales
Prejuicio	Orgullo	Proyecciones
Juegos psicológicos	Racionalización	Rebeldía
Recriminación	Rechazo	Religiosidad
Espíritus religiosos	Resentimiento	Vengatividad
Ridículo	Rivalidad	Rumores
Sanbalat y Tobías	Escándalo	Confabulaciones
Mantener secretos	Seducción	Egocentrismo
Falta de confianza en uno mismo	Egoísmo	Autosabotaje
Severidad	Vergüenza	Silencio/tratamiento del silencio
Calumnia	Trampas	Congoja
Espíritu de burla	Ceguera espiritual	Robar
Estigmatización	Avaricia	Conflictos
Testarudez	Subversión	Superficialidad
Supresión de las emociones	Actividades clandestinas	Vigilancia
Sospecha	Amenaza	Tradiciones de los hombres
Traiciones	Causar problemas	Motivos ulteriores
Ultimátum	Pecados no confesados	Deshonestidad
Actividades de ataque/causa	Socavar y destruir relaciones de pacto	Socavar la confianza
Falta de perdón	Alianzas profanas	Vejación
Victimización	Violencia	Vulgaridad
Agotamiento	Brujería	Retener

224 LAS REGLAS DE COMBATE

Liberación

Oración, ayuno, intercesión, Jehová-Gibor, el Espíritu de verdad, discernimiento de los espíritus, arrepentimiento, la sabiduría de Dios y la revelación de los secretos ocultos del corazón

ESPÍRITU DE SAMARIA

Según el profeta Ezequiel, Samaria era conocido por su prostitución y adulterio espirituales en cuanto a que promovía la conveniencia en la adoración, la concesión de lo sagrado y la mediocridad en el servicio del Señor, lo que finalmente condujo a los hijos de Israel a abrazar la carnalidad, la sensualidad y la idolatría como modo de vida, poseyendo una forma de divinidad, pero negando el poder de la misma.

Referencia bíblica para el espíritu de Samaria

Ezequiel 23:1–20

Señales, síntomas y manifestaciones del espíritu de Samaria		
Actitud «más sagrado que tú»	Religiosidad	Aborto
Adoración ancestral	Antagonismo	Arrogancia
Blasfemia	Carnalidad	Asesinato del carácter
Concesión	Control	Cultismo
Engaño	Denominacionalismo	Falta de armonía
Desunión	División	Doctrinas de los diablos
Dogmatismo	Duplicidad	Emocionalismo
Fábulas	Falsa unción apostólica	Falsa unción evangelista
Falsa unción pastoral	Falsa unción pedagógica (enseñanza)	Falsa unción profética
Falsa revelación	Falsedad	Formalismo
Fornicación	Herejía	Unción de mercenario
Hipocresía	Idolatría	Sofisticación excesiva
Abuso institucionalizado	Irreverencia	Críticas
Obscenidad	Libaciones	Lujuria
Negativismo	Falta de sumisión	Obstinación
Ocultismo	Perversión	Fariseismo
Polaridad en la membresía	Orgullo	Juicio a la verdad
Rebeldía	Espíritu religioso	Ritualismo
Sacrilegio	Saduceísmo	Chivos expiatorios
Seducción	Farisaísmo	Espíritu de Barrabas
Espiritismo	Adulterio espiritual	Prostitución espiritual
Superstición	Tradicionalismo	Tradiciones del hombre
Traición	Incredulidad	Profanidad
Injusticia	No poder enseñar	Balbuceo vano
Vudú	Prostitución	Brujería o Hechicería
Mundanalidad		

Liberación
Jehová-Gibor, santidad y el Espíritu de verdad

ESPÍRITU DE SEDUCCIÓN

El espíritu de seducción abre las puertas del alma del hombre, las ciudades y las naciones (naturales y espirituales) al espíritu de la perversión. Es una falsificación de la unción y un imitador del Espíritu Santo. Forma una fuerte alianza con el espíritu de la religión y es alimentado por el espíritu del anticristo.

Referencia bíblica para el espíritu de seducción
1 Reyes 11:1–8; 1 Timoteo 4:1–6; Apocalipsis 2:20–23

Señales, síntomas y manifestaciones del espíritu de seducción		
Astrología	Carnalidad	Encantos
Engaño	Adivinación	Doctrinas de los diablos
Magia	Falsos apóstoles	Falsos profetas
Falsa religión	Falsos maestros	Adulación
Fornicación	Homosexualidad	Humanismo
Hipocresía	Idolatría	Malignidad
Mentir	Obradores de milagros	Perversión
Pronosticadores	Psíquicos	Renegados
Trance satánico	Sensualidad	Espíritu de Jezabel
Adulterio espiritual	Idolatría espiritual	Sutileza
Hechiceros	Brujería	

Liberación
La unción del Espíritu Santo, dones del Espíritu, discernimiento de espíritus, Espíritu de la verdad, la ira de Dios (Ezequiel 13:11–15), y la unción profética

ESPÍRITU DE VERGÜENZA

Este espíritu influye a las sociedades, hogares y familias basadas en la vergüenza. Ocasiona emociones dolorosas, un fuerte sentido de culpa, de verguenza, falta de valoración propia y desgracia. Muchas personas que crecen en hogares y comunidades basados en la vergüenza andan por la vida como títeres emocionales. Son fácilmente manipulados y con frecuencia usan la manipulación para hacer que la gente haga lo que ellos quieren. También andan por la vida con sentimientos de falta de valoración propia, autoimagen pobre, y autoestima. Cualquiera que sea atacado por este espíritu necesita amor incondicional, atención positiva y una sanidad interior profunda. Lea 2 Samuel 13 para una mayor comprensión de la vergüenza.

Referencia bíblica para el espíritu de vergüenza
Salmo 69:7

Señales, síntomas y manifestaciones del espíritu de la vergüenza		
Abandono	Abuso	Apatía
Culpar a otros	Violación de los límites	Codependencia
Competencia	Confusión	Control
Deshonra	Angustia	Disfunción
Amaneramiento	Desconcierto	Privación emocional
Enredo	Esclavitud de las emociones	de la autoestima
Exasperación	Excesivo auto-análisis	Sitio externo de control
Falsa humildad	Perspectivas defectuosas	Temor
Conducta fetichista	Visión defectuosa del yo	Fornicación
Juego	Chismes	Pena
Culpa	Pesadez	Impotencia
Homosexualidad	Falta de esperanza	Humillación
Hipersensibilidad	Hipocondría	Ignominia
Inmadurez	Voluntad disminuida	Indecencia
Incesto	Insignificancia	Inestabilidad
Intimidación	Aislamiento	Bloqueo al conocimiento
Falta de conexión	Síndrome del niño o niña pequeños	Soledad

Señales, síntomas y manifestaciones del espíritu de la vergüenza		
Pérdida de percepción	Lujuria	Angustia mental
Importunar	Duelo	Mutilación
Pesadillas	Ostracismo	Sobrecompensación
Hipersensibilidad	Personalidad paranoide	Perfeccionismo
Perversión	Fobias	Abuso físico
Pornografía	Trastorno de estrés post-traumático	Pobreza
Proyecciones	Prostitución	Pseudointimidad
Dolor psicológico	Enfermedad psicosomática	Reconstituciones
Rechazo	Compulsión a la repetición	Tristeza
Autoaversión	Adicciones sexuales	Hogares basados en la vergüenza
Relaciones basadas en la vergüenza	Sociedades basadas en la vergüenza	Sodomía
Espíritus de herencia	Estigmatización	Abuso de sustancias
Sospecha	Alianza profana	Victimización
Violencia		

Liberación

Sanidad, liberación, fe, integridad, restauración, esperanza y el fruto del Espíritu

ESPÍRITU DE SOSPECHA

Este espíritu seduce a las personas a formar criterios y llegar a conclusiones basadas en lo que parece ser real. Es un espíritu que genera inseguridades, división y una fuerte falta de confianza. Debido a su naturaleza, con frecuencia obra creando y apoyando la desunión.

Referencia bíblica para el espíritu de la sospecha

1 Samuel 18:8–15

Señales, síntomas y manifestaciones del espíritu de sospecha		
Separación	Ansiedad	Aprehensión
Suposición	Críticas	Discordias
Desunión	Duda	Chisme
Imaginación	Aislamiento	Juicios
Falta de confianza	Juicio erróneo	Recelo
Malos entendidos	Paranoia	Prejuicio
Presunción	Escepticismo	Especulación

Liberación

Fe, honestidad, integridad, restauración y armonía

ESPÍRITU DE TRADICIÓN

Este espíritu es responsable del traspaso de elementos de una cultura, filosofías, conductas y hábitos de generación en generación. Este espíritu obra con el espíritu de la religión y el de la incredulidad. Forma una fortaleza que facilita el rechazo de la verdad, obstaculizando así la verdadera adoración y el renacimiento. Este espíritu es un guardián poderoso que prohíbe la prédica del evangelio dentro de una cultura, región o nación en particular, e inicia e instiga tanto la persecución y el martirio de cualquier hijo de Dios que se atreve a aventurarse en su jurisdicción con el evangelio.

Referencias bíblicas para el espíritu de tradición

Marcos 7:8; Colosenses 2:8

Señales, síntomas y manifestaciones del espíritu de tradición		
Actitud «más santo que tú»	Aborto	Adoración ancestral
Antagonismo	Antisemitismo	Discusiones
Arrogancia	Blasfemia	Esclavitud
Difamación	Condena	Peleas
Control	Cultismo	Engaño
Denominacionalismo	Falta de armonía	Desunión

Señales, síntomas y manifestaciones del espíritu de tradición		
División	Doctrinas de los diablos	Doctrinas del hombre
Dogmatismo	Duplicidad	Emocionalismo
Fábulación	Falsa unción apostólica	Falsa unción evangelista
Falsa unión pastoral	Falsa unción pedagógica (enseñanza)	Falsa unción profética
Falsa revelación	Falsedad	Formalismo
Acoso	Herejía	Cosas elevadas
Unción mercenaria	Hipocresía	Idolatría
Escesiva sofisticación	Abuso institucionalizado	Intelectualismo
Irreverencia	Críticas	Legalismo
Libaciones	Martirio	Negativismo
Falta de sumisión	Obstinación	Ocultismo
Persecución	Fariseísmo	Polaridad en la membresía
Orgullo	Presecución de la verdad	Racionalización
Religiosidad	Espíritu religioso	Resistencia a las movidas de Dios
Resistencia a la verdad	Ritualismo	Sacrilegio
Saduceísmo	Chivos expiatorios	Sectas secretas
Seducción	Moralismo	Separatismo
Espíritu de Barabas	Espíritismo	Adulterio espiritual
Fortalezas	Superstición	Traditionalismo
Traición	Incredulidad	Alianzas profanas
Incapacidad para enseñar	Vana murmuración	Vudú

Liberación

Renacimiento, visitación de Dios, unción apostólica, profética y el Espíritu de verdad.

Espíritus impuros

De acuerdo con Apocalipsis 16:13, este espíritu tiene la característica de un sapo y está directamente relacionado con la idolatría, la brujería y lo repugnante. Este espíritu obra en alianza con muchos otros espíritus y con frecuencia es un guardián en las vidas de las personas y de las naciones, ciudades y comunidades, tales como las bíblicas Sodoma y Gomorra. Un espíritu impuro se enreda con la misma esencia de la persona a la que posee. Es un espíritu que no siempre es fácil de identificar por su intención de seducir, influir y finalmente poseer a un individuo. Sin embargo, si usted escucha atentamente los contenidos de las conversaciones del huésped, u observa su estilo de vida, este espíritu finalmente se revelará a través de insinuaciones sexuales conversaciones obscenas, códigos y conductas de la forma de vestir y un entorno escatológico.

Este espíritu socava el potencial, la corrupción y contamina la unción, reemplazo de los individuos y los desposee tanto de sus derechos espirituales como naturales. En mi investigación, descubrí que muchas personas de la Biblia que fueron poseídos por un espíritu impuro sufrieron de convulsiones. Este espíritu tiene el poder de la ruina completa de la vida de una persona porque ataca la mente, el cuerpo y el espíritu, corroyendo la base de la vida moral y ética. Debido a la naturaleza de este espíritu, muy pocas personas que viven una vida plagada por este espíritu, sean hombres o mujeres, viven la mitad de su expectativa de vida con una buena calidad de vida. Por lo general mueren, martirizados por sus propias lujurias. Según Marcos 1:21–26, las propensiones de este espíritu consisten en torcer y pervertir la propia naturaleza de su huésped y se pondrá muy violento y vil tan pronto como haya una determinación de los deseos de conversión de su víctima y servir a Dios.

Referencias bíblicas para los espíritus impuros

Zacarías 13:2; Mateo 12:43; Marcos 3:11; 1 Corintios 10:21

Señales, síntomas y manifestaciones de los espíritus impuros		
Abandono	Abuso	Adicciones
Adulterio	Anticristo	Religiones del Anticristo
Apatía	Timidez	Traición
Echar culpas	Violación de los límites	Carnalidad
Hacer trampas	Codependencia	Compencia
Confusión	Control	Convulsiones
Cultismo	Muerte	Engaño
Actividades demoníacas	Negación	Depravidad
Desaprobación	Descrédito	Discriminación
Enfermedad	Falta de estima	Desgracia
Deshonra	Desilución	Deslealtad
Pérdida de la reputación	Congoja	Adivinación
Doctrinas de los diablos	Disfunción	Trastornos de la alimentación
Vergüenza	Insensibilidad emocional	Privación emocional
Tormento emocional	Trauma emocional	Victimización emocional
Violación emocional, psicológica	Vacío	Enredos
Embargo	Exasperación	Autoanálisis excesivo
Exilio	Sitio externo de control	Expectativas falsas
Fantasías	Perspectivas defectuosas	Temor
Sentimientos de rechazo	Conducta fetichista	Visión defectuosa del yo
Fornicación	Mal olor	Juego
Chismes	Grandiosidad	Angustia
Culpa	Pesadez	Impotencia
Homosexualidad	Falta de esperanza	Humillación
Hipersensibilidad	Hipocondría	Idolatría

Señales, síntomas y manifestaciones de los espíritus impuros		
Ignominia	Ignorar o Negar	Immadurez
Immoralidad	Voluntad obstaculizada	Motivos impuros
Pensamientos impuros	Incesto	Afectos excesivos
Inseguridades	Insignificancia	Inestabilidad
Irreverencia	Aislamiento	Inclinación del alma
Indecencia	Soledad	Baja valoración propia
Lujuria	Mentiras	Manipulación
Aflicciones mentales	Angustia mental	Importunar
Homicidio	Necesidad de aprobación o validación	Neurosis
Pesadillas	Disconformidad	Obscenidad
Opresión	Ostracismo	Sobresensibilidad
Personalidad paranoide	Pedofilia	Perfeccionismo
Perversiones	Fobia	Fobias
Abuso físico	Esclavitud psicológica	Pornografía
Trastorno de estrés post-traumático	Pobreza	Simulación
Proyecciones	Propaganda	Prostitución
Pseudointimidad	Dolor psicológico	Victimización psicológica
Enfermedad psicosomático	Rebeldía	Reconstituciones
Compulsión a la reptección	Tristeza	Burla
Seducción	Separación	Conciencia propia
Profecía autocumplida	Aversión propia	Adicciones sexuales
Esclavitud sexual	Insinuaciones sexuales	Sueños sexualmente esplícitos
Hogares basados en la vergüenza	Relaciones basadas en la vergüenza	Sociedades basadas en la vergüenza
Esquivar	Aislamiento social	Sodomía
Ataduras del alma	Espíritus de herencia	Robar
Estigmatización	Abuso de sustancias	Suicidio

Señales, síntomas y manifestaciones de los espíritus impuros		
Supersticiones	Sospecha	Unción manchada
Tradiciones de los hombres	Impureza	Alianza profana
Vejación	Victimización	Vileza
Voyeurismo	Brujería	Falta de valoración

Liberación
Liberación, santidad, justicia y el fruto del Espíritu

ESPÍRITU DE VEJACIÓN

Este espíritu cambia la calidad o condición de las vidas a través de un acoso, molestia e irritación constante. Está especialmente designado para los que buscan propósito. Crea sentimientos o exasperación, con frecuencia conduciendo a la víctima a ceder.

Referencia bíblica para el espíritu de vejación
Números 25:17–18; 33:55; Esdras 4:1–6; Eclesiastés 4:6; Hechos 12:1

Señales, síntomas y manifestaciones del espíritu de vejación		
Acusación	Adicción	Agravación
Enojo	Antagonismo	Ansiedad
Amargura	Confusión	Delirio
Desesperación	Desaliento	Repugnancia
Desilución	Distracción	Angustia
Terror	Inestabilidad emocional	Exasperación
Frustración	Hostilidad	Acosar
Hiperactividad	Indecisión	Irritación
Bloqueo del conocimiento	Agitación mental	Opresión
Pensamientos dolorosos	Paranoia	Provocación

Señales, síntomas y manifestaciones del espíritu de vejación		
Represión	Inquietud	Estrés
Subversión	Tensión	Socavar el propósito
Victimización	Agotamiento	Preocupación

Liberación

Unción profética, favor de Dios, discernimiento de los espíritus y una barrera de protección

CONCLUSIÓN

¡MARCHAR HACIA DELANTE!

EN ESTOS ÚLTIMOS días, Dios está reuniendo guerreros de oración que tienen unción para obtener autoridad jurisdiccional sobre los poderes de las tinieblas para que las familias, las comunidades, los gobiernos, los ministerios, las corporaciones, los países, los reinos y las naciones sean traídos de regreso al alineamiento divino y para que los individuos cumplan el propósito y maximicen su potencial personal. Esto se hará mediante la superposición efectiva de los planes y propósitos de Dios sobre los planes y propósitos del enemigo, a través del uso eficaz de la Palabra de Dios. El Espíritu Santo se convertirá en una especie de *sargento instructor* cuya responsabilidad será capacitarlo en el arte de la oración estratégica y de la guerra espiritual. Él también lo entrenará para que se vuelva un francotirador en el reino espiritual y le permitirá arremeter contra la rapidez de los objetivos satánicos y demoníacos en movimiento. Como con David, Él también lo capacitará para que conquiste al oso, león y gigante demoníaco proverbial. Oro que usted haya aprendido los principios y las estrategias contenidas en este libro y para que Dios lo nombre un guerrero espiritual y francotirador espiritual del Fin de los Tiempos.

Durante su momento de oración, el Señor incluso puede colocar el espíritu de atalaya sobre usted, y puede percibir actividades que vienen de parte de la voluntad de Dios o aquellas que son de naturaleza diabólica. (Ver Ezequiel 3:17.) Si son divinas, permanezca firme en la oración de acuerdo a lo que percibe, diciendo: «Venga tu reino. Hágase tu voluntad» (Mateo 6:10). Si la actividad es de origen diabólico, ore contra ella usando las herramientas, estrategias y tácticas que contiene este manual.

La Biblia, al indicar que los números tienen poder, claramente dice que si dos se ponen de acuerdo sobre cualquier cosa que pidan, «será hecho» y que «¿Cómo podría perseguir uno a mil, y dos [podrían] hacer huir a diez mil?» (Mateo 18:19; Deuteronomio 32:30). Orar con

otras personas incrementa su base de poder. Sin embargo, uno de los
motivos por los que no obtenemos los grandes avances en la oración
que deseamos cuando oramos en grupo, y con otras personas, se debe
a que muchas veces los individuos del grupo pueden estar en diferentes niveles de madurez espiritual y no pueden tirar su peso, o bien
estamos usando diferentes estrategias, enfoques tácticos y vocabulario de oración.

Incluso he sido testigo de ocasiones en que las personas se reúnen
para orar y los intereses de la oración individual son intereses de
oración diferentes del grupo. El diablo, sabiendo que Dios envía sus
bendiciones en medio de la unidad (Salmo 133), intentará sabotear
el espíritu de unidad para que si bien estamos en un lugar, tal vez
no estemos en una sola mente, intención o lenguaje. La verdadera
unidad es cuando somos uno y estamos de acuerdo en todos los
niveles de la guerra. Recomiendo firmemente que cuando una iglesia convoca a una reunión de oración, todo el grupo de oración ore
desde la misma posición, usando el mismo lenguaje y acordando
sobre los mismos intereses. Este libro ha sido escrito para tener en
cuenta esto, de manera que incluso los jóvenes cristianos puedan
orar en el mismo nivel de efectividad e intensidad que los santos
veteranos. Este libro tiene la intención de facilitar este nivel de
unidad mientras «nos unimos y estamos de acuerdo» en el nombre
de Jesús.

Cuando se ora por cosas específicas concernientes a la iglesia, el
ministerio o las organizaciones, es importante que cualquiera y todas
las actividades espirituales se registren con precisión y se envíen al
principal guerrero de oración, equipo de oración y a su pastor para
que su discernimiento pueda ser juzgado con precisión y para que
reciba un apoyo y refuerzo plenos en la oración.

Mientras ora y libra una guerra en el espíritu, recuerde usar
su derecho legal y su autoridad espiritual. Dios ha colocado a los
enemigos bajo sus pies y le ha dado poder para pisar serpientes y
escorpiones, y sobre todo el poder del enemigo; nada lo herirá
de ningún modo. «Pero no os regocijéis de que los espíritus se os
sujetan» (Lucas 10:20). No muestre ninguna misericordia al enemigo
mientras emplea estas estrategias y tácticas. Según 2 Corintios 2:14,
Dios hará que triunfe. Recuerde que usted no está luchando con la
carne y la sangre, sino contra seres espirituales que usan a agentes
humanos para cumplir su propósito en el reino de la tierra. Puesto

que sus armas no son carnales, sino poderosas por medio de Dios (2 Corintios 10:4), entonces «Ninguna arma forjada contra ti prosperará, y condenarás toda lengua que se levante contra ti en juicio. Esta es la herencia de los siervos de Jehová, y su salvación de mí vendrá, dijo Jehová» (Isaías 54:17, énfasis agregado).

GLOSARIO

aniquilar—vencer decisivamente, anular o cancelar

detener—subyugar, traer bajo sujeción y hacer cesar

obligar—irrevocablemente colocar bajo obligación legal. Significa prohibir las actividades espirituales indeseables (como lo haría usted si estuviera por emitir una orden de detención). Satanás está legalmente obligado a cumplir con todos los términos y acuerdos que instó usted, el emisor, dentro de su oración.

alianza—un aliado (persona, grupos de personas, país) o cómplice que ayuda en una complot o que apoya un acto criminal

controversia—un estado marcado por el conflicto, la discordia, la división, la rivalidad y los encuentros hostiles. Satanás emplea espíritus demoníacos para crear discordia en nuestras relaciones, especialmente en aquellas que tienen una tarea divina para su existencia

operaciones encubiertas—actividades cubiertas, ocultas, no fáciles de detectar

engaño o ilusión—el acto intencional de hacer trampas, confundir o el acto intencionado de la mala interpretación de los hechos y la verdad. Pablo nos advierte que no juzguemos nada antes de tiempo. Él también nos exhorta a caminar tras el Espíritu para que podamos superar la lujuria de la carne. (Gálatas 5:16).

declarar— decir con énfasis y autoridad

decreto— una orden, directiva o comando de autoridad hecho valer por la ley. En nuestro papel en el reino, debemos aceptar nuestra autoridad jurisdiccional otorgada por Dios y utilizar efectivamente nuestro poder a través de la palabra hablada.

rechazar— prohibir y negarse a permitir

desaprobar— negarse a aprobar, o rechazar

ADN— un ácido nucleico autoreplicante que contiene información genética en las células y que es responsable
de la síntesis del RNA. El ADN consta de dos cadenas
largas de nucleotidos en una doble hélice (una forma
o estructura espiralaza) y unidas por hidrógeno, cuya
secuencia determina las características hereditarias
del individuo. Se sostiene que los espíritus demoníacos (conocidos como espíritus de herencia) se adhieren
al ADN y se traspasan como proclividades, conductas
idiosincrásicas, rasgos familiares y peculiaridades.

domicilio— un lugar para vivir, hogar, o residencia

emplear— utilizar el servicio o la asistencia de otra persona

hacer cumplir—obligar la observancia de o la obediencia a;
imponer y obligar

establecer— hacer cumplir, instituir y asegurar firmemente

ejecutar— actuar de acuerdo a requisitos divinos específicos

prohibir— negarse a permitir

Gosén— un lugar espiritual profético en el que Dios protege a
los creyentes del juicio y de las actividades diabólicas
impuestas sobre personas específicas, que residen en
regentes geográficos específicos y en locaciones especiales.

acoso— una molestia o irritación exasperante y perturbadora
que amenaza o socava la paz y la tranquilidad personal.
El plan final de Satanás es oprimir y perseguir a la
persona que está acosando.

ilusión— una percepción errónea de la realidad

impresión— concepción, noción, idea, o sentimiento proyectado
sobre una persona por medio de una fuente espiritual
externa

inhibiciones— cosas intrínsecas o extrínsecas que evitan,
restringen, bloquean o suprimen las reacciones y
respuestas apropiadas

mandato— una directiva, comando u orden obligatorias que
tienen la intención de asegurar su cumplimiento

interferencia— un acto o instancia satánicos de obstaculizar,
impedir u obstruir la obra de Dios y el cumplimiento

del destino y propósito

intercepción— detener, redirigir o interrumpir el progreso o un curso que se intenta tomar

limitaciones— cualquier cosa que restrinja, limite, controle, confine o frene

desatar— emancipar o liberar de una tarea, actividades contratadas/puesto, o un estado indeseable de confinamiento o encarcelamiento. Como creyentes, tenemos el poder de liberar a los espíritus satánicos de cualquier y toda tarea diabólica otorgada por Satanás que finalmente será contraria a la voluntad de Dios.

negociaciones— la habilidad y capacidad de llegar a un acuerdo mediante el regateo. Como creyente, nunca, pero nunca negocie con el enemigo.

arrasar— destruir por completo de manera tal de no dejar evidencia de una existencia previa

operación abierta— la antítesis de las operaciones encubiertas, en las que las obras del enemigo son evidentes y fáciles de detectar

derrocar—ocasionar destrucción y caída por medio del empleo de maniobras estratégicas y tácticas decisivas

prohibición—una ley, orden o decreto que prohíbe, restringe o detiene que suceda

proyecciones—actitudes, sentimientos o suposiciones atribuidas a e impuestas sobre otra persona

provocación—un estímulo perturbador que intencionalmente lo incita o lo promueve a actuar. En el caso de Satanás, las acciones y actividades son siempre diametralmente opuestas a la voluntad de Dios para su vida

regañar—denunciar, condenar y censurar

resistir—soportar con rebeldía y coraje y permanecer firme contra las acciones, los efectos o la fuerza de otro

reglas de participación—directivas emitidas por una autoridad militar competente que delinea (describe, asocia, revisa) las limitaciones y circunstancias bajo las cuales las fuerzas iniciarán y ejecutarán el combate contra otras fuerzas reglamentación—un decreto, proclamación, juicio, mandato, decisión con autoridad o regla anunciada por una autoridad legal o ilegal después de una considerable deliberación. En este caso, derrocamos toda reglamentación emitida por Satanás porque su autoridad ha sido usurpada y es ilegal

alianza satánica—unión de aliados instigada y mantenida unida por espíritus, formada para dar avance a los intereses y causas de Satanás

concentración satánica—el enfoque total de los poderes satánicos sobre las personas, las organizaciones, los gobiernos, los ministerios, etc. Satanás con frecuencia se enfoca sobre una persona de una familia, iglesia, territorio o grupo de personas en exclusión de otras. Por lo general, esta persona o grupo de personas tienen un propósito divino que amenaza a Satanás y eso es lo que él busca abortar (por ej. José, la nación de Israel, Esther, Daniel y Jesús).

base de datos satánica—usando la computadora de nuestros días, Satanás baja información que utiliza para acusar a los santos ante Dios. También utiliza información para descarriar y destruir, socavar y sabotear a un creyente.

vientres satánicos—dimensiones espirituales en los que se incuban tramas satánicas, a la espera del momento más oportuno para su manifestación

espíritu—un ser sobrenatural

aborto espiritual—así como lo es en lo natural, lo es en el espíritu. El enemigo y detener vientres del espíritu a fin de terminar con lo que es divino para que puedan manifestarse sus planes y propósito, superponiendo así sobre y contra los planes y el propósito de Dios.

incubación espiritual—el acto de estar mantenido en un lugar espiritual diseñado para proporcionar el entorno óptimo para manifestar en el futuro planes y propósitos diabólicos.

Abortos naturales espirituales—pérdida espontánea, espiritual y diabólicamente iniciada de propósito divino y destino

Vientre espiritual—una dimensión o lugar espiritual o físico donde se genera algo y se lo incuba a la espera del momento adecuado para su manifestación

estigma—descrédito o desgracia diseñadas para socavar la reputación, la integridad, la influencia o la autoridad espiritual

agitación—un agente, una acción o una condición que provoca o acelera una actividad o respuesta fisiológica o psicológica

estrategia—la ciencia y el arte del comando militar aplicada a la planificación y conducta totales de operaciones de combate a gran escala

hombre fuerte—un príncipe de alto rango y orden designado como guardián de una persona, personas o región geográfica. Esta entidad es responsable de proteger aquellos que Satanás considera su posesión.

subordinado—el que está sujeto a la autoridad o control de otra persona

subversión—oposición organizada con la intención de derrocar la autoridad

sugerencias—advertencias, pistas o insinuaciones que señalan sutilmente la existencia de algo que usted pudo haber pasado por alto o no haber sido conciente de ello

superponer—colocar algo sobre otra cosa, prohibiendo o prevaleciendo de este modo el efecto de la cosa que reemplaza

NOTAS

Uno

USTED—Redefinido: El verdadero dominio comienza con saber quién es usted

1. E. M. Bounds, «The Weapon of Prayer: God's Need of People Who Pray» [Las armas de la oración: Dios necesita gente que ore] http://www.cbn.com/spirituallife/prayerandcounseling/intercession/weapon_prayer_0303d.aspx (consultado el 19 de mayo de 2008).

2. «Spurgeon's Boilerroom» [La sala de calderas de Spurgeon] http://www.christian-prayer-quotes.christian-attorney.net/ (consultado el 19 de mayo de 2008).

3. Eternal Perspective Ministries, «Great Quotes on Prayer», [Ministerios Perspectiva Eterna «Grandes citas sobre la oración»] http://www.epm.org/articles/prayer_quotes.html (consultado el 20 de mayo de 2008).

Cuatro

El campo de batalla *es* su mente: Donde todo se gana o se pierde

1. Francis Frangipane, *The House of the Lord* [La casa del Señor] (n.p.: New Wine Ministries, 1996).

2. Cindy Jacobs, *Libéranos del mal* (Casa Creación).

3. Ibid.

4. Ibid.

5. Frangipane, *The House of the Lord* [La casa del Señor].

Seis

Armas de destrucción masiva: Hiroshima del Espíritu

1. *Strong's Greek and Hebrew Dictionary* [Diccionario griego y hebreo Strong] (Nashville, TN: Crusade Bible Publishers, 1980).

2. Salvador Minuchin, MD, *Psychosomatic Families: Anorexia Nervosa in Context* [Familias psicosomáticas: La anorexia nerviosa en contexto] (Cambridge, MA: Howard University Press, 1978).

3. Melody Beattie, *Codependant No More* [No más codependiente] (Center City, MN: Hazelden, 1986).

4. ThinkExist.com, «Elie Wiesel Quotes» [Citas de Elie Wiesel] http://thinkexist.com/quotation/the_opposite_of_love_is_not_hate-it-s/204711.html (consultado el 23 de mayo de 2008).

OCHO
PREPARARSE PARA LA BATALLA: ¿CUÁLES SON SUS ARMAS?

1. E. M. Bounds, *The Necessity of Prayer* [La necesidad de la oración] (n.p.: Baker Book House, 1976), http://www.whatsaiththescripture.com/Voice/Necessity.of.Prayer.html (consultado el 19 de mayo de 2008).

DIEZ
RECONOCIMIENTO: SER LIBERADO Y VENCER AL ENEMIGO

1. Merriam-Webster Online, «Oniomania», Merriam-Webster's Medical Dictionary, http://medical.merriam-webster.com/medical/oniomania (consultado el 11 de abril de 2008).

2. National Alliance on Mental Illness, «Understanding Mental Illnesses» [Entender las enfermedades mentales] http://www.naminc.org/understanding_MI.htm (consultado el 19 de mayo de 2008).